人性
核心
价值观
平衡
关系
组织
变革
全景图
2
1
启动变革-统一目标
关键提示：
不要齐步走，不要一刀切，让正确的人分批上车；
领导者要走在变革队伍的中间。

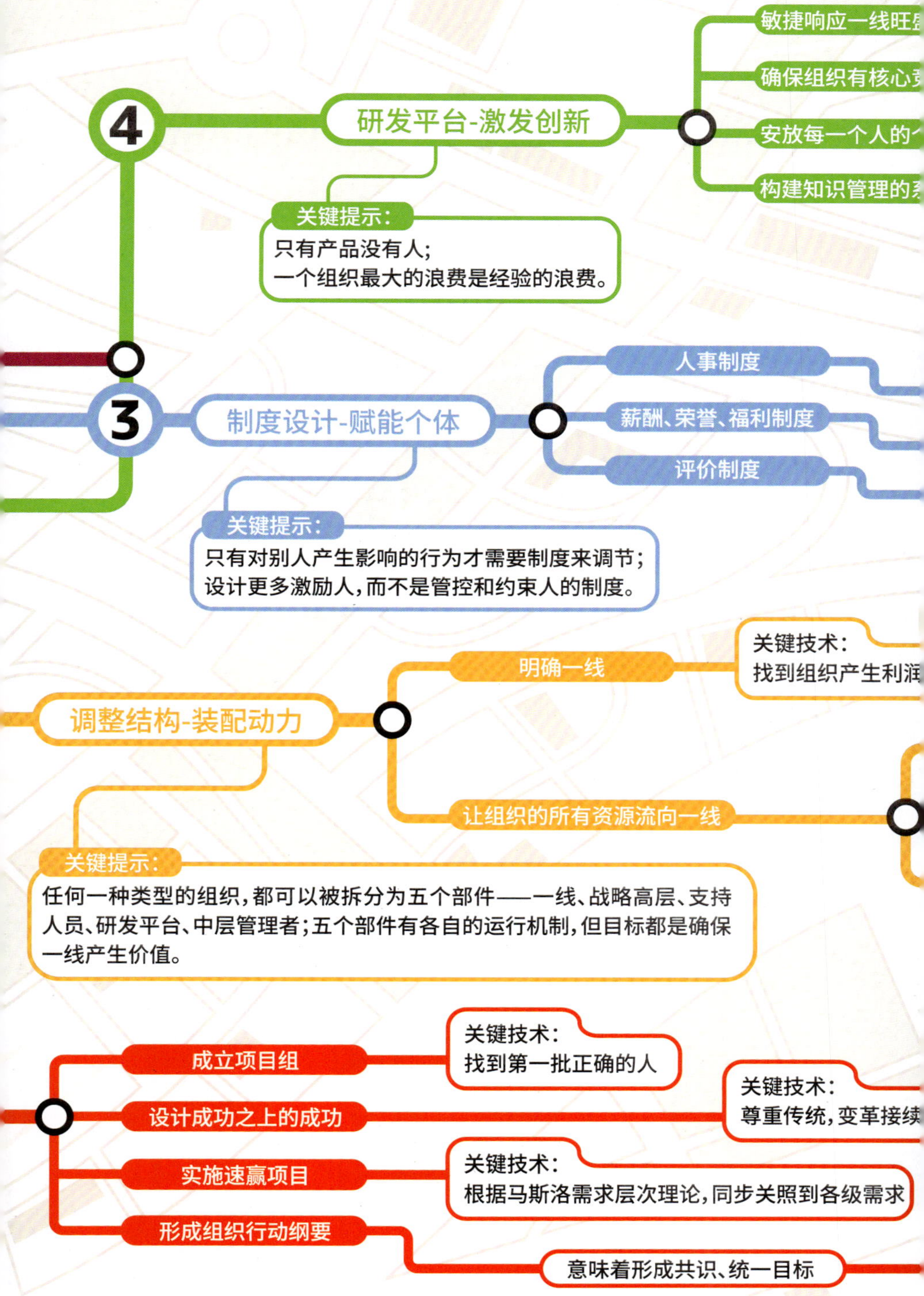
4
研发平台-激发创新
敏捷响应一线旺
确保组织有核心
安放每一个人的
构建知识管理的
关键提示：
只有产品没有人；
一个组织最大的浪费是经验的浪费。
3
制度设计-赋能个体
人事制度
薪酬、荣誉、福利制度
评价制度
关键提示：
只有对别人产生影响的行为才需要制度来调节；
设计更多激励人，而不是管控和约束人的制度。
调整结构-装配动力
明确一线
关键技术：
找到组织产生利
让组织的所有资源流向一线
关键提示：
任何一种类型的组织，都可以被拆分为五个部件——一线、战略高层、支持人员、研发平台、中层管理者；五个部件有各自的运行机制，但目标都是确保一线产生价值。
成立项目组
关键技术：
找到第一批正确的人
设计成功之上的成功
关键技术：
尊重传统，变革接续
实施速赢项目
关键技术：
根据马斯洛需求层次理论，同步关照到各级需求
形成组织行动纲要
意味着形成共识、统一目标

的需求

关键技术：
让项目制成为研发平台的常态机制

争力

关键技术：
让委托制实现组织战略落地

人目标

关键技术：
让第三空间激活个体潜能

统

关键技术：
让首席知识官成为知识枢纽

岗位动不动

关键技术：双向选聘

薪酬变不变

关键技术：成长全景图

成长快不快

关键技术：
聘任是最大的评价；评价团队，不评价个体

/价值的地方在哪里

权力资源（战略高层）

运行机制：切分权力链

物力资源（支持人员）

运行机制：寻找内部客户

精力资源（研发平台）

运行机制：只评价产品，不评价人

谨防“三把火”

关键技术：
要有证明共识的落地的成果，
如《华为基本法》《得到品控手册》

知识就在得到

变革的
方法

沈祖芸◦著

新 星 出 版 社　NEW STAR PRESS

推荐序

古代谋士献策，往往会同时出上、中、下三策。

但是，主公权衡再三，最终通常只会选中策。因为似乎只有中策最可行，而与中策相比，下策看起来没出息，上策又显得太冒险。

那么问题来了：那个号称“上策”的构想，应该是一个当时当地能设想出来的“最佳结果”，为什么在现实中反而成了风险最高的弃选项呢？

这是做实事的人经常面对的一个悖论：理想的选项明明就在那里，却因为有大量的“现实摩擦力”，怎么也走不过去。这也说明了谋士视角和实干家视角的区别：批判现状很容易，描绘一个“流着奶和蜜”的理想之地也不难，难的是从现状走向理想的“出埃及记”。

经常陷入这种局面的，就是各类组织的一把手。

一个理想的组织什么样？几乎人人都勾勒得出来——

- 上上下下，对目标有清晰的共识；
- 里里外外，每个人都充满了创造力；

· 环境有变量，组织整体能做出敏捷的反应；
· 外部有压力，能精确传导到内部每一个细胞；
· 有了成果，能公平地分配利益；
· 身在其中，能看到成长的阶梯。

这样的组织，其实并不罕见。在革命年代，在创业公司，在球场上，在探险队里，随时都能从无到有地涌现出来。

但是，如果给你一个现实中的组织，有历史的存量、一定的规模和规则的限制，让你把它改造成理想的模样，难度就超乎想象了。“世界上最遥远的距离，不是树枝无法相依，而是相互瞭望的星星，却没有交汇的轨迹。”

你手里的这本书，就是这样一部组织变革的“出埃及记”：李希贵校长在北京市十一学校用十多年时间实施了一场组织变革，沈祖芸老师据此写出了一本“场边解说”。

看完之后，你会发现，完成组织变革不需要什么“分开红海”的魔法，它需要的，不过是人间常有的耐心、洞察和想象力。这本书仍然只是一部人间的杰作。

你即将看到的这场变革，有几个地方和我们想象的不太一样：

首先，这是一场“不切割历史”的变革。

一般的变革话语都是：“过去不行，未来很好，请跟我走。”而在这本书里，你看到的变革话语是：“过去很好，你们想去哪里？我来护航。”

其次，这是一场以个人为起点的变革。

一般的变革，组织目标都要高于个人目标。变革一旦启动，就在向参与者索要忠诚、奉献和热情。而这本书里的变革，个人目标始终是工作的焦点；与此同时，个人的合力却都在指向组织目标的实现。在这场变革里，每个人的处境都曾被反复地推敲：他的目标清晰吗？谁设定了这个目标？怎么确保个人目标和组织目标一致？如何评价他的目标是否达成？他有足够的动力吗？他得到了足够的帮助吗？他看得见前方的风景吗？他如果行有余力，有更多的发挥空间吗？

还有，这是一场无人下车的变革。

一般变革的背后，总有利益博弈的影子，有人上车，有人下车；也难免会有观念革新的成分，有人得意，有人失意。那些落败者，似乎只是一场变革不可避免的代价。而这本书里的变革，虽然有分段上车的过程，但是罕有被抛离的个体。那句看起来理直气壮的口号——“不换思想就换人”——从来没有被摆到台面上。

最后，这是一场节制权力的变革。

用权力推动变革，看起来如臂使指、便捷高效，但是这样的变革，总会在暗中付出巨大代价。而这本书里的变革，权力不仅没有被放大，反而一直被紧紧约束着。比如，一个组织的“价值观”究竟是制订给谁看的？是组织里的每一个人吗？不，价值观不是凝聚共识的工具，它只是组织管理者的“紧箍咒”。

综上，如果你能放下对一台狂风暴雨、大刀阔斧、杀伐果决、快意逞权的“变革大戏”的期待，而是想旁观一组连贯、精细、温厚、节制的人间精进，那这本书就是你所需要的。

2018 年夏天，我们接到了一份参访得到 App 的联系函。没错，就是那种常见的联系工作的公函。

写这封函件的人，就是这本书的作者沈祖芸老师。而领队来访的，是李希贵校长。那是我们的初次相识。

在函件结尾，我们看到了一句话——

“来访的都是著名中学的校长。如果贵公司的同事有什么孩子教育方面的问题，也请提出来，我们会尽可能地给予帮助。”

你可以想见这句话的力量。在北京这样的城市生活，谁还不想认识几个著名中学的校长呢？

时隔多年，那次参访的具体内容我已经忘了，但这句话一直让我记忆犹新。让我震撼的，不是话里体现的善意，而是那种语气。在“公对公”的事务里，居然出现了一种“人对人”的语言——“我们要麻烦你个事，也看看你有什么事，我们可以帮得上忙？”

这本来是人际交往中的常情。但当它出现在公函里的时候，竟有一种突如其来的暖意和惊喜：我们既被看成是一家公司，也被看成是一群活生生的人。一次参访活动，既有组织之间来往的明确目的，也有人和人之间的温润交情。来访者既看到了我们的社会身份，也关切我们的私人角色。

这是一种久违的感觉。

这种感觉，在随后我们和李希贵校长、沈祖芸老师的交往中逐步放大，渐渐凝结为一种看问题、做事情的方法——

通过组织看到人。

在现代社会里，具体的人通常是被遮蔽起来的。身份、职业、组织、立场、标签、口号……这些遮蔽之物，花样繁多、日新月异。而一旦我们能调动自己朴素的同理心，洞穿这些遮蔽之物，看到的其实是那些恒久不变的人性、人情。此时，一个组织的领导者要做的，正如李希贵校长经常说的，就是“让魔鬼沉睡，让天使起舞”。

多年之后，如果这本书里的字句在我们的记忆中模糊了，不要紧，只要我们还能“通过组织看到人”，只要还能不断回到对具体人的处境的关切，我们就仍然能站在正确的起点上。

认识李希贵校长和沈祖芸老师，是我们创业生涯中的一段奇遇。

刚开始，北京市十一学校的组织变革，只是我们眼里的一处“景观”——

它虽然精彩纷呈，但那毕竟是一个发生在“体制内”的公立学校的故事，不过是我们看上几回、赞叹几声的故事。

渐渐地，它又成了我们的一面“镜子”——

得到 App 从事的是知识服务行业，把“建设一所全球领先的终身学习学校”订立为公司愿景。那么，驱动我们的，应该是权力控制下的效率，还是每个人自我激励的创造力？评估我们的，到底是为股东创造的利润，还是因为支撑了员工和用户的成长，进而享有的品牌和声望？

这两个问题的答案当然都是后者。但是，只有当我们站在十一学校这面镜子前，灵魂中的学校成分才能纤毫毕现，奕奕有神。

后来，它又成了我们躬行的一条“道路”——

2022 年，我们邀请李希贵校长和沈祖芸老师现场指导得到 App 进行组织变革。变革的方法，就是在复刻这本书里提到的那些原则和步骤。

如果有幸成功，那也将是一个有趣的故事。到时候，我们再邀请沈祖芸老师执笔，也写下这场赛事的“场外解说”。

你面前这本书，是一个关于组织变革的完整案例。

它也是一部电影，因为有精彩的细节。

它也是一部教学片，因为有深刻的旁白。

它也是一部连续剧，因为未完待续。

跟在它身后，一边感知它的过程和巧思，一边反问自己的处境和行动。

然后，祝我们都能看到隧道尽头的光。

罗振宇

2022 年 11 月 27 日于深圳

目 录
CONTENTS

序言

变革不是必需的，就像没人强迫你必须活下去。

——爱德华兹·戴明

这个时代，出现了一个有趣的现象，人人都在谈变革。公司在变革，企事业单位在变革，学校在变革，各行各业都在变革。似乎不变革，组织就没有出路。这是为什么呢？

有两个原因。一是时代发展带来了新的挑战。传统工业社会更多追求标准化、统一化，而现在的知识经济时代更需要多样性和创新性；传统组织更多依靠自上而下的层级管理和指令执行，现代组织则更需要激活个体、适应不确定性。二是组织的使命使然。以往组织的使命集中在追求经济效益上，通过竞争实现效率至上是根本；现在，无论是追求活下去还是追求基业长青的组织，都需要在成就员工的使命中实现个人价值与组织价值的和谐统一，这样才能创造更多可能性。因此，对于一个始终保有高敏捷性的组织来说，变革是绕不过去的实践行动。

然而，变革并非一般意义上的变化。它不是一次事件，不是一种现象，而是一套有目的、有策略、有步骤的系统演进。既然是系统演进，就必然牵涉到方法。

说到方法，通常我们都习惯于向优秀的标杆企业学习组织变革，而这本书却选择了向一所学校学习。你是不是觉得有些奇怪？

在解开你的困惑之前，我们先来看看组织的内在构成。一般来说，凡是组织，必有两种基因：一种是军队的基因，另一种是学校的基因。军队更注重目标达成的效率，学校则更擅长组织成员的成长。传统的组织中，军队基因的配比显然要更高一些。

而在今天这个时代，当人才资本成为组织的核心资产时，组织开始发现，它不能再停留在效率工厂的层面，必须成为成就员工、赋能员工的场所，而当前军队基因和学校基因的配比严重影响了自身的发展——在追求效率至上方面，组织还有相对成形的方法；但在通过成就员工来实现组织价值方面，却一筹莫展。

这时，学校基因的作用就开始凸显。

当然，你也许会问，学校那么多，为什么这本书选择了北京市十一学校呢？负责任地说，在我 20 多年的工作生涯中，十一学校是我见过的激活组织、赋能个体最彻底且最成功的组织之一。传统组织中，员工动力不足、合作不畅、责任心不强、执行力不够的问题，十一学校都没有。走在十一校园里，你会惊讶于每个人的状态，以及组织的生机勃勃。

在十一学校，老师上下班从不打卡，也不计考勤，但是没有人偷懒、钻空子，每个人都非常敬业，每天上课、备课、个别化辅导，从早到晚，把自己全部的时间和精力都用在了陪伴学生成长上。当然，这主要是因为老师们热爱学生，但如果人人如此，你不好奇十一学校是怎么让组织里的每个成员都产生“内生动力”的吗?

在十一学校，基本没有必须签到的全校大会，就连外部专家来开讲座，老师也是来去自由的。但这丝毫不影响学校上上下下目标一致，岗位和岗位之间、部门和部门之间自发有序地协作。在传统组织里，这是完全不可想象的。你不好奇十一学校是怎么做到这一点的吗?

在十一学校，传统组织里被视为管理干部的行政办公室主任、财务总监、总务主任都成了支持人员。他们的工作不再是发号施令，而是每天围绕着一线老师，看看他们最需要什么，想尽办法去满足。从管理人员到支持人员，这可不是一个简单的身份、名称的变化，它反映了组织的价值立场——引导人们把组织最重要的东西用于最能产生价值的地方。你不希望自己所在的组织也能像十一学校这样做到“价值为先”吗?

而且，十一学校的组织变革还实现了“理想”和“现实”的平衡——不仅成了素质教育育人模式的先锋，学生的高考成绩在北京市也一直名列前茅。

看到这样的组织，我想，不管你是教育界的老师、校长，还是企业界的创业者、管理者或员工，都会心生羡慕吧。

而十一学校之所以能取得这样的成果，组织变革功不可没。组织变革是十一学校这十多年走向卓越的最重要的智慧。

所以，在本书中，我将以十一学校为基本原型，把它经历过的变革，以及相关的方法论详细拆解、梳理出来，希望能给想变革或正在变革的你带来一些启发。

不过我知道，你心里肯定还有一个疑问：这套方法论在学校走得通，在其他组织也能走通吗？当然可以。

我之所以对这一点这么有信心，一个很重要的原因是，在写这本书的过程中，李希贵校长和我受得到两位创始人罗振宇和脱不花的邀请，帮助已有 8 年历史的得到公司开展组织变革。我们完全按照这本书中的原则、策略、方法和步骤一点点推进，并且取得了可见的成果。由此，我更加确定，这是一套可以给企业带来启发的组织变革行动指南。

当然，即便明白这套方法论的有效性，你可能还是会有一些担心，比如：

- 变革是利益的重新分配，而这势必会打破原有的平衡，带来各种关系冲突，造成局面动荡，要是我驾驭不了怎么办？
- 企业跟学校不一样，学校检验育人成果可以放在几年之后，可企业需要眼前的现实利益，需要真刀真枪地赢得市场、创造利润，否则就不可能走得远，我要怎么平衡眼前利益和长远利益呢？
- 员工都不够成熟，能用的人就那么几个，事事都要自己亲力亲为，这样的队伍肯定不能满足变革的要求，我又该怎么办？
- ……

我理解你的担心，但我想告诉你的是，所有这些问题十一学校都经历过，得到公司也经历过。而这本书要帮你解决的，也正是这些问题。

当然，我之所以对这套方法论这么有信心，还源自我和十一学校的渊源，以及我与李希贵校长共事的经历。

先说说我是怎么走进这所学校的吧。

2014 年 4 月，李希贵校长带领的上海名校长培养工程的学员们结束了为期两年的学习，我作为全程参与的随行记者做了结业点评。会后，李希贵校长看似轻描淡写却又颇有份量地对我说："沈老师，你非常懂教育，但你并不懂学校。"当时我正在担任《上海教育》杂志副总编，对国内外很多学校都非常熟悉，听到他这句话很不服气，脱口而出："不会吧？我每年要深入 100 多所学校呢，你怎么能说我不懂学校呢？"李希贵笑了笑，没有再说话。

憋着这股气，我辞去了杂志社的工作，开始深入到十一学校的组织机体之中。

2014 年 7 月 25 日，走进十一学校的第一天，我的内心就受到了强烈的冲击。

那时，整个业界都知道十一学校获得了首届基础教育国家级教学成果特等奖。要知道，这可是建国以来基础教育领域最高级别的荣誉啊。如果换一所学校，肯定会全校开庆祝大会，至少也会张贴喜报宣传。但十一学校一片寂静，没有庆功，没有喜报，甚至没有人提及这件事。相反，当时李希贵看到的是潜在的危机。恰逢一年一度的战略峰会召开，李希贵带领 100 多位骨干教师闭关三天，共同谋划学校二次成长之路。他还在峰会上做了一个报告，题目就叫"顶峰不是休息的地方"。

从那时起，我意识到这是一所不同寻常的学校。于是，我深潜到十一学校，全程见证并亲身参与到它此后 8 年的新一轮变革与突破之中。

回想这 8 年，我与这个不断创造成长、持续走向卓越的组织共同经历了一系列里程碑式的重要事件，比如：

2014 年年底，李希贵投入两个月的时间召开教职工代表大会（后文简称“教代会”），让老师们讨论、发声，最终形成《北京市十一学校行动纲要》（后文简称“《行动纲要》”）[1]。我第一次看到，每位老师都可以安全表达自己的心思，追求自己的利益，而组织不仅有反馈，还有针对性的行动。这与我以往在其他学校看到的截然不同——其他学校大多是事先拟好内容，让大家快速看两个小时，然后就举手表决。

2016 年年底，十一学校正式进入全新的二次成长阶段，启动“从教学走向学习”的变革。这一次，我几乎与老师们如影随形，不仅帮助学校联结了全世界最前沿的学习资源和最顶尖的专家，还陪伴老师们共同成长，在他们退缩时给予鼓劲，在他们遇到瓶颈时一起攻破，甚至还与一个个试点教研组共同研发具体的学习任务。在这个过程中，我不仅在教育专业上得到了发展，还近距离观察了李希贵校长高超的领导力——他永远走在变革队伍中间，让关键人物冲锋陷阵，自己竭尽全力解决大家的后顾之忧；同时，他从不会暗示那些落后者加快脚步，反而会从他们的迟疑中找到自身在变革设计中隐藏的问题，适当调节变革的节奏。

我渐渐明白了李希贵校长当年那句话的内在意涵：教育可以是对一套理想的理论体系的描绘与解释，但学校是一个组织，是由一系列人与人之间的关系组成的。组织变革变的不仅仅是事，更重要的是人，只有以构建关系为首要前提的变革才有可能持久。因此，变革路线的设计关键是洞悉人性，让人性中的天使跳舞，防止人性

1 该纲要的最新版本详见本书附录。

中的魔鬼醒来。

你应该发现了，在我对变革方法的挖掘以及这本书的创作过程中，随处可见李希贵校长的身影。没错，他的帮助和启发对我至关重要。

李希贵是中国著名的教育改革家。他 30 岁就开始当校长：从山东高密两所乡村学校的校长，一直干到北京市十一学校的校长。在 30 年的校长生涯中，他既是组织变革的领导者，也是不断突破瓶颈的自我领导者——不断总结方法论、迭代方法论、应用方法论。直到今天，他虽已退休，但还在将自己毕生的经验、教训转化为实践智慧，亲手创办着两所 K12 一贯制[1]学校，以实现千百年来“有教无类”“因材施教”的教育理想。

2019 年起，得到的两位创始人罗振宇和脱不花多次走进十一学校，在与李希贵校长和我展开多次深度对话之后，他们觉得十一学校的变革实践不仅适用于学校，同样会对所有正在向知识型组织转变的企业有启发。于是，在他们的鼓励和推动下，由我在得到 App 推出了《沈祖芸 · 组织变革 20 讲》这门课程，进一步将经验萃取成知识，以适用于不同的组织场景。

2021 年起，李希贵校长应邀设计得到公司的组织变革路线，帮助得到展开一场深入的变革体验，我也全程参与其中。这直接促成了本书的诞生。从《沈祖芸 · 组织变革 20 讲》的音频课到呈现在你面前的这本书，我又迭代、完善了十一学校组织变革的方法论，让它更具有实战性和实用性。在这个过程中，李希贵校长的指点和帮

1 K12 一贯制学校是指学生在这里从小学、初中一直读到高中，这 12 年中不被小升初、中考等考试打断。

助必不可少。应该说，这本书是我和李希贵校长共同完成的。

最后，介绍一下本书的基本逻辑结构。

本书分为五章。前四章是组织变革绕不过去的基本步骤，每一章就是一个步骤。从启动变革开始，每一步都有原则、策略、操作工具和误区提醒。

但是，即便完全按照这些步骤做，你依然有可能无法独立领导变革，甚至一不小心就会面临失败。所以，我又准备了第五章的底层逻辑，从定力、关系、平衡、人性和核心价值观这五个方面揭示了组织变革的底层密码。只有读到这里，你才能真正体悟为什么说“瓶颈总在瓶子顶部”——从根本上说，变革是在改变领导者自己。

当然，你也可以翻看本书附带的《组织变革全景图》，从中可以清晰地看到整本书的框架和内容结构。

组织变革是很艰难的，但李希贵说，“艰难的路上不会拥挤”。期待你打开这本书，我会陪你在艰难的路上同行。

沈祖芸

2022 年 11 月 12 日于北京

CHAPTER ONE

第一章

启动变革

启动变革为什么总是异常困难？因为变革不仅意味着要重新分配利益，更意味着每个人都要改变自己惯常的行为模式来适应新环境，而在这一过程中，痛苦必然相伴而生；更何况在大多数组织中，每个人或多或少都有过一些不愉快的“被变革”的体验。

归结起来，阻碍变革顺利启动的心态主要有四种：一是不愿放弃既得利益的故步自封，二是看不到危机已经出现的自满，三是觉得变革与己无关的漠然，四是认定变革必然失败的悲观。

在这种情况下，仅凭领导者的一己之力或者“新官上任三把火”的热情，是很难真正启动变革的。就算是靠传统的“一刀切”的行政指令启动并推行了变革，变革也无法持续，往往还会随着触及员工利益的矛盾凸显或领导者的更替而不了了之。

那么，怎样才是启动变革的有效方式呢？北京市十一学校给出了自己的答案。在变革之初，李希贵校长就确立了“要让变革成为大家的共识”的战略，并敢于花费两年多的时间设计变革的节奏，用“统一目标而不奢望统一思想”的方式，激发组织中每个人的内生动力，让变革不再是自上而下地强行推进，而是成为大家的事，最大限度地发生在“民间”。

/ 第一节 /

统一目标：
让变革成为大家的事

不奢望统一思想，但力求统一目标。

我们的组织变革即将启动。

在展开变革路线之前，请把自己代入一个场景：你刚被任命为一个组织的“一把手”。一方面，这个组织发展得还不错，有几十年的历史，有一定的文化积淀，员工基本能在各自的岗位上守好自己的“一亩三分地”。但另一方面，这个组织的活力不够，员工开始产生职业倦怠。面对不确定的未来，组织要想可持续发展，会面临艰巨的挑战，可以说与理想状态还有很大的差距。于是，你想通过启动变革来改变这一局面。

那请问，变革的起步应该怎么做？

大多数组织会这样做：先搞调研，掌握基本情况，拟定变革方案；然后分别与各个中层管理者谈话，力求统一思想；接着再开个全体大会，公布变革方案；最后推动变革方案的实施；在变革过程中，还要不断监督、检查……而这么做，有两种情况往往会被忽略。

第一，这个组织是有自己的传统的。有句话说得好，“你眼中的问题，其实是别人的解决方案”。无论在你眼中这个组织的现状如何，它都是从自身多年来的传统中发展而来的，都是某些问题的现实解决方案，都有其原生合理性，不宜贸然改动。

第二，组织中的每一个员工都有自己的专业属性。每个员工都是他所在领域的专业人士，都对工作有自己的理解，也都形成了一套在现有制度下比较适用的工作方法或流程。这导致你在变革中不太可能用行政手段和领导权威来统一大家的思想。

认识到这两种情况，你就不难理解组织变革中经常会出现的一种现象了——新领导雄心勃勃地启动变革，费了九牛二虎之力想尽快改变原有方式，结果却令组织陷入混乱，最后不得不把制度都改回去。

这不仅是一次变革的失败，更是把组织未来的变革空间也封死了。为此，领导者常常感到烦恼，为什么那些资深员工总是对变革不太看好，也不够配合呢？殊不知，这些资深员工已经经历过很多次变革启动时的“雄心勃勃”，也积累了很多变革折腾一阵就不了了之的“经验”，于是并不想再蹚一趟浑水。

既然这些通常的做法都不太可取，是不是就没办法启动变革了呢？当然不是。看看十一学校是如何迈出变革第一步的。

2007 年 8 月，李希贵来到十一学校担任校长。那一年，他 48 岁，已经是全国闻名的教育改革家，有近 20 年担任学校“一把手”的经验。在这所有着 4000 多名学生和 500 多名教职工的传统名校，他是怎么启动变革的呢？

把变革设计为“成功之上的成功”

暑期战略峰会是十一学校每年的例行会议。2007 年暑期战略峰会召开时，时任校长还没有退休，李希贵是以主持人的身份参加会议的。会上，李希贵没有发表讲话，也没有描绘什么宏伟蓝图，只是把 66 名骨干教师分成 8 个小组展开讨论。讨论的主题是十一学校的成功因素，也就是建校 55 年来，学校靠什么走到了今天。与以往的会议有一点不同，李希贵让大家尝试使用鱼骨图（见图 1-1）来展开讨论，而不是仅仅凭经验在脑子里推演。

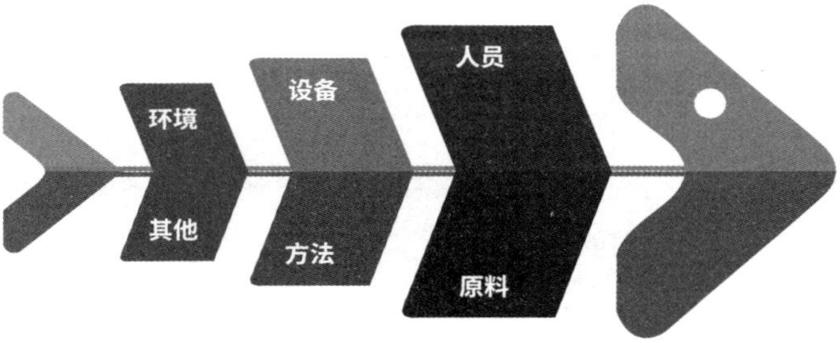

图1-1　鱼骨图

变革工具：鱼骨图

鱼骨图是一个非常好用的问题分析工具，由日本质量管理大师石川馨发明。在鱼骨图中，不同鱼刺代表的维度可以简称为“人机环料法”。人，是人员，指组织中的所有人，在学校里包括教职工和学生。机，是设备，指组织的硬件条件，在学校里指校舍及相关设施。环，是环境，指组织外部的政策环境、关系环境、舆论环境等。料，是原料，指体现组织价值的产品，在学校里指课程。法，是原则和方法，主要指组织的治理体系、组织结构、制度机制等。如果还有无法归入其中任何一项的内容，可以列入“其他”。

在 2007 年的暑期战略峰会上，大家对十一学校成功因素的提取，就是从鱼骨图的这几个维度切入进行梳理的。比如，大家在“人员”这个维度上深入分析，然后逐一列出了同事之间的关系、师生之间的关系、优秀的校长、较好的生源等学校得以成功的优势。再经过讨论和提炼，最后大家达成共识：优秀的校长、一流的教职工队伍、逐步优化的生源等是学校在“人员”方面的成功因素。老师们还用同样的方法对其他几个维度进行了分析。

就这样，一连几天，李希贵都和大家一起画“鱼”。老师们边画边讨论，有时甚至争得面红耳赤。会议休息期间，大家碰到一起，彼此问得最多的一句话就是：“你们组画了几条‘鱼’？”

随着“鱼”画得越来越多，讨论越来越深入，各种问题也逐渐浮出水面：过去 55 年最有价值的事是什么？让学校得以持续发展的关键任务有哪些？老师和学生在学校的发展中分别起到了什么样的作用？设备、设施是如何支持学校发展的？影响学校发展的关键问题是如何得到解决的？老师和学生在学校的状态都是什么样的？学校有哪些流传下来的故事和仪式？……

最终，老师们总结出了十一学校的七大成功因素，分别是：优秀的校长、一流的教职工队伍、先进的理念和一致的价值观、充满活力的体制和机制、逐步优化的生源、良好的硬件条件和资源，以及不断的改革和创新。

那么，为什么李希贵要让大家总结过去的成功经验，而不是直接宣布启动变革呢？这里有两层用意：

第一，一定要把变革设计成“成功之上的成功”。也就是说，告诉大家过去已经干得很好了，不过未来要做得更好，所以我们需要一起来梳理、总结和反思，而不是让大家觉得组织目前存在很多问题，只有通过变革才能解决。这在一定程度上消除了大家对变革的防备和抵触情绪。毕竟，没有人会愿意带着被否定的感受迎接变革。

第二，变革是在尊重传统基础之上的自然生长，而不是割裂传统，重新来一套全新的制度。这就进一步向大家释放了友好的信号。

这两点非常重要。有些新任领导者总是会有意无意地放大组织目前存在的问题，要么无视组织的历史文化，要么把自己扮演成力挽狂澜的角色。殊不知，这样只会让员工觉得自己以往的努力都被否定了。于是，变革刚起步就失了民心。

当然，总结过去的成功经验只是变革的第一步。之后，李希贵继续用鱼骨图，和大家一起提炼出了让学校未来六年[1]（2007—2013年）持续发展的关键成功因素。

之所以这样做，一是因为大家只是对以往的成功因素达成了共识，至于成功之上如何做到更成功，还需要找到新的方向；二是在大家画鱼骨图，并通过“人机环料法”这几个维度来审视组织整体状态的过程中，组织中的很多问题都自然暴露了出来。比如，大家发现，在十一学校，“料”这个维度（即课程）是薄弱项。要想让每个学生都实现“全面而有个性的成长”，没有课程做支撑肯定是不行的。再比如，“环”这个维度（即环境）也是需要重点考量的。随着全球化和数字化进程不断推进，“培养适应未来社会发展需求的人才”这件事必须被提上议程。

1　一般来说，教育领域相对稳定，变化不是很大，学校设定每六年为一次调整周期，既可以给组织中的每个人以确定性，又有助于组织主动创造持续成长的新可能性。当然，如果是企业，因为市场和环境变化比较快，建议设定每三年为一次调整周期。

你看，组织正在面临的问题不是领导者说出来的，而是员工自己通过工具排查出来的，并且是在梳理成功因素的过程中排查出来的。这样一来，员工就更愿意接受并承认这些问题的存在。

就这样，大家通过画鱼骨图确立了学校的薄弱项和需要进一步强化的发展项，学校未来六年的八大成功因素也就浮出水面了，分别是：教师、机制、国际化、课程、生源、经费、数字化、改革创新。事实上，当这些词出现在会议室的白板上时，就已经为十一学校后来做的那些被同行称道的变革埋下了种子。

让每个人亲手拉开变革的序幕

总结出组织过去和未来的成功因素非常重要，但对启动变革来说，这还远远不够。要让骨干教师的讨论成果进一步变成全体教职工的共识，接下来还有一段路要走。

2007 年年底，十一学校召开了教代会，全体教职工参与了有关《行动纲要》的讨论。这次教代会历时 56 天[1]，其间共收到各类建议 684 条。教代会将这些建议分类、提取和整合，然后形成了学校战略、培养目标、组织结构、教师、学生、师生关系、课程、教育教学、管理等 15 个板块。之后，经过激烈的讨论，教代会把老师们的建议确立为每个板块的具体条目，并最终形成了《行动纲要》草案。这份《行动纲要》草案共有 15 章、100 个条目，分别对学校提倡什

1　利用下午四点半以后的课余时间，在学校层面每周集中讨论两次。

么和反对什么、怎么定义成功、如何看待失败等做出了清晰、具体的界定。

这份《行动纲要》草案的形成是十一学校展开变革过程的里程碑。从中可以看到，这场始于2007年并一直持续至今的变革，是怎样从一开始就形成共识的。

不过，并不是有了《行动纲要》，变化就会自然发生。为了让老师们感受到《行动纲要》是有用的，还需要将其与最日常的教育教学行为联系起来。为此，学校采取了两项关键措施——把2008年确立为课堂成长年，把2009年确立为课程建设年，用连续两年的时间来实践和试行《行动纲要》中的价值体系。之所以这样做，是因为课堂教学是每一天的日常，课程是一所学校的核心竞争力，而在画“鱼”的时候，大家已经认识到这两点是需要改变与转型的。

于是，在这两年中，很多老师把《行动纲要》草案的小册子放在办公桌上最醒目的位置，经常拿起来翻一翻，将其与自己的日常教学行为相对照；草案中的很多条目也被打磨得更加通俗易懂、便于记忆了。比如，原来有一条写的是“课堂是学生学习的地方，是学生展示自我的舞台”，后来老师们在日常教学中发现，课堂上的学习更需要体现能力的提升，因此仅仅“学习”还不行，还要“学会学习”，于是这一条迭代成了“课堂是学生学会学习的地方，是学生的舞台，不是老师展示自我的地方”。同时，老师们还发现，“师生关系是教育质量的基础，如果你讨厌学生，那么你的教育还没有开始，就已经结束了”，等等。这些都说明，老师们已经开始用《行动纲要》中的价值体系引导自己的行动，也用自己的行动诠释着价值体系。

此后，十一学校又经过两次暑期战略峰会和两次教代会的讨论，最终在 2009 年年底的教代会上，以 97.4% 的支持率表决通过了该《行动纲要》。经过整整两年的时间，十一学校未来的图景在每一位教职工心中逐渐清晰了起来。整个过程既提升了大家的归属感，又自然生成了变革的紧迫性。可以说，是全体教职工亲手拉开了变革的序幕。

十一学校变革的启动过程给了我两个非常重要的启发：**第一，变革不是从天而降一个新事物，而是在传统上持续生长；第二，变革不能自上而下地来自权威，只能来自平等的共识。**这个过程有点像助产士的工作，要把大家已有的想法“接生”出来，让每个人都认为变革是自己的事。“热身运动”做得越足，后面花的时间就越少，付出的代价也就越小。

当然，你可能会说，学校可以花两年时间形成共识，企业却等不了那么久，毕竟变革时机稍纵即逝。这里我要再次强调，“设计成功之上的成功”特别关键。很多组织都是在自身已经明显呈现下滑趋势时进行变革，希望依靠一个领导者力挽狂澜，救企业于危难之中。说实话，这种情况并不属于本书要讨论的范畴，因为那只能叫破釜沉舟，成败在此一举。相反，真正意义上的变革最佳时机，是组织正攀上一个高峰时。此时，组织可以调用的资源比较丰富，试错的成本可以适当放大一些，各种内外部的关系或环境也会比较有利于变革。这就是李希贵校长上任伊始，就选择通过战略峰会让大家提取成功因素的原因所在。而到 2014 年，十一学校的变革受到全社会关注，并且获得国家教学成果的最高成就时，李希贵又提出“顶峰不是休息的地方”，果断选择了进行二次变革。当然，这是后话。

开启变革的两个“抓手”

看到这里，你可能会产生一个疑问：在这两年间，除了主持会议，难道作为校长的李希贵就没干什么其他的事吗？当然不是，他把大量时间花在了两个重要的“抓手”上。

第一个抓手，是发现关键人物并与他们建立联系。

所谓关键人物，简单来说，就是具有“卡脖子”效应的人。在变革过程中，他们不动，别人就动不了，也不敢动；一旦他们动了，别人就会立马跟进。其实，发现关键人物并不难，难的是如何应对那些不是变革支持者，甚至站在变革对立面的关键人物。

领导者一定要知道，无论变革看起来多么理所当然，组织中都有人会持反对意见。而且，总有人会认为那个“一把手”的位置本来应该是他的，并且已经为此等了很久。当然，这些人不会表现出来，甚至还会刻意回避领导者。

此时，领导者要做的是与这些关键人物建立联系。举个例子。十一学校的暑期战略峰会都是在校外封闭召开的。住酒店时，李希贵从不住单人间，每次都会和一位关键人物同屋，有时是资深的学科主任，有时是很有个性的年级主任等，希望通过增加和他们接触的机会，了解他们内心的真实想法。

需要注意的是，关键人物往往有强人心态。所以，想真正与他们建立相对持久且稳定的关系，领导者还可以有意识地向他们寻求帮助，满足其自认为自己很重要的心理需求。

李希贵经常举富兰克林向竞争对手借书的例子。一位议员因为与富兰克林政见不同，也因为富兰克林占据了他心仪的位置，对富兰克林态度很不好，甚至还公开辱骂过他。有一天，富兰克林给那位议员写了一张便笺，大意是听说议员收藏了一本很特别的书，想借阅几天，一睹为快。议员把书借给了富兰克林。一个星期后，富兰克林归还该书，还附上了一封真挚的感谢信。一来二往之下，两人最终成了朋友。富兰克林的高明之处，就在于他满足了对方自认为自己很重要的心理需求。

因此，在日常工作中，李希贵会有计划地走到不同关键人物身边，倾听他们对变革的各种建议，或者特意设计一些需要他们帮助的事，比如针对一个尚在酝酿中的新设想，向他们寻求意见。以这样的方式与关键人物交往，慢慢地，这些人就不再躲着他了，甚至会主动来到他身边。此时，作为新校长的李希贵就安全多了。

管理学经典理论研究表明，通常领导者只要确定了组织中有哪些关键人物，并与他们建立起良好的关系，就能使他们成为撬动变革的重要力量。他们会在平日的工作和交往中，把自己对变革的惊喜和感悟传递给更多同事，从而带动越来越多的人加入变革。

不过，如果只是在组织的围墙内打转，员工内心对变革的价值认同感还是会差一口气。所以，李希贵启动了**第二个抓手——赋予变革更高的立意。**

当时，《国家中长期教育改革和发展规划纲要（2010—2020年）》（以下简称“《规划》”）正在起草中。李希贵是《规划》制定项目组的咨询专家，因此能在第一时间获悉中国教育未来10年的发展走向。

《规划》里有一句话是“促进学生全面而有个性的发展”，这是国家确立的新时代育人目标，和十一学校当时正在梳理的未来6年的战略目标是高度一致的。当李希贵把这个信息以及相关的解读传递给老师们时，大家一下就振奋起来了。他们体会到“把十一学校建设成为一所受人尊敬的、伟大的学校”不是一句口号，而是实实在在的可以够得着的目标——“我们是在为国家未来10年的教育发展提供学校样本。”

这个抓手的运用充分体现了十一学校在开展变革过程中始终遵循的重要原则——顶天立地。所谓“顶天”，是要在国家发展的重大战略中找到自己的位置；所谓“立地”，是要扎根于服务对象的成长需求。一旦实现了“顶天立地”，这场变革就被赋予了可行性和价值感。

新老领导者的自然接棒

我曾多次和李希贵校长谈及十一学校在2007—2009年启动变革的经过。他说，变革之所以能顺利展开，还有一个因素不可忽视，那就是在新老交替过程中保持变革的势能。的确，启动变革的通常是继任者，继任者从前任手中接棒，很多时候会不可避免地改变前任的一些做法。那么，继任者应当怎样处理和前任的关系，怎样关照前任的感受？

通常情况下，在新老交替过程中，组织会留出一段空窗期，美其名曰“适应一下组织文化”，让新老领导平稳过渡。但这样做其实是给组织运转按下了暂停键。暂停期间，人们会争相揣摩新领导的风格，比较新老领导之间的差异，甚至试图站队。此时，所有人的注意力都会集中在议论人上，而不是集中在干成事上。

不过，十一学校这次变革的启动让我有了一个新的认知——**新老交替不应该是一次暂停，而应该是一种接力。**前任在带领组织向前跑动的过程中把接力棒交给了继任者，继任者则在平稳交接的过程中积极推动自己这一任的变革。以 2007 年暑期战略峰会为例，会议沿袭十一学校以往的做法，依然由老校长做报告，李希贵则担任主持人；会议讨论重点放在让大家共同提取以往的成功因素上，但这些又都为继往开来、确立面向未来 6 年的学校战略奠定了扎实的根基。这样一来，所有人都被卷入了思考变革的心流之中。

李希贵多次跟我讲，他后来十多年的变革之所以能取得如今的成绩，很大程度上要归功于前任校长打下的底子和交接时期对自己的支持。这是他和十一学校的幸运。

后来，在参与其他组织的变革时，我也多次提醒那些新上任的领导者：**一定要看到传统的优点，一定要尊重原先的经验，一定要争取到前任领导者的支持。**

*

作家圣埃克苏佩里曾说："如果你想造一艘大船，不要召集人们去堆积木料，也不要向他们布置任务和工作，而要激发他们对浩瀚无垠大海的向往。"领导者总是希望统一大家的思想，以为只有这样才能确保变革顺利进行。但李希贵说，不要奢望统一大家的思想，但要力求实现统一的目标。

思想代表人的自由意志，目标则代表人的价值认同。十一学校花了两年多的时间耐心地启动变革，就是为了让大家统一目标、达成共识，让组织中的每个人都清楚"我们要到哪里去"，并完成"我们是否愿意同行"的价值确认。这样，变革就不再是领导者的一己之愿，而是成了大家共同的事业。

/ 第二节 /

速赢项目：
初步尝到变革的甜头

让大家先看到收益，再期待成长。

经过较长时间的讨论，大家有了共同的目标，也在思想认识和具体行动方面达成了共识，这些只能算是做完了变革前的“热身运动”。接下来，是不是马上可以开始变革了？还不行。因为这只是从“一把手”的角度看问题，如果换成从员工的角度来看，事情就不一样了。

假设有一个普通员工，他有职业理想，也特别认同组织的变革蓝图，甚至还参与了变革计划的讨论，你觉得他会马上投身变革吗？可能还是不会，他更有可能会选择观望、等待、试探。毕竟，他还面临着很多现实问题，比如对待遇不太满意，觉得办公条件不够舒适，或者家庭负担太重，孩子放学没人接，等等。自己眼前的困难都还没解决，他又怎么会全身心投入变革，去做关乎组织长远发展的事呢？

事实上，真正驱使人们投入变革的是其个人意愿。请注意，是个人意愿，而非组织的理念决定了人们对组织变革的投入程度。一般来说，人们在打开意愿系统之前，需要自我确认三个问题：

1. 这件事我到底喜不喜欢？

2. 这件事对我来说重不重要？

3. 这件事我能不能干成？也就是说，它是否对我构成一个挑战？

想要推动组织变革，不是靠号召和“打鸡血”就能让大家开始行动的，而是要每个人都在心里完成对这三个问题的确认才行。然而，缺少经验的领导者往往会说，预热已经足够了，赶紧推动变革吧。这就是既低估了人们走出舒适区的困难程度，也高估了人们在启动变革时的积极状态。

事实上，在这个时候，任何操之过急的行为都有可能让人们把刚迈出的腿又缩回来。因此，领导者这时绝对不能着急纠正别人的错误或者猛踩一脚油门上路。相反，领导者要花更多心思去寻找那些可以让人们尝到变革甜头的机会，帮大家打开自己的意愿系统。这就有了**组织变革在起步阶段的一个有效方法——设计速赢项目。**我在参与十一学校的变革时观察到，李希贵校长经常使用这个方法。

所谓速赢项目，就是能让人快速地赢一次的项目。在启动变革之初，速赢项目能够让人们亲眼看到变革可能带来的“好处”，以致愿意迈开腿跨入变革的门槛。了解了这一点，我们再来深入了解一下速赢项目可以帮助变革实现怎样的目的。

目的1：增强变革信心

设计速赢项目的主要目的，是让组织内的每一个人快速感受到变化正在发生，并且这种变化对自己有益。这有助于让大家放下包袱，打开意愿系统，按照共识的方向往前冲。需要特别说明的是，**设计速赢项目不能从组织的角度出发，而要从每个员工的需求出发。**

2007 年，李希贵到十一学校就任后，迅速做了这么几件事：第一，提升食堂的服务水平。过去，教职工和学生共用一个食堂，排队打饭的时间较长。改革后，学校建了专门的教职工食堂，方便教职工用餐。同时，将食堂交给三家不同的餐饮公司承包，通过让他们互相竞争来保证饭菜的质量。此外，老师全家人都可以在学校吃饭，免去了老师下班还要买菜做饭的烦恼。第二，公立学校教职工的工资待遇没法大幅提高，那就增加节假日福利，让大家逢年过节都能感受到学校的一份心意，也让他们在家人面前特别有面子。第三，取消考勤和一周一次的全体教师大会，绝不为了方便管理而增加老师的负担。

这几件事一做，老师们内心渴望却又没人开口提的需求被满足了，他们开始意识到“变革可能还是会给我带来好处的”。

当然，速赢项目也不是那么容易设计的。十一学校在变革过程中也有过失败的速赢项目。比如，2007 年初来乍到时，李希贵就根据之前在山东工作时的经验在校园里建了一大排水泥乒乓球台。他的本意是让师生有时间就去运动一下，却没想到建成后几乎没有人去打球。后来他分析了一下原因，觉得之所以会出现这种情况，是因为乒乓球的最佳兴趣培养期是小学阶段，而当时北京的小学空间都不太大，没多少乒乓球台，孩子也就基本没有打乒乓球的习惯。那么，在中学校园里安置那么多乒乓球台，自然没有人去打。再比如，李希贵还给老师们设置了一批像小区里那样的运动器械，结果也没有人去锻炼，因为这跟老师们的工作性质和作息习惯不搭调。

这两次失败让李希贵意识到，速赢项目不能仅凭个人经验设置，而要因地制宜，深入了解老师们的具体需求，真真切切地帮老师们解决问题。而在这一点上，最成功的速赢项目当属 2008 年年底的买房大会。至今，十一学校的老师们还会津津乐道。

了解十一学校的人都知道，除了每年一次的教代会，学校就没有什么全体教职工大会了，更不会动不动就把几百号人召集在一起听校长做报告。但在十一学校变革的这十几年里，唯有这次买房大会，学校要求每一名教职工都必须参加，还特别嘱咐大家一定要带着家属来。

当时，十一学校大部分老师都没有自己的住房，只能住在学校的宿舍里，或者在周边小区租房。于是，李希贵就瞄准了住房问题，把它作为最重要的速赢项目。

上任后的第一年，李希贵跑遍了十一学校方圆 5 公里内新开的楼盘，想帮老师们争取到团购房子的优惠，均未果。但是到了 2008 年 9 月，金融危机全面爆发，中国楼市价格大跌。李希贵预判这是一个合适的购房时机，于是再次启动谈判。这次，终于有一家跟他价值观一致的开发商被打动了，答应让十一学校的老师们以优惠的价格团购离学校不远的新楼盘，这样就有了 2008 年年底的买房大会。

当时所有老师都有很多顾虑，觉得房价还有下跌的空间。毕竟要是买贵了，自己半辈子的积蓄可就都搭进去了。看到这种情况，李希贵第一次有点急了，多次动员老师们赶快买。老师们说，你买了，我们才买。于是，李希贵带头，和老师们一起签订了团购协议。没想到，仅仅半年过后，房价就反弹了。老师们不仅住房条件得到了改善，还第一次尝到了投资回报的滋味。大家意识到，跟着学校的部署走是能拿到实实在在的好处的。

你看，这个典型的速赢项目就提振了士气，增强了人们对变革的信心。

目的2：消除日常性疼痛

看了上面这个例子，你可能会说，“这我可学不了，我没有能力解决职工住房问题”。其实，速赢项目有大有小，把一件件小事做好了，也能起到大的影响。

有一个词叫“日常性疼痛”，说的是日常工作和生活中一些鸡毛蒜皮的小事，会消耗一个人大量的心力，让人放弃变好的念头和更高的追求。所以，速赢项目的另一个目的，就是消除这种日常性疼痛。

比如，十一学校有些老师的孩子在上小学，下午三点半就放学了，但没人接，接了之后又没人带。于是，学校工会组建了一支志愿者队伍，大家每天轮流替老师们去附近的小学接孩子。接来以后，不仅有专人照看，还有人安排孩子们阅读、运动、跟外教进行语言交流等，一举解除了老师们的后顾之忧。

再比如，有些老师的家人经常会有些小病小痛，每次遇到都需要老师花半天时间去医院挂号。为此，学校工会设立了专门的岗位为他们挂号、约专家做手术，甚至会安排人陪老师的家人去看病。

还比如，十一学校还有一个神奇的组织，叫作交通救援队。这个组织是由学校保卫处的工作人员组成的。如果老师在通勤途中遇到剐蹭之类的小型交通事故，给学校打一个电话，交通救援队就会去处理善后工作，确保老师不耽误给学生上课。

我知道，很多人可能会觉得这些只是小恩小惠，虽然受益的时候满心欢喜，骨子里却很不屑。但李希贵不排斥给大家小恩小惠，他甚至认为领导者不可不去做这类小事。事实上，你也很难给人们带来多少大恩大惠。这么做更重要的意义在于，能让老师们看到校长在竭尽全力地帮助他们，从而赢得老师们的信任，并且可以传递出一个重要信息——变革的目的是让你受益。

当然，就算是这样的小事，肯定还会有很多人说自己学不了，也没有那个条件，认为只有像李希贵这样资源多、人脉广的人才能做到。

其实不然。要知道，2008 年那会儿，李希贵刚从山东潍坊调任北京工作一两年，还是个正宗的“北漂”，手上并没有多少资源。所谓的人脉，也是他后来一点一点积累起来的。

再把时间往前推到 20 世纪 90 年代，30 岁出头的李希贵刚刚就任山东高密四中校长，那时更谈不上有什么人脉和资源，但他还是设计了不少速赢项目。比如，李希贵一上任，就承诺让老师们每月准时拿到工资，绝不拖欠。

高密四中是一所乡村学校。而在那个年代的农村，拖欠工资的现象非常普遍，高密也不例外。当时，只有高密四中的老师能在每个月 5 号准时拿着工资回家。村里很多人都为自己家有位高密四中的老师而感到骄傲。

但是，这些工资是怎么来的呢？其实，当时李希贵每个月做的最重要的一件事，就是骑着自行车到处“化缘”，小企业借一点，好朋友给一些，甚至连亲戚朋友的关系都用上了。用他的话来说，就是要竭尽全力地帮助老师。而所谓竭尽全力，只竭尽自己的能力和资源是不够的，还要想方设法调动他人的能力和资源。

比如，李希贵曾经在建筑工地当过会计，他利用自己这段经历说服了一些建材工厂的厂长，让他们给高密四中的老师赞助了一批水泥和砖瓦；还协商了一支工程队，让他们挨家挨户给每位老师家隔出了一间单独的厨房。这在当时又成了一件村民们奔走相告的大事，因为那时村里家家户户都没有独立的厨房，只有高密四中的老师家里有。

到了农忙的季节，学校又借来收割机、插秧机，由校长带领管理人员去田间地头替老师们干农活儿。此外，学校还会考虑老师们的人生大事，会给他们举办集体婚礼，从婚车、化妆到证婚，学校都包了。你看，即便是一所乡村学校和一位年轻的校长，只要你想着对方的需求，在服务老师这件事上就是大有可为的。

李希贵的这些理念和实践，后来逐渐被凝练成十一学校的办学准则：**“学校竭尽全力帮助老师，以便老师竭尽全力帮助学生。”**这条准则其实揭示的是一种传导效应。企业也是同理，如果领导者不能急员工之所急，就不要奢望员工会把客户真正放在心上。

理顺了这一点，校长在对外争取资源时就会更有底气。毕竟，他所做的一切都不是为了自己，而是为了帮老师解除后顾之忧，让老师有更多的时间和精力投注到学生身上，最终让每一名学生都从中受益。

如何设计一个好的速赢项目

既然速赢项目会给变革带来很多好处，那应该怎么设计呢？在具体操作中，有两条设计标准需要重点关注。

第一，不是为了达成交易，而是组织诚意的表达。速赢项目是不求回报的，它不是为了给变革释放诱饵，引大家上钩，而是诚心诚意地解决老师的实际问题。我就见过这样的反面例子。有一所学校刚刚改善了食堂伙食，第二天就要求老师每周交教学反思。老师们纷纷大呼："原来改善伙食是假的，给我们增加工作量才是真的。"于是，大家对变革的抵触情绪更大了。这就是发心不诚导致的后果。

第二，要结合人的需求层次来设计。人是靠意愿驱动的，而每个人的意愿又是有差异的，没法用统一的方式满足。对此，十一学校的做法是，结合马斯洛的需求层次理论来设计速赢项目。如图1-2所示，中间是马斯洛划分的人类需求六个层次[1]，两边是十一学校设计的部分速赢项目。

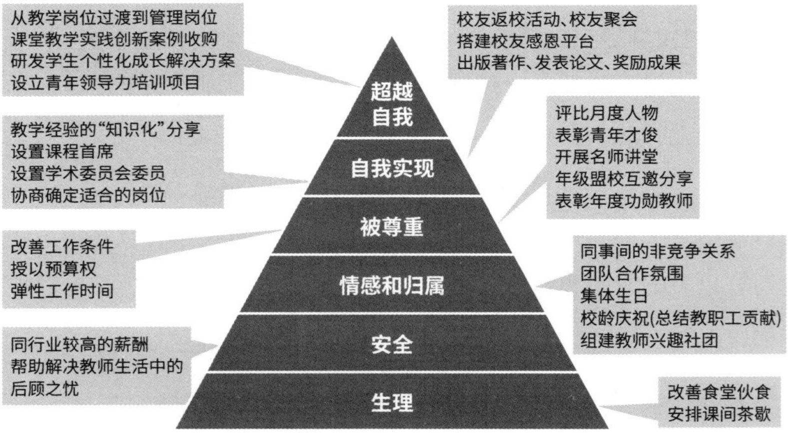

图1-2　十一学校根据马斯洛需求层次理论设计的速赢项目

1　关于马斯洛需求层次理论，最早是五阶层说，近年来又发展成了六阶层说，十一学校采取的是六阶层说。

变革工具：马斯洛需求层次理论

马斯洛需求层次不仅是一套理论，更是一个非常实用的发现需求、引导需求、满足需求的分析工具。它呈现的是金字塔式结构，由最基本的需求到最高阶的需求，共分为六个阶层。十一学校把它用来与速赢项目的设计相结合。每个速赢项目都是与人的需求层次相匹配的。

从图 1-2 可以看到，改善食堂伙食、安排课间茶歇等，满足的是老师的生理需求；下午三点半以后帮老师接孩子、成立交通事故救援队等，满足的是老师对安全的需求；为老师过集体生日、组建教师兴趣社团等，满足的是老师情感和归属的需求；开展名师讲堂、表彰年度功勋教师等，满足的是老师被尊重的需求；帮助老师将自己的个人经验转化为知识分享、设立领导力培训项目等，满足的是老师较高层次的自我实现和超越自我的需求。

根据马斯洛需求层次理论来设计速赢项目，学校就可以满足老师在不同阶段生长出来的不同需求。不过，需要注意的是，物质层面的需求和精神层面的需求没有高低贵贱之分。在领导变革的过程中，千万不要轻易指责大家怎么境界那么低，而是要让大家先看见收益，再期待成长。

一旦理解了这一点，你就会发现，**速赢项目不仅是启动变革的阶段性策略，更体现了伴随变革全过程的领导者思维。**毕竟变革是一个长时间的艰巨任务，而人的意愿系统随时都可能会关闭，因此，如何让人们持续具有变革的动力是领导者面临的巨大考验。我所观察到的李希贵，一上任就把自己的角色定位为首席服务官，把解除老师的后顾之忧作为校长的第一要务。这就是一种领导者思维方式的转变。

当校长和当老师、当副校长都不一样，他必须研究透老师的需求和学生的需求，并且以人的需求为核心来构建关系，做好服务。比如，学校里很多老师有咽炎，但学校旁边著名医院的耳鼻喉科医生你一个都不认识，那你这个校长就做得不太称职；学校很多老师没时间给孩子做饭，但你从来没想过可以找餐饮公司承包教职工食堂，帮他们排忧解难，这也说不过去。每一个行业的从业者，只要组织里的人觉得有需要，领导者就应该下决心去认识一些。

这样一来，速赢项目就成了领导者随时可以启用的法宝。什么时候安排一次体检，是否需要增加一些健身空间……都可以成为领导者满足员工不同需求的服务内容。而一旦养成了这样的思维方式，我相信你就再也不会说“这个学不了”“那个做不到”了，各种速赢项目会在你脑海中源源不断地涌现出来，甚至比十一学校的还要多。

/ 第三节 /

让正确的人上车：有效调控变革的节奏

领导者要走在变革队伍的中间。

至此，你已经知道了怎么统一变革的共识，怎么打开组织中每个人的意愿系统，变革看似可以启动了，但这种时候往往最容易出问题——千万不要以为走完了前两步，就可以动员大家热火朝天地开始干了。

当领导的，往往避免不了一个误区——喜欢带领组织里的人齐步走。这看上去是一种很诱人的组织行为，也很能满足领导者的权力欲和控制欲，但不得不说，整齐划一的做法往往是最具风险的。试想一下，变革来了，领导者振臂一呼，大家一拥而上，连那些还没有弄清变革内涵的人都开始“冲锋陷阵”，这样的变革是不是很可怕？走向失败的风险是不是很大？

管理学上有一句话，“人们并不是反对变革，而是反对被变革”。这意味着你需要耐心地让每个人主动跨进变革的门槛，并逐渐产生内生动力去打破自己的舒适圈，一起建立组织的新秩序。但具体来说，应该怎么做呢？

员工面对变革时的态度转变规律

很多研究变革的专家都从不同角度阐明了一个观点：变革就是让正确的人上车。十一学校在实践中深化了这条原则，采取的方法是让正确的人分站上车。也就是说，变革的车来了，大家不可能蜂拥而上，保持相同的步调，而要随着变革的节奏，第一站上去一部分正确的人，第二站再上去一部分正确的人，直到所有人都上车。

但问题是，怎么判断变革到了哪一站，以及哪些人该先上车，哪些人该后上车呢？十一学校总结了一张变革微笑曲线图（见图1-3），图中清晰地呈现了人们面对变革必然会经历的态度转变的四个阶段。

变革微笑曲线

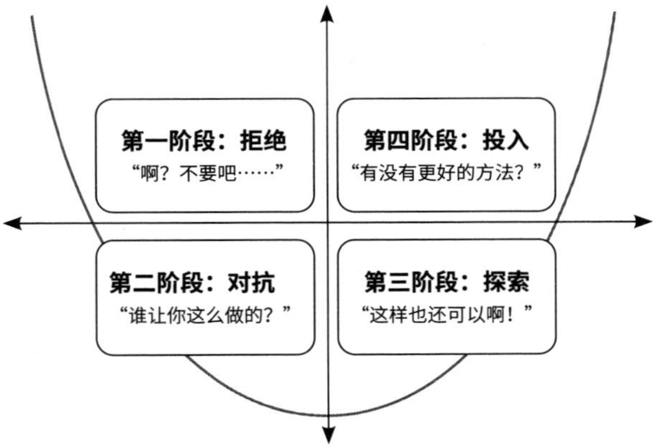

变革工具：变革微笑曲线图

变革微笑曲线图是用来分析整个变革过程中人们所处状态的工具，它能帮助领导者看到变革的全景，以及哪些人行进到了哪种状态，以便领导者做出相应的支持、干预或推进的决策。曲线图分为四个部分，分别代表了四个不同阶段。

第一阶段是拒绝。变革刚开始的时候，人们普遍的心态是："啊，要变革了？现在这样就挺好的，不要吧。"这就是拒绝的态度。

当大家的抵触情绪越来越强，就进入了第二阶段——对抗。此时，各种质疑的声音都会冒出来，比如："谁让你这么做的？""这样是行不通的，不可能。"值得注意的是，大部分组织的领导者都因为挺不过这个阶段而放弃了变革。殊不知，走过这个最艰难的时期，曙光就会出现。

这就是第三阶段——探索。人们会发现："变一下好像也不错。很多老问题是该解决了！"进入这个阶段，离变革成功就不远了。

最后一个阶段是投入。大家积极投身变革，甚至主动去想还有没有更好的方法。

在组织变革的过程中，每个人都必然会经历这四个阶段，这是一个绕不过去的规律。不同的是，有人迅速完成了这四个阶段的心态转变，上了车，有人则需要较长的时间来适应。

借助变革微笑曲线图，组织既可以设计出让哪些人在变革的哪个站点上车，也可以评估出每个人目前到了什么状态，是不是需要有一点推力才能让他们上车。至于具体操作方法，根据我对十一学校变革全过程的观察，最核心的一条就是：**明确关键人物，每一站让正确的人主动上车。**

成立项目组，让第一批正确的人上车

在变革开展初期，让正确的人上车非常关键。你可能会说，这有什么难的，让骨干先上呗。事实上，按照我对变革的观察，这个阶段正确的人还真不一定是传统意义上的骨干。道理很简单，传统意义上的骨干大多数已经处于最惬意的舒适区了，让他们改变往往很难。

要确定哪些人是可以在这一站上车的正确的人，领导者需要设计一个好的机制。李希贵使用最多、效果也最好的机制是成立项目组。在变革初期，十一学校成立了七个项目组，包括核心价值观与战略管理项目组、治理体系项目组、人事聘任项目组、薪酬福利和荣誉体系项目组、课程体系研究项目组，等等。用项目组的方式让大家参与进来，形成一份份专题变革方案，有利于让变革成为大家的事。更重要的是，还可以培养这一站可以上车的人。因此，项目组的成员构成非常重要。

一般来说，项目组可以由三类关键人物构成。

第一类是骨干中的“领跑者”。这些人往往能主动适应组织发展的各个时期，并且拥有稳定的能力。让他们参与进来，既能稳定军心，也能利用他们丰富的专业经验，不让变革的方向发生偏离。

第二类是有成长潜能的骨干苗子。怎么发现这类人呢？十一学校通常会通过对以下几个方面的考察来确定人选：一是在入职后，他们是否能很快成为学生喜欢的老师。这个问题直击职业本质，一位老师如果不能迅速被学生接纳，那么即便能力再强也不适合。二是在担任班主任时，他们是否具有领导力。这个问题很关键，因为在学校里，班主任管理着一个班，其工作表现能集中体现出他们有没有领导力潜质。三是在承担一些日常事务时，他们有没有自我成长的获得感。这个问题考察的是反思能力，它能反映一个人的成长性。将这几个方面综合起来，就是在考量这些人有没有成功的经历，从而推断出他们是否具有持续成功的可能性。

第三类是非正式群体中的意见领袖。这也是最容易被忽略的一类人。在变革初期，他们会离你很远，但他们通常的状态就跟水里的鸭子似的，假装身处世外，表面上很平静，脚却在水下拨动得厉害。不要让这样的关键人物游离于变革之外，要把他们拉入某个项目组，在过程中影响他们。十一学校通常会在每个项目组都吸纳一两个意见领袖。

很多领导者看到意见领袖会有点犯怵，对他们总是藏着掖着，但这样做反而会让情况变得更糟。要知道，在形成未来变革方案的过程中，如果让意见领袖游离在外，他们很可能会成为反对派，进而阻碍变革的进程。这并不是因为他们内心真的抵触变革，而是因为领导者的屏蔽引发的“逆反”。相反，把他们拉进来，允许他们在项目组内提出反对意见，他们的感受就会好很多。就算他们表现过激，在项目组的范围内也方便管理。更何况，他们的加入还能给项目组增加一个视角，何乐而不为呢?

在变革起步阶段，用项目组机制把上述三类关键人物拉进来，让他们带着个人的立场、团队的利益、组织的意愿参与方案的讨论。随着讨论逐渐深化，他们会主动理解变革的目标是什么，并不断思考组织目标与个人目标之间的关系。

在这个过程中，项目组成员中个人目标与组织目标交集最大的那部分人会迅速跨过“微笑曲线”的第二阶段——对抗期，并走向探索期和投入期。这时，他们就会成为第一批正确的人，主动上车。

需要注意的是，在这个阶段，虽然你吸纳了几个意见领袖进入项目组，但不要在他们身上花太多精力，也不必非得把他们拉上车。你可以让他们在项目组里多待一段时间，充分发表意见。在此期间，无论是反对还是认同，他们都会把一些变革信号传递给更多的人。通过他们之口释放变革信号，有时比向来是骨干的那些人传递出来的更能让人听进去。

走出对抗期，让第二批正确的人上车

伴随着第一批正确的人上车，七个项目组的 1.0 版变革方案会在此时初步成型。这个时候，最容易犯的错误是把这些方案发给全体员工，然后通过举手表决的方式以最快速度通过。

举个例子。我遇到过一位校长，他只用一个小时就让全体教职工通过了变革方案。当时我很纳闷，问他：“老师们都没看完方案就表决了？”他回答：“千万别让他们看得太仔细，否则他们就会提出很多问题。就是要在大家还没怎么弄清楚的情况下举手表决，这样就不会有矛盾了。”

现实中，存在这种心态的领导者不在少数。我要提醒一下，千万不要走进这样的误区。为什么呢？因为这七个方案中有薪酬方案，也有岗位聘任方案，而这些都事关每个人的切身利益。如果领导者让大家简单看一看就举手表决，带来的肯定是一片反对声，变革也会就此夭折。即便当场糊弄过去，表决通过了，这些反对意见也不会自然消失，反而会让接下来的变革举步维艰，最后同样走上失败的命运。

其实有反对声很正常。毕竟，此时大部分人都处于对抗期，方案动的又是自己的切身利益，他们当然会本能地产生抗拒。十一学校也不例外。七个方案一出来，一时间质疑声四起，与教职工切身利益关系最密切的薪酬和岗位聘任方案更是一下成了焦点："怎么可以这么计算工作量系数啊""双向选聘？要是我下岗了怎么办""我拿到的钱明显会比现在少很多，这太不合理了""是不是领导们得的好处最多"……

但是看到这种情况，李希贵反而很高兴，因为他心里有变革微笑曲线图。他知道，进入对抗期是绕不开的一步，这恰恰说明变革之路走对了，也说明大家离进入探索期不远了。不过，关于如何让大家走出对抗期，是有策略的。

第一，让每个人充分发表意见。正面的、负面的，好听的、难听的，都可以发表。不到大部分人都没有疑问的程度，就不进入表决阶段。也就是说，领导者要有充分的耐心，并做好充足的准备，否则后面就可能要付出更大的代价来解决今天留下的各种矛盾和隐患。

第二，每次集中讨论都要对上次收集的意见进行反馈。比如，上周大家的疑问集中在工作量系数如何计算上，这周就要给大家详细解释计算方式。除了解释，还要有改进。比如，告诉大家上周共吸收了哪些建议，现在做出了哪些新的调整。

需要注意的是，一定要让第一批上车的人多去做反馈和解释。

一方面是因为他们是方案的设计者，对内容的体会比谁都深刻；另一方面是为了让大家看到上车的人的状态，从而更快走出对抗期。

当然，整个过程要始终遵循一个原则，就是所有人都能安全地发表意见，所有意见都会被听到，听到之后都会得到反馈。当一个个疑问或者心结被解开之后，上车的人自然会更多。因此，在这一站，你会发现，那些疑问最多且疑问得到有效反馈的人最容易成为正确的人，选择主动上车。

第三，在这个阶段，一定要想方设法让意见领袖尽快上车。因为如果这时不上车，他们就有可能成为变革的阻力。那如何才能让他们尽快上车呢？方法有很多。比如，每次集中讨论时，给他们安排反馈、解读的机会，让这些平日在非正式群体中有影响力的人登上正式的舞台，这样他们的号召力和说服力也会更大。再比如，如果 1 号意见领袖的工作不太好做，可以先给 2 号或者 3 号意见领袖机会，让他们的意见能够被采纳。他们上了车，再去影响 1 号意见领袖，这样可能会顺利很多。

这个阶段，你可能会听到这样的声音："哎呀，加班加点我倒不怕，我就是担心自己能力不行啊""他们好像做得还不错，要不我们去看看他们是怎么做的吧"……这些都是大家正在步入探索期的信号。

在十一学校变革的过程中，还出现过一些有趣的现象。比如，学校有一个为拥有 25 年以上教龄的老师安排体检的速赢项目[1]。当时，一些教龄不足 25 年的老师也来申请体检，其中不乏不愿意参与

---

1 这件事在今天看起来并不稀奇，但在 2007 年，一所中学为老师提供这样的福利，是让很多人羡慕的。

变革的刺儿头或者喜欢煽风点火的反对者。这时，考验领导者胸怀的时候就到了。你千万不要一句话就把他们打发了，说什么“你们不符合规定”或者“变革你们不参加，看见有好处却想占”。相反，你要看到他们这些行为恰恰是正在走出对抗期、准备上车的迹象，怕就怕这些人不来蹭这点“小恩小惠”。你要打开格局，允许他们参加，这样在下一站就会收获更多正确的人。

进入探索期和投入期，让更多正确的人上车

随着越来越多的人陆续上车，也差不多可以让大家对变革方案进行表决了。这时候，表决的设计也大有讲究。尤其是与大家切身利益相关的薪酬方案和人事聘任方案，不仅要在教代会上对整体方案进行表决，还要对其中的高利害条目，比如兼课课时的计算、不同学科的分值换算等分别进行表决。只有两者的通过率都达到 80% 以上才算通过。如果没有达到 80%，领导者也千万不要着急，继续带领大家对条目进行讨论、修正，直至最终通过就可以了。

试想一下，员工参加了这样的表决会有什么样的感受？是不是会相信组织在负责任地对待每一个人？于是，一批人因为这样的信任又上了车。此时，绝大多数人都进入了变革微笑曲线的探索期和投入期。

表决虽然完成了，但还有两点需要注意：一是不要追求 100% 的通过率，因为所有 100% 都只是看上去很美，其实掩盖了很多真正的问题；二是如果有人投反对票，你要感到欣慰，因为有人反对才是正常而真实的生态，但一定不要对反对者产生任何好奇。

举个例子。十一学校第一次对变革方案进行表决时，有 10 个人投了反对票。但是，没有任何人去细查到底是哪 10 个人。按照李希贵的说法，要在内心深处忽略这件事，甚至就算有人来“告密”也不要听，还要及时制止他。毕竟这时大部分人都已经上车了，那一小部分人影响不了主流。相反，当投反对票的人发现你对他们照样很好，周围也没有人用异样的眼神看他们时，他们会觉得被尊重了，进而会开始信任你，并在组织文化的浸润下慢慢发生改变。这样，离他们上车也就不会太远了。

走完这四个阶段，至少需要半年的时间。在此过程中，领导者要花大量精力去洞察每个人态度上的转变。但这个付出是值得的，因为当大家都上了车，变革的障碍自然就消除了，组织面对的也不再是去哪里的问题，而是能走多远的问题。

领导者必备的两条变革心法

让正确的人分站上车，其实还需要领导者不断修炼两个心法。

心法 1：鼓励先进，允许落后

变革本身是一项复杂且富有个性的高级劳动。就拿学校来说，每一个学科、每一个班级、每一位教师都各不相同，如果希望通过一场变革就让他们走在相同的道路上，甚至连行走的速度都保持一致，几乎是不可能的。即便做到了，也是违背规律的。

可是，对变革的雄心常常让大部分领导者急不可待。这时该怎么办呢？李希贵有一句经典的话叫“鼓励先进，允许落后”。“鼓励先进”很好理解，那为什么要“允许落后”呢？我把它拆解成三个层面。

第一个层面，有些以前长期被评为先进者的人可能会在变革中成为落后者。变革会给每个人带来巨大的压力，即便不会脱胎换骨，伤筋动骨也是难免的。每一个人从观念的转变到方法的借鉴、创新，都必须经历别人无法代替的过程。感悟、体验、纠结、挣扎，是每个人内心都避免不了的疾风骤雨。因此，变革需要给人时间。十一学校的变革就有一个很有意思的现象：跑在最前面的往往不是公认的教学骨干或者某些学术带头人。这是因为这些人既深受学生喜爱，又形成了独树一帜的教学风格，他们需要时间思考自己的教学方式能否适应新的变革，以及该如何适应，对优秀的骨干来说甚至意味着要做大幅度的改进。因此，变革需要等一等他们。

第二个层面，落后者不是拖后腿的，而是组织的财富。他们的存在可以成为组织变革的制动力，帮组织踩刹车。在十一学校，正是这些慢热型落后者的存在，让李希贵发现了变革的缺陷，从而有机会寻找更合适的路径来弥补缺陷，变革也由此变得更健康、更稳健。

第三个层面，落后并不等于不前行。有些落后者起步缓慢，一旦上路却非常扎实稳健。每个团队都需要有这样的成员。还有些所谓的落后者其实非常认可变革的目标，只是不太认可领导者的变革路径，觉得走自己这条路也能实现变革目标。这样的人其实根本不是真正的落后者，只不过是我们不知不觉陷入了“领导者偏见”，用自己的标准去定义他们罢了。

总的来说，在变革过程中，一位有智慧的领导者既要通过鼓励先进来调节变革的节奏，推动变革的发展，也要允许落后，发现每一个需要搀扶、帮助的机会，等待每一个人在内心意愿的驱动下走过自己的心路历程。

心法 2：领导者要走在变革队伍的中间

当大家都走在变革的路上，作为领导者，你的位置应该在哪里呢？千万别大家还没迈开腿呢，你就像图 1-4 中那只雄赳赳气昂昂的大公鸡一样义无反顾地朝前走了。正确的做法是，你要走在变革队伍的中间。有时，你是首席服务官，为需要支持的人解除后顾之忧；有时，你又得像局外人那样，洞察变革进程中发生的一切，以保障变革的健康发展。

图1-4　走在最前面的领导者

长期以来，我们形成了一种理所当然的观念：领导者必须时时事事在前面冲锋陷阵。从领导者要以身作则的层面说，确实应该如此。但具体到领导变革、赋能个体的层面，则要另当别论了。

在变革之初，肯定需要领导者组织大家共同描绘变革愿景，确定变革路径，选择推进策略。领导者不动，任何组织都不可能自动出发。然而，如果接下来的工作一律要靠领导者策动，甚至领导者不动就无人前行，那这样的变革就毫无生命力，更没有价值可言。

此外，走在变革队伍中间并不意味着要在正当中的位置，而是需要你能瞻前顾后。有时候你可以往前靠靠，给前行者更多的认可和赞美；有时候又可以往后走走，提醒暂时落后者跟紧大部队，不至于被落下太多。

那么，应该是谁走在最前面呢？是那些先进者，那些深度参与变革项目组的人。他们对变革理解得很透，由他们带领大家攻坚克难会产生事半功倍的效果。同时，这也是对他们领导力的一次很好的锻炼。当然，当先进者与跟进者产生意见分歧时，处在中间位置的领导者还可以做一点第三方调和工作。这样，领导者就可以始终保持柔性，统观全局，把握好航向。

*

至此，组织里的人都上车了，变革也就自然成了大家的事。接下来，变革正式启动，领导者需要在组织结构、制度文化、治理体系等层面对组织进行一系列调整。下面，让我们沿着变革路线图继续前行。

误区1：不破不立

很多组织把不破不立确立为推进变革的原则，但长期的实践告诉我们，就像造房子一样，在新房子竣工之前，不分青红皂白地拆掉原有居所，一定会出现大问题。组织变革尤其要警惕“破”字当头。如果因为领导者的个人意志或者高层的主观经验，蛮横地“破”掉尚且无可替代的“旧东西”，组织就会面临不可估量的风险。

处理好破与立的时序问题，善于切入问题本质，是组织变革的重要策略之一。在组织变革中，我们更多地需要坚持先立后破的原则。在没有找到好方法时，不主张把既有方法随便抛掉；在没有找到新平台时，可以先在过去的平台待一段时间。

比如，十一学校的教学组织形式调整为选课走班之后，传统的那种行政班没有了，取而代之的是各个学科自己的学科教室，学生们拿着自己的专属课表走班上课。在这种新的组织形式下，导师制就成了关键。但是，李希贵很清楚，要让导师制真正落地，还需要一定的时间积累经验，学生、老师和家长也需要时间适应这种模式。因此，学校没有马上取消行政班和班主任制度，而是暂作保留，让班主任与导师制度并行。这样一来，不仅没有让学生、老师，特别是家长感到惊慌，也让过渡期间的教育管理工作得以顺利开展。

新老制度并行大半年后，在有一次战略峰会结束时，一位资深年级主任主动找到李希贵说：“校长，要不我们开学后试试彻底取消行政班制度吧？”校长说：“好，你们试试吧。”结果开学后，老师们惊喜地发现，他们之前所有的担心都是不存在的。而且，在对学生进行相关调研时，学生们都笑着说“早就该这样了”。至此，一场关键的转型就这样平滑地完成了。

误区2：反复瞄准之后再开枪

不管在什么战斗中，先瞄准再开枪似乎都是无可辩驳的普遍真理。因为这样可以不浪费每一颗子弹，提高命中率。但在组织变革的过程中，这个真理却成了误区。因为先瞄准再开枪的前提是前方有一个靶子，可当我们看不到靶子时，也就不知道该往哪儿瞄准。如果还按照常理，非等找到靶子再瞄准、开枪，就会无法前进。可变革不能等待，所以需要选择"先开枪，再瞄准"的策略。

这种策略源于惠普前 CEO（首席执行官）卡莉·菲奥莉娜。对惠普来说，所谓"先开枪，再瞄准"，是指新产品成熟度达到 80 分时就可以推出，将产品放到市场中去检验，通过整合客户的智慧来改善产品的质量。要知道，惠普之前是以追求品质卓越著称的，产品成熟度不达到 95 分不会推出。与之前的追求品质卓越相比，"先开枪，再瞄准"更看重响应市场的速度。

十一学校在变革之初也选择了"先开枪，再瞄准"的策略。在还不具备完善的操作方案时，学校没有被动等待，而是带着老师们踏上了变革之路，一边变革，一边迭代方案，在前进中瞄准，在瞄准中前进。如果像通常所做的那样，等到瞄准之后再开枪，也许这场变革到现在也不会发生。

误区3：“我已经想清楚了，这次变革不成功，我就辞职！”

变革切忌领导者单边热情高涨，振臂一呼“我想清楚了，一定要变革”，甚至立下军令状，“若不成功，我就辞职”。

这样的“雄心”会带来三大害处：第一，这样的变革只是领导者自己想变，很难让其成为大家的事；第二，组织中的人很容易分成两大阵营，即主动变革的和被动变革的；第三，这样的变革只能靠掩盖问题而不是靠暴露问题展开，因为领导者成功的意愿过于强烈，看到各种问题暴露时，会选择掩盖问题或者责怪下属没有能力。这种“雄心”会让领导者在日后处理此起彼伏的矛盾中耗尽心力。

CHAPTER TWO

第二章

调整结构

变革正式启动了，此时遇到的第一个挑战是，从哪里着手？

李希贵经常说一句话：“能用结构解决的，就不用制度；能用制度解决的，就不用开会。”这句话甚至成了他的思维方式和行为习惯。但在现实中，很多新上任的领导者要么是从症状入手搞变革，看什么不顺眼就改什么，觉得缺什么就加什么；要么是从自己擅长的领域入手，业务强的抓指标，管理强的立规矩，对最重要的组织结构却尽可能绕着走。这是为什么呢？因为领导者通常认为，动结构是一件有风险，甚至可能是伤筋动骨、吃力不讨好的事情。

其实，根据中学物理、化学知识就能知道一个最基本的原理：如果事物的结构不变，其性质不可能改变。组织也是如此，如果想要给组织中的每个人赋能，让组织富有活力，就必须从调整结构入手，没有其他捷径可走。

这一章，我们先来理解透李希贵的上半句话——如何实现“能用结构解决的，就不用制度”。

/ 第一节 /

明确一线：
确立组织的价值中心

能用结构解决的，就不用制度。

动结构真的有风险吗？其实不然。准确地说，不是动结构有风险，而是组织变革本身存在一定的风险，因为变革必然涉及利益的重新分配。不过，变革首先是一门科学，只要遵循具体的步骤和方法，其中的风险自然会被化解。

变革的第一步是调整结构，而调整结构的首要原则是明确组织的一线在哪里。

好的结构首先需要明确一线

提到一线，很多人会认为这就是组织中最基层的地方。如果你这么想，就是陷入了传统工业社会组织按层级高低确定一线的官僚思路。在现代社会，一线其实是一个组织的价值中心，是最终产生效益的地方，也是组织最舍得投入的地方。一线是组织存在的理由，如果一线出了问题，组织就可能被倾覆。

请你想一下苹果公司的一线在哪里。是遍布世界各地的生产车间吗？是，但也不完全是。苹果公司真正的一线其实是研发、生产、销售这三大部门形成的产品链。没有研发部门不断推陈出新，掌握最具竞争力的创意和核心技术，公司就不可能具有高竞争力；如果研发能量很大，但生产与销售跟不上，利润就无法增长，公司同样无法生存下去。因此，真正的一线是这根从研发到销售的产品链条，它是苹果公司的价值中心。

在写这本书时，我和李希贵校长接受得到 App 创始人罗振宇和脱不花的委托，帮助得到公司展开新一轮的组织变革。我们向两位创始人提出的第一个问题就是，组织的一线在哪里？同时，我们也提出了几个关键问题作为思考的脚手架：

1. 组织最舍得将人、财、物、精力、权力投向哪里？
2. 哪里是组织产生利润的中心？
3. 哪里出现问题会影响组织的生存？

围绕这几个关键问题反复讨论后，得到最终确立公司的一线为六大事业部。它们是影响公司生死存亡的利润中心，即公司整个战略实现的价值中心，也是公司存在的理由。

再来看看学校。学校产生价值的方式和企业有所不同，它的价值不是靠产生多少利润来衡量的，而是体现在促进学生健康成长上。那么，对学校这种组织来说，哪里是让学生成长最充分的地方呢？

答案是“年级”，也就是教育教学一线[1]。这是学校的价值中心。

找到真正产生价值的一线非常关键，因为只有明确了一线，才能知道组织内的所有资源应该流向哪里。

缩短资源流向一线的路径

在中国的学校里，大家对“年级是教育教学一线”这一点是有普遍共识的。教育工作者都认同，如果所有工作最终没有落在促进学生成长上，那么自己的所有努力就等于无用功。但现实是，很多学校并没有把人力、物力、精力等调配到真正产生价值的年级层面。这其实是传统工业社会组织结构带来的弊端。

诞生于传统工业社会的组织，大部分都是科层结构。学校也是如此。校长下面有几位副校长，几位副校长分管几个职能部门，职能部门下面管着年级组，年级组下面的老师和学生则处于结构的最底层（见图 2-1）。这种科层结构的学校，是很难贯彻“以学生为本”的理念的，因此很多时候这只能是挂在墙上的标语。

当然，我们要承认，在工业时代，这种组织结构是有优势的，它让学校能像流水线一样，用最低的成本和最高的效率，大规模“产出”各行各业所需要的劳动者。我接触过很多学校，它们还在

1 从全球来看，教育教学一线基本分为学科制、学院制、年级制三种类型。学科制是指一线是一个个学科组，以美国、新加坡等国家的部分中小学为代表；学院制是指产生价值的地方在学院，以英国及英联邦国家的学校为代表；年级制则意味着年级是学校存在的命脉，以中国的学校为代表——尤其是教育普及以来，随着学校规模不断扩大，管理幅度也越来越大，每个年级的人数几乎等同于欧美国家的一所学校，于是类似于校中校的“年级”应运而生。

努力用零缺陷管理等工业时代的方式管理老师和学生，像对待产品一样严格要求教育教学的每一道工序，试图把每一个学生都培养成“零缺陷、标准化”的产品。

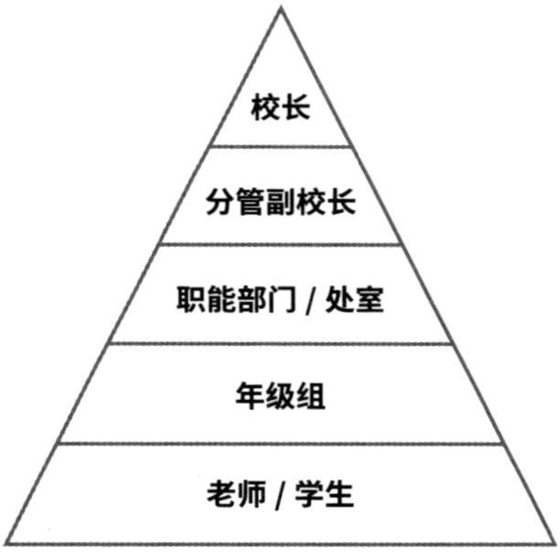

图2-1　传统学校的科层组织结构图

但是，到了知识经济时代，学校要培养全面而有个性的人才，要真正落实以学生成长为中心的理念。这样的理念科层结构就支撑不了了。原因在于这种结构一层层地截流了涌向一线的资源。而且，越稳固的科层结构，越容易截流。

这里需要说明的是，在一所学校，金钱和权力等固然都是非常重要的资源，但最重要的资源其实是老师的时间。因为教育是发生在师生相处中的，老师的时间是否真正花在了学生身上，以及花费时间的多少，决定了教育的质量。

而层级过多的结构最容易截流老师的时间，阻碍师生之间交往的品质。以图 2-1 中的分管副校长为例，学校里通常会有好几位副校长，按照分工，一般分为教学副校长、德育副校长、行政副校长、后勤副校长，等等。李希贵做过一个调研，结果发现，每增加一名副校级干部，老师用在学生身上的时间就会减少3%~5%。

为什么会这样呢？因为每位副校长都分管一条线，他们经常会按照自己分管的领域，把相关人员召集起来，统一部署这条线上的工作。相应地，老师需要拿出大量时间来应对这些会议，并处理分管领导交办的事情。很多时候，老师原本正在为学生进行一对一答疑，或者正在年级举行学生活动，结果被一声“召集令”打断。这样一来，老师花在学生身上的时间自然就减少了。更糟糕的是，这些副校长越敬业，越负责任，资源截流的力度就越大，老师花在学生身上的时间也就越少。

面对这种情况，应该怎么办呢？李希贵校长提出了一条原则：**把资源用在离学生最近的地方。**按照这条原则，再来看如何确保把时间资源花在学生身上，就能知道，我们必须着眼于组织结构的调整——**减少管理层级，让组织扁平化，疏浚资源流向一线的路径，使其畅通无阻。**

如何减少管理层级？还是以十一学校为例，最重要的一套动作是“拆”与“合”。要将所有和价值中心不直接相关的事项，尤其是原来的管理层事项，都按照其属性逐一拆解开来。比如，过去副校长是分管教学、德育、行政、后勤等某一条线上的工作；结构调整后，条线分管制被取消，这些副校长开始朝两个方向“合”。

一个方向是有些副校长可以直接兼任年级主任，这样他们就不再是年级主任的上级，而是直接到一线价值中心指挥“战斗”，成为“听见炮火的人”。这样一来，副校长不会再因为自己分管的某项工作随意召集老师统一部署工作，也不会再要求老师写计划总结、填文件报表。同时，这些年级主任也是学校最高决策机构——校务委员会的成员，一线的师生需求可以真实、快速且便捷地被反映到战略高层。

另一个方向是有些副校长可能不一定擅长处理综合性的年级工作，但在中后台管理方面有自己的经验，那么就可以直接担任职能部门主管，比如后勤主任或行政主管。也就是说，他们从评价一线的干部转变成了服务一线的支持人员。

我们来看一下经过拆合处理之后的十一学校组织结构图（见图2-2）。这是李希贵从著名管理大师明茨伯格的《卓有成效的组织》一书中受到启发改造而成的。

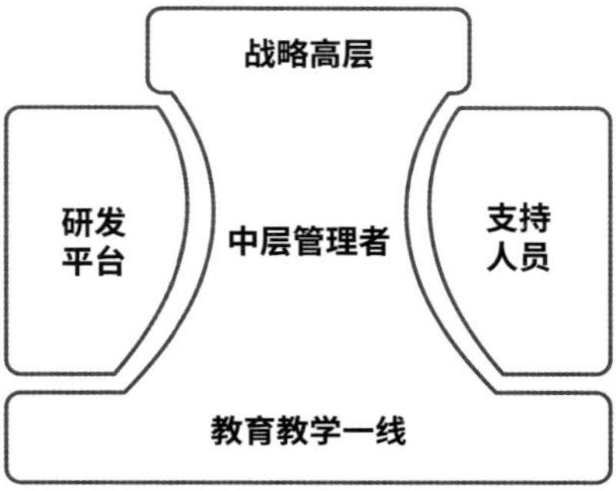

图2-2　变革后的十一学校组织结构图

与图2-1相比，变革后的十一学校，组织结构从上下五个层级转变成扁平化的纵向三层——战略高层、中层管理者和教育教学一线，支持人员和研发平台[1]则分列两侧。

在这样的组织结构中，能指挥一线的只有中层管理者。按照中国的教育体系，年级主任和学科主任就处在这个位置，他们对组织

1　研发平台负责研发一线所需的课程产品，详见第四章。

的质量和效益负责[1]。具体来说，年级主任是一线的第一责任人，学科主任则对一线课程产品的质量有专业的建议权。除年级主任和学科主任之外的其他任何人，都不能对一线指手画脚。处于上、左、右位置的战略高层、研发平台和支持人员都在为中层管理者领导的教育教学一线提供各种服务，确保资源更快、更多地流向一线，从而大大降低资源被截流的可能性。这样一来，就从结构上确保了“以学生成长为中心”的理念得以落地。

当然，这样的结构调整不是一蹴而就的，还有大量现实问题需要考虑。其中最典型的问题是，以前管人的干部一下子成了支持人员，这种身份变化他们能接受吗？

用“软着陆”解决结构调整的问题

在前面提到的“拆”与“合”的动作中，分管行政、后勤等事项的副校长转而担任了职能部门主管。说实话，这个转型难度是最大的。要知道，在科层结构中，职能部门虽然名义上是给一线提供服务的，但在现实中很容易演化成权力部门[2]，像行政办公室、人力资源处、财务处、总务处等，都可以“管”着老师。

1 中国的教育体系是以年级制为主、以学科制为辅。年级主任是一线价值中心的主要负责人，学科主任是学科威望高、领导能力强、负责把握学科方向的掌舵人。

2 关于一个部门到底是支持部门还是权力部门，在现实中很好分辨。举个很小的例子：如果老师领一盒粉笔、一包复印纸都要去教务处申请，并且有配额，有限制，有服务时间，那教务处就是权力部门；如果这些资源都被放在了老师触手可及的地方，随时可以被用于教学工作，一旦供给跟不上，教务处就会主动查找原因、迅速调整，那它就是支持部门。

而现在，作为支持人员，他们不仅没有权力指挥一线了，还要到一线问需求、给资源，全力以赴地为老师提供服务，并且要接受一线老师的满意度评价。对于已经习惯了当干部的行政人员来说，这带来的冲击确实很大。

因此，十一学校在变革之初确立了一条原则：**“组织结构的设计要非常理想，但调整结构的策略需特别现实。”**

首先，如果这些转型后的支持人员有情绪，不要责怪他们，一定要相信他们大都不是“官迷”，只是面子上挂不住。换位思考一下，你如果和他们一样，即使道理上理解“能上能下”，在下的时候也是需要有一些台阶的。因此，在调整组织结构时，不管在什么情况下都不能大规模地撤换干部。

其次，要对原来处于中层位置的人逐个进行分析，看看他们的特长和变革之后所在的岗位是否匹配。比如，原来分管教学的副校长是一位教学高手，如果让他去作为支持人员搞服务，就有点舍长扬短；相反，让他去当年级主任，直接到一线指挥“战斗”，就能为组织创造更大的价值。再比如，原来分管科研的副校长很有个性，虽然专业能力不错，但不太适合带团队作战，那就不勉为其难，可以让他到研发平台，负责一个攻坚性的长期课题，带一个松散型的研究团队，把研究成果付诸一线实践。

就这样，十一学校用了近三年的时间，才把原有的十几个中层部门压缩为四个职能部门。当然，**随着十一学校盟校越来越多，尤其是新建了一批 K12 一贯制学校**，组织结构也在不断迭代，并且有了图 2-3 中的最新结构全景图。可以看到，现在的新学校已经只剩两个职能部门了。

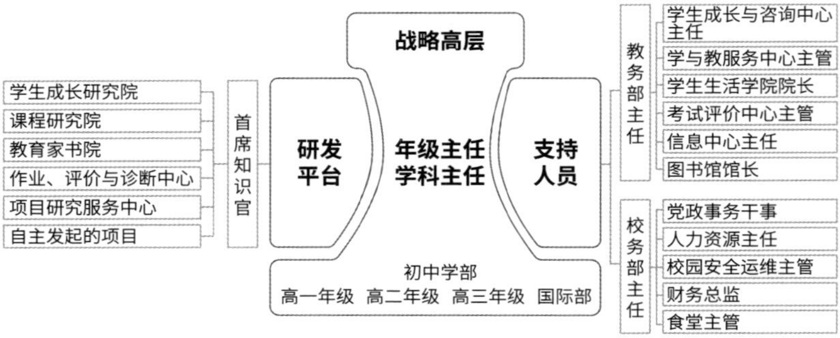

图2-3 十一学校最新版组织结构图

管理学家戴明说，在一个组织中，90% 的问题是由管理导致的，只有 10% 的问题是由员工带来的。所以，组织变革必须先从调整结构开始。结构对了，人才能对。换句话说，**"能用结构解决的，就不用制度"，这是领导者应有的思维方式。**

举个例子。在很多国有企业里，"仓库究竟该归谁管"一直是个很有争议的话题，生产部门和销售部门争得不可开交。于是，企业制订了很多制度来划分两个部门的职能边界，但效果并不好。

其实，只需要确定这个企业产生价值的一线在哪里，就知道这个问题该怎么处理了。一般来说，销售更需要以客户需求为中心，在不断满足客户需求的过程中产生价值；生产部门则需要从销售的信息中获得反馈，来调节产品的生产量，以免积压库存。这么一来，仓库就不应该以囤货为目的，而应该以周转为流通手段。确立了价值中心在销售，也就可以明确仓库的管理权应该在销售，生产部门负责提供支持。只有这样，才能实现"以客户为中心"的理念。

/ 第二节 /

寻找内部客户：使协同的力量自然发生

组织协同的本质是目标一致。

通过结构调整，原先的职能部门已经从上级管理部门变成了服务部门。接下来，就是这个过程中最关键的问题——如何让习惯于指挥一线的行政人员逐步转变为服务一线的支持人员？

先以我们最常打交道的财务部为例。过去，财务部被认为是典型的“门难进、脸难看、事难办”的部门。员工来报销时，很多财务人员只关心报销单填写得是否规范，如果不规范就让对方回去重填，不太会想怎样主动服务好一线员工，更不会思考自己与组织的一线是什么关系。

再比如总务后勤部门，他们最趁手的工作方式要么是发通知，要么是开会，而且经常要求员工放下手头的工作来参会。他们很少去想怎样节省员工的时间，以便大家都能聚精会神地创造价值。

过去，我们认为有这些问题是因为他们服务意识不够或者奉献精神不足，于是想的办法就是搞搞思想教育、评个标兵、学个模范，等等。但在十一学校看来，这是一个组织协同问题。协同不是硬把不同部门的人拉过来，逼着大家去支持一线。协同的本质是大家目标一致。

那么，如何实现目标一致呢？十一学校找到了一根杠杆——寻找内部客户。

寻找内部客户

“客户”这个词我们都很熟悉，但什么是“内部客户”呢？简单地说，内部客户就是组织内部需要支持人员去服务的对象。通常，谁在一线或者谁离一线更近，谁就更容易成为内部客户。

2010 年，伴随着组织结构的调整，十一学校的每一位支持人员都开始寻找自己的内部客户。当时学校有 70 多名支持人员，从人力主管、财务总监、教务主任、总务主任，到会计、出纳、厨师、医务干事、对外接待员、档案管理员、司机、保安、门卫，等等，每一名支持人员都要找到自己的内部客户。

道理大家都明白，但具体落实起来就没那么顺利了。很多人在学校工作了一辈子，却找不到、找不准自己的内部客户是谁。这时候，有两个问题发挥了很大的作用，每个支持人员都需要先思考一下：

1. 我这个岗位存在的理由是什么？
2. 如果去掉我这个岗位，什么人会觉得最不舒服？

就拿招聘主管来说，这个岗位存在的理由是什么？我们会脱口而出：学校需要不断招聘优秀教师。没错，是学校需要，但学校里到底谁最需要呢？如果去掉这个岗位，什么人会觉得最不舒服呢？可能有人会把眼睛瞄向校长。其实不对。在学校里，最渴望自己的团队里有优秀教师的，是学科主任和年级主任。他们是一线主管，要“带兵打仗”，直接服务于学生的成长。就像很多企业里的事业部负责人一样，他们要扛指标，公司的营收情况好不好，都要看他们带领的团队的工作结果，因此他们特别需要团队里都是精兵强将。学校也是如此。对于很多具体情况，包括要招具备什么素养的教师，教师的年龄结构、知识结构会不会在几年内出现断层，甚至具体到这学期有没有老师怀孕、下学期需不需要人顶岗等，只有学科主任和年级主任这些一线主管最清楚。

招聘主管如果只是盯着校长，就很可能会漠视一线细微而真切的需求，导致招聘的人才与实际岗位要求错位。所以，招聘主管应该把中层管理者，也就是直接指挥一线战斗的学科主任和年级主任作为内部客户。在每次招聘时，要主动听取一线主管的意见，了解他们的需求和顾虑，不断优化招聘质量，让手中的信息和人才储备资源都为他们服务。

需要特别说明的是，要给每一个**岗位**明确内部客户，而不只是给每一个**部门**明确内部客户。因为即便同属一个部门，每个岗位上的人面对的内部客户也可能不一样。经过仔细区分，你会发现一些看上去差不多的岗位其实差别很大，他们的内部客户并非同一群体。

以财务部为例。会计是管账的，负责预决算和账务核算。他的内部客户主要是每个预算单位的主管和拥有项目经费的负责人，如何帮助这些人准确合理地支配预算、获得更多财务支持，会计负有直接责任。而会计这个岗位存在的理由，是跟这些人及时沟通，适当地为他们做一些财务知识解读，甚至教会他们如何找钱。出纳是管钱的，负责经费报销。他的内部客户主要是那些花钱比较多、报销频率比较高的人。比如，物理、化学、生物老师经常会购置实验室需要的仪器和试剂，年级里的学科教研组长经常要召开研讨会，还有一些老师出差比较多或者负责学生游学课程，他们都会频繁地和出纳打交道，所以他们就是出纳的内部客户。

此外，如果是以部门为单位寻找内部客户，很容易在客户的具体需求由谁来落实这一点上出现相互推诿的现象。因此，组织中的每一名支持人员，无论是部门主管还是普通职员，都需要找到自己的内部客户，并把客户的需求纳入自己的服务范围。

把评价权交到内部客户手上

找到内部客户后，还会面临一个问题——支持人员哪有足够的动力整天想着服务好别人呢?

事实上，很多时候，支持人员还是会以部门主管的要求为重，而主管也会以自己上级的要求为先。道理很简单，这种上下级关系的本质就是上级对下级拥有聘任权和评价权——是你聘我来这个岗位的，你还要评价我的工作业绩，那我当然要对你负责。这就告诉我们，如果内部客户手中没有对支持人员的评价权，上级也不会根据支持人员的客户服务满意度来决定聘不聘任一个人，支持人员就很难有动力去主动服务。

在真实的市场中也是如此，客户是有权决定付不付款、要不要再次光顾的。可以说，客户的满意度直接决定了服务人员的工作业绩。也只有这样，服务人员才会主动关心客户的需求，不断提升自己的服务质量。所以，掌握评价权是落实“客户”身份的关键。

我们都知道，评价就像一根指挥棒，会产生传导作用。很多公司使用的 KPI（关键绩效指标）就是一种评价，它会让员工非常在意自己的工作业绩。高考也是一种典型的评价，各省市通过划定高考分数线来筛选出哪些学生可以进入哪一级、哪一类大学，这种评价方式会像指挥棒那样传导到高中、初中，甚至是小学和幼儿园，导致现在所有学生都在对分数负责。但反过来，如果能用好评价这根指挥棒，它也可以成为撬动变革的杠杆。既然要让支持人员为一线服务，那就让他们的服务对象，也就是其内部客户来评价他们。只有启动客户满意度评价系统，支持人员才会产生全力以赴地服务客户的动力。

其实，早在 2000 年，李希贵还在担任山东潍坊市教育局局长时，他就初步尝试过这种做法。当时，他发现教育局各个科室的科长去基层学校时就像“官老爷”——科长们大摇大摆地检查工作，学校接待人员小心翼翼地介绍情况，临了还得安排一顿丰盛的午餐。这就是因为这些科长的业绩都是根据分管领导的评价来决定的，他们当然不会把基层学校放在眼里。后来，李希贵把对教育局各科室科长的评价权交给了基层学校，每年让学校给他们进行满意度评分，来决定他们的工作业绩。这根指挥棒的方向一变，科长们的工作方式马上就完全不同了——基建科长整天往各个学校跑，了解学校的建设需求；财务科长一看账面上有富余的钱，就去了解哪所学校的变革正需要财力支持；基教科长主动走进改革试点课堂，把最好的资源送到一线；甚至到了中午，学校接待人员想拉着他们在食堂吃个简餐，他们都不吃了。这样，科长们整天想的就是如何把手中的资源尽可能地送到一线，整个区域的教育环境和风气也逐渐好转了。

到十一学校以后，李希贵进一步迭代了这一做法：不仅要让内部客户拥有评价权，还要把评价权落实在大家很熟悉但又不以为然的界面上。这个界面，就是岗位职责。

说到岗位职责，你可能会有这样的印象：行政人员坐在办公室撰写或者随便抄了一份文件，上面写了一些虽然正确却没法考核的标准。这样的岗位职责，写好以后就再也不会有人看了，更不用说成为平时工作的指南了。

十一学校推行的岗位职责完全不同。确切地说，这里的岗位职责是与客户满意度指标相一致，用来评价支持人员工作业绩的。举个例子，我们通常看到的招聘主管的岗位职责是这样的：

1. 根据现有编制和学校教育教学需求，协调、统计各部门的招聘需求，制订年度人员招聘计划；

2. 建立、完善学校的招聘流程和招聘体系；

3. 利用各种招聘渠道发布招聘广告，寻求和招聘机构的合作；

4. 执行招聘、甄选、面试、选择、安置工作；

5. 进行简历甄别，负责组织聘前测试工作；

6. 充分利用各种招聘渠道，以满足学校的人才需求；

7. 建立后备人才选拔方案和人才储备机制。

这份岗位职责看起来内容很多，规定得也很细。但是，制订招聘计划、完善招聘流程、寻找合作机构、进行简历甄别……这些职责都是绝对正确的，但也是无法监督的。而且，一个招聘主管即使履行了上述所有职责，做得也非常认真，他仍然有可能让很多人不满意，因为做了这些不等于招到了合适的人才。

想要衡量招聘主管是否真的完成了这些职责，必须放弃对具体流程和规范进行核对的思路，转而衡量结果，也就是让对结果最有发言权的人，即招聘主管的内部客户来做出评价。在学校里，对招聘结果最有发言权的内部客户就是学科主任和年级主任。他们对招聘工作的感受如何，对招聘主管有怎样的期待，是确定招聘主管评价指标的切入点。

下面来看一下十一学校学科主任和年级主任对招聘主管不同的评价指标：

十一学校学科主任对招聘主管的评价指标

1. 对学科教师总体结构掌握清晰，及时把握学科教师梯队建设的需求；

2. 及时了解学科教学改革变化情况，并将学科教学改革带来的教师需求变化体现在招聘中；

3. 及时掌握学科教师结婚、生子、身体健康等情况，为弥补年度教师缺口做准备；

4. 及时与学科主任商量临近退休人员的安排及后续人员的招聘工作。

十一学校年级主任对招聘主管的评价指标

1. 对每个不同类型的岗位需求，招聘主管要了如指掌，招聘的教师与需求匹配度要高；

2. 清楚地知道各年级面临的人才缺口，并想办法予以补足；

3. 能始终跟踪现已到岗的人员表现，并不断反思、改进招聘工作；

4. 能够提供同行使用人才的好做法供大家参考。

学科主任最在意的是：整个学校里语文和数学学科的教师队伍结构是否合理；如果出现老师不足的情况，能否及时填补“缺口”；这门学科是否需要进行一些突破性改革，要突破的话，能否找到适合的老师……如果招聘主管整天想的都是如何满足学科主任的这些需求，他的岗位职责是不是就必然落实到位了？

年级主任最在意的是：这个年级的教师配备是否能为学生的成长负责；如何实现人尽其才，其他国家有没有先进的经验可以借鉴……如果招聘主管总是在琢磨招进来的人才与年级需求的匹配度高不高，哪些地方在招聘前端就可以优化，能不断跟踪每个人才的成长轨迹并提供反馈，还有谁会说他不称职呢？

由此可以看出，这两份内部客户评价指标既完全依据岗位职责描述，又按照客户需求分解了出来。尽管评价指标中的所有条目与岗位职责描述并没有重合之处，但每一条都在引导招聘主管的所有职责必须扎实落地。毕竟，只有满足了这些内部客户的需求，这个岗位才有可能产生价值。

共同确立内部客户评价指标

需要说明的是，内部客户评价指标不是由某个支持人员自己拍脑袋确定的，也不是由某位领导决定的，而是需要经历一个过程，让评价指标的形成自然成为统一支持人员与内部客户共识的工具。

2010 年，我参与了十一学校 70 多名支持人员内部客户评价指标产生的全过程。一开始，支持人员带着自己初步拟定的评价指标框架，跟自己的内部客户“对对碰”，讨论每一项指标的内涵和表述方式，并在这个过程中深入了解客户需求。

比如，信息中心主任带着团队来了，他们拟定的评价指标框架非常细致，甚至包括提前对会场的网络和扩音设备进行调试，日常对每个教室的电教设备进行检查维护等具体事项。面对条目繁多的指标，信息中心的内部客户，比如年级主任、教务员等，都觉得他们真不容易，甚至还客客气气地说“你们已经做得很好了”。

但慢慢地，当内部客户发现自己真的有权利提需求，甚至可以给支持人员的工作业绩打分时，吐槽和抱怨就开始多了起来。比如，有的年级主任提出，信息中心主任没有引进最前沿的信息技术，也没有对老师进行培训；有的教务员说，信息干事的响应速度太慢，很多时候甚至是学生帮老师解决困难的。如果没有这种基于安全感和信任度的面对面沟通，信息中心的支持人员就不会想到这些需求。于是，原本大家以为已经很细致的评价指标都被推翻了，取而代之的是一条条新的指标。无论是推翻旧的，还是提出新的，双方都要进行激烈的探讨，有时甚至会“吵”得不可开交。

此时，领导者千万不要担心，你只需要耐心等待，因为“吵架”的过程也是双方相互理解的过程。支持人员应该以什么样的方式工作，内部客户可能享有什么样的服务，都会被写进一条条指标里。老师们把这个过程称为“友好的吵架”。最后走出研讨室时，支持人员往往会感慨：“我本来以为自己已经做得够好了，没想到一线的真实需求是这样的。”而内部客户也会深表理解：“他们也实在不容易，方方面面的关系都需要协调。以前只觉得他们态度不够好，可是他们的为难、在外面受的气我们都不知道。”

就这样，整整六个晚上，十一学校的每个支持人员都与自己的每一个（或每一类）内部客户进行了几个回合的商讨，并最终形成了双方都认可的评价指标。在这个过程中，大家对齐了目标，也达成了共识，服务自然而然就开始了。

不过，在形成评价指标的过程中，有三点需要特别提醒一下。

第一，每个岗位都有特定的内部客户，每个内部客户都有不同的需求，这些需求对应着不同的评价指标，并且这些评价的得分不能简单相加，需要有一份算一份地列出来。也就是说，假如你这个岗位有五个内部客户，你不能让他们使用同一份满意度指标，而应该是不同内部客户各自有不同的满意度指标。毕竟，他们所处一线的工作性质不同，对支持人员的服务需求也不同，也许年级主任很满意，而教研组长很不满意。也只有这样，才有可能让支持人员针对具体内部客户的不满之处进行改进。

以门卫为例。这个岗位要面对两类内部客户，分别是班主任和校园巡查人员，而他们对门卫的服务需求有完全不同的评价指标。

十一学校班主任对门卫的评价指标

1. 要确保上课期间没有学生离校，如果有的话，要确认是否经过了班主任的同意；如果没有班主任的同意，要第一时间反馈给班主任，最好还能有个登记备案的小册子；

2. 对在校内外发现的学生异常情况，要及时通知班主任，并让班主任密切关注；

3. 对学生在一定时期内发生的规律性问题进行梳理、汇总，提醒班主任注意防范；

4. 根据班主任提供的家长名单和时间要求，对需要入校的家长合理放行。

十一学校校园巡查人员对门卫的评价指标

1. 对可疑人员加强盘查，不让任何可疑人员进入校园；
2. 一旦发现可疑人员进入校园，要及时告知巡查人员；
3. 对已进入校园的可疑人员，能提供其外貌特征和去向线索；
4. 定期为巡查人员提供可疑人员的规律性动向。

这两类内部客户对门卫的不同评价指标是不是看上去有点复杂？是的，比起仅仅制订一份马上会被束之高阁的门卫岗位职责，这样的评价指标貌似复杂了些。但对每个内部客户来说，这些评价指标又是简洁直观的。因为在这个体系下，每个客户只需要对自己关心的那四五条打分，班主任打几分，巡查人员打几分，都是自己管自己的。而且，学校也不会把这些分数加在一起对门卫进行总分排名，而是将不同评价指标下的分数分别列出。这样，门卫也能清楚自己做得好的地方在哪里，需要改进的地方又在哪里。

有了这样的评价指标，内部客户很快就能体会到，组织里那些和他们有关联的支持人员，都和他们跳进了同一个“战壕”，都把自己所有的资源拿了出来为他们服务。这样一来，也就形成了我们所期待看到的局面——在一个好的组织里，每个成员的第一要务都是主动关心自己内部客户的需求，这也就意味着他们在通过自己的服务为组织创造价值。

第二，这些评价指标不需要严格量化，重要的是能表达客户的感受。

还是以门卫这一岗位的评价指标为例。除了班主任和校园巡查人员这些内部客户，门卫还有外部客户，也就是访客。相对而言，访客是外部人员，其类型千差万别，流动性很强，且他们的诉求往往与学校的管理目标是错位的。所以，我们不能简单地把“流动人员”满意与否作为对门卫的评价指标，否则门卫就会放任访客进出，威胁校园安全。当然，学校也不是一个独立王国，不能不关注各方来访者的需求。对此，学校采取的方式是找到访客来校拜访的相关人员，比如召集家长开家长会的老师、接待访客参观的干事、组织校园施工的人员，让这些间接客户对门卫的工作打分。

十一学校访客来校拜访的相关人员对门卫的评价指标

1. 尊重访客，能认真倾听访客的需求；
2. 关心访客需求，能合理安排时间让访客进出校园；
3. 对不该进入校园的访客进行严格阻止；
4. 力所能及地为访客提供路线指引等服务。

这份评价指标没有任何量化指标，比如只能让访客进出一次校门，会见的人需要通过哪些步骤，反而都是“尊重”“认真倾听”“关心”“提供服务”一类的词语。这其实就是在引导门卫既要把好安全关，又要态度好，但最终是落在访客拜访的相关人员的感受好不好上。

前面说过，在一个好的组织里，每个成员的第一要务都是主动关心自己内部客户的需求。因此，对门卫行为的引导不能拘泥在量化评价上。如果一位访客与自己会见的教职工说起门卫工作负责、态度又好，这些赞美又通过教职工在组织内部不断传递，那么这些赞美行为本身就是一种评价。

第三，无论是寻找内部客户还是制订客户满意度评价指标，都不是为了把人分成三六九等，而是为了让支持人员重新找到自身岗

位的价值。

还是以门卫为例。原来他的工作和教育教学一线似乎没有什么关系，但现在，他也是育人工作的一环了。他把内部客户服务好了，就能间接地对学生成长产生价值。这带来的成就感是任何其他激励手段都无法替代的。

让组织协同激发个人成长

当每个支持人员都找到了自己的内部客户，并通过自己的服务获得了客户较高的满意度评价，组织的目标就一致了，协同也就真正发生了。但具体来说，组织内部的协同究竟是如何实现的呢？

以图书管理员为例。这个岗位存在的理由是什么？是好好管理书吗？如果是这样，那么图书管理员要做的就是让书页保持干干净净，不能让学生乱涂、乱画、乱折页，甚至干脆不让学生看书，因为这样最容易让书保持干净。此外，不管看没看完，学生都必须在规定时间内把书还回来。可如果是这样，图书管理员就不知不觉地站到了学生的对立面。这就不是协同，而是冲突了。

十一学校是怎么做的呢？首先，明确图书管理员服务的不是书，而是人，是离教育教学一线最近的人。比如，人文学科的老师对书籍的阅读需求肯定很大，那么人文学科的学科主任、教研组长、课程首席教师就应该被纳入图书管理员的核心内部客户。再比如，各年级的教务员、学生课代表等是最了解学生学习情况的人，图书管理员也应该及时捕捉他们的需求并提供服务，因此也要把他们纳入自己的内部客户。

接下来，图书管理员应该怎样服务好这些内部客户呢？当然是到离他们最近的地方去。十一学校做了一个大胆的调整——把书从图书馆搬出来，送进每一间教室，供学生们使用。但是，不同的班上的课不同，不同的老师推荐的书也不同。为了配合老师展开教学工作，图书管理员需要经常跟老师沟通，动态调整书目。此外，图书管理员还得关注很多内容，比如市面上还有哪些好书、新书能满足老师当下的教学任务需求；怎样优化登记流程，以便配合教学进度，在第一时间将新书送到教室；怎样处理教室不用的书和撤下来的书；等等。

这些问题，图书管理员以前从来不关注，现在却整天都在研究，因为这是内部客户的需求。有了明确的内部客户，支持人员就没有推诿塞责的理由了，也不会再为了自己的职责边界争执。满足内部客户的需求就是自己的工作内容，让内部客户满意就是自己追求的目标。支持人员都尽己所能，把自己的目标与内部客户的目标融为一体。当每一个支持人员都围绕内部客户的需求不断扩大自己的服务外延时，相互之间的协同感就会越来越强。

这样时间一长，组织内部就会逐渐形成良好的文化，没有人会斤斤计较边界与得失，组织中的每一个人都会在共同目标下直接或间接地产生价值。在这个过程中，十一学校的教务员徐影南给我的触动很大。

我们常见的教务员，就是在年级里专门帮师生做一些协调工作，负责调课、订会议室、协调请假等事务。但徐影南没有拘泥于这些规定动作，而是主动帮助自己的内部客户——年级导师[1]——分担工作，主动参与到育人过程中。

比如，很多学生经常丢三落四。徐影南认识到，学生成长中的问题要用成长解决，于是他针对不同年级学生丢三落四的行为采取了不同的方式。同样是弄丢校园卡，如果是初一新生，徐影南会准备各种卡通造型的卡套，让他选一个挂在脖子上；如果是初二学生，徐影南会花一点时间跟他沟通，让他回忆自己容易遗忘物品的地方，然后和他约定如何养成保管好自己物品的习惯；如果是初三学生，徐影南会表示谅解，并在第一时间把补办的卡送到他手中，同时不忘鼓励一句："听说你最近成绩很稳定，加油啊。"

徐影南用自己的服务诠释了教务员也是育人者，同样能在学生成长过程中发挥重要作用。他也因此找到了自身的价值，备受学生和家长喜爱。这样的喜爱虽然无法被量化，却成了对他最好的评价，并激励他持续地保持工作热情，每天乐此不疲地为大家服务。

再来看看十一学校负责接待、参观的干事的例子。在十一学校，接待干事的内部客户是一线的年级主任、教学改革项目组的负责人。这些人身处变革之中，非常需要同行的智慧，也时常会有外出考察的需求。接待干事一旦把他们作为内部客户，就会不断了解他们正在进行什么样的变革，面临着什么样的难题。把这些问题都掌握了，在接待来访者时，接待干事就会留意对方面临的问题和十一学校是不是一样，他们有没有相关的解决方案。同时，接待干事还会有意

1 十一学校取消了行政班和班主任之后，与学生经常打交道的就是导师。导师是帮助学生成长的人，比如帮他们明确目标、做好规划，还会指导他们在日常生活中管理好时间、情绪，以及处理他们成长中的烦恼。

识地与对方构建良好的长期关系，以便自己的内部客户有需求时，能够马上找对方要资源。你看，在这个过程中，接待干事看起来是在接待来访者，但他和内部客户的目标始终是一致的，而且他自己也在这样的互动、关心、沟通中找到了工作的价值。

*

在组织变革的过程中，寻找内部客户、确立客户评价指标之所以有效果，不仅是因为它帮组织解决了协同难题，还因为它帮个人打通了自身的成长通道。

成长不是靠自己和自己较劲，而是靠与他人协同。**当我们自我感觉良好时，可能恰恰正处于故步自封的境地；而当我们把他人作为客户时，就会有无穷无尽的进步空间。**就像图书管理员，以前他只关心架子上的书，觉得做好基本的图书分类就可以，工作中用到的知识非常有限，而且很容易固化；但现在，他关心的都是人，老师们的读书习惯和学生们的阅读偏好成了他不断研究的内容。于是，他不仅每天都在刷新自己的存量知识，还在每天的服务中不断拓展自己的知识边界。在这个过程中，他能感受到自己在为组织要实现的目标服务，在为一线创造价值。

十一学校就是这样，通过服务内部客户，给每个支持人员的岗位装上了成长的“发动机”。支持人员面对的再也不是一成不变的事务，而是一个个具体的、活生生的人。这些内部客户的需求、期待和反馈，会驱动支持人员不断迭代自己的本领，积累经验和信用，从而找到工作的意义和价值。

/ 第三节 /

切分权力链：
确保权力始终流向一线

划小管理单元，实现责、权、利匹配。

资源流向一线的问题解决了。那么，接下来怎么让权力也始终流向一线呢？这就需要厘清组织里的权力关系。说白了，就是要从战略高层开始，切分领导者掌握的权力。

战略高层由多元治理主体组成

一个领导者既然有雄心发起变革，那他大概率深得组织上上下下的信任，也拥有方方面面的资源，并且权力能通往组织各个角落的人。但是，作为领导者，你不觉得自己也因为权力大而深受其苦吗？第一，工作任务无比繁重，事必躬亲，每天的时间都被耗尽；第二，所有权力都集中在你这里，因此矛盾也容易在你这里集中爆发；第三，即使是自己不擅长甚至不懂的事情，你也要勉为其难地做决定。如果想摆脱这种状况，你就要切分自己作为领导者的权力，让权力各归其位。

在十一学校，李希贵校长真就没什么权力。第一，学校全年 2

亿～3 亿元的预算，支出时，他从没签过一次字。唯一需要他签字的场合，是老师婚丧嫁娶时，他要在工会包好的红包或慰问金纸袋上写下祝福或慰问的话。第二，在担任十一学校校长的 12 年[1]里，李希贵从来没有接待过投诉的家长，因为这些矛盾都在年级层面得到了解决，根本不会上升到校长这儿。第三，在李希贵的日程表里，都是他自己规划好的每天最重要的六件事[2]。他从不会被大小会议缠身。这样他就有了大把的时间，可以思考对学校而言真正重要的事。

你是不是很羡慕这种状态？但想达到这种状态是要付出代价的，那就是要果断地把权力分出去，让权力各归其位。如果你认同这一点，我们就来看看怎样通过变革实现这个目标。

你要做的第一件事，是分解战略高层的权力，严格约束自己权力的使用空间。

我们都知道，在一家规范的公司，战略高层绝不会只有总经理一个人，肯定还包括股东大会、董事会、监事会等，他们的权力各不相同，且互相制衡，共同构成一个相对安全的治理体系。同样，一所学校的战略高层也需要由多个治理主体组成。十一学校严格落实“党领导的校长负责制”，战略高层由六大治理主体组成，包括党组织、教代会、校务委员会、学术委员会、家长代表大会和学生代表大会。

党组织在学校中起到战斗堡垒的作用，保障学校的办学方向，

1 2007—2019 年，李希贵担任北京十一学校校长，并于 2019 年退休。

2 指的是李希贵按照紧急度和重要性进行优先级排序的六件事，他尤其关注重要而不紧急的事，并会把它们放到首要位置，以免自己陷入紧急而不重要的事务之中。

担负着培养接班人的历史重任，在学校的重大决策中发挥着关键作用。

何为重大决策，比较容易理解；如何发挥关键作用，却需要掌握好分寸。许多学校里发生的党政不协调、书记和校长闹矛盾等情况，都是因为对关键作用的理解产生了偏差。比如干部任免权，在目前的法律法规框架下，中小学实行校长负责制，但并不是校长一个人说了算。在各方充分酝酿的基础上，提名权归校长，组织考察的环节归学校党组织，考察组通过听取民意，进行民主推荐，形成考察结果，并提交学校党组织审议，只有符合任职条件的提名人选，才能得到校长的最终任命。再比如财务权，对于学校里的重大开支和敏感性收支，党组织必须参与审议，且对此拥有监督权。

更重要的是，学校的育人目标、课程方案，尽管最终的决策权在教代会，但在提交教代会审议之前，需要先提交党组织把关。如此说来，党组织在学校重大决策中起着关键作用，不是代替行政主体做事，而是在关键环节起到四两拨千斤的作用。

教代会是学校教职工依法参与学校民主管理和民主监督的基本形式，负责审定学校章程、发展规划、教育教学改革等重大问题。非常重要的一点是，对事关教职工切身利益的事情，如薪酬分配、人事聘任、职称晋升、福利待遇等，都要提交教代会充分讨论。

由于教代会代表都是学校各个方面的骨干，因此还可以赋予教代会对校务委员会和学术委员会进行监督的权力。例如，每年对校务委员进行一次满意度测评，以决定他们是否可以留任；对提名的学术委员会委员人选进行选举；等等。教代会闭会期间，应该由教代会主席团负责相关重大工作，具体事务则由工会委员会处理。

校务委员会一般由校长、副校长、党组织负责人、工会主席等组成，是学校的议事机构。在校长负责制的框架下，校务委员会通过给校长提供多维度、多视角的智慧，可以让决策更科学、切实和有效。

学术委员会一般由学校里的优秀教师代表组成，主要负责审议学校的教育教学改革方案，学校教研项目的立项、管理、评价，名师工作室的设立和管理，科研经费的招投标，职称的评审推荐，等等。为确保学术委员会的独立性，学校的校级领导干部不宜成为其正式成员。毕竟，在一个由优秀教师组成的委员会里，如果有一位校领导，大家的决策就很容易会被该领导左右。

家长代表大会与现在学校普遍存在的家长委员会有所不同。由于我国长期以来都没有形成真正的学区，因而学校与社区的互动较少，家长很少有机会参与学校的各项工作，更不用说参与学校的决策了。于是，大部分学校会选择一些热心于学校事务的家长，组建家长委员会，但这主要是为了方便家校沟通，这种家长委员会尚不能真正成为学校治理主体的一方。

不过，随着学区逐渐明确和相对固定，学校与社区的互动会越来越广泛、深入，家长在学校治理中的作用会愈加重要，家长代表大会的设立势在必行。当然，家长代表大会的代表应该由家长选举产生，不能像过去的家长委员会那样，成员由校方指定。既然由选举产生，家长代表大会自然被赋予了相应的权力和义务。他们在事关学生切身利益的一些重大问题上具有部分决策权，对教育教学等方面的事务也拥有知情权和建议权。

家长代表大会每年举行一次，并设置家长委员会作为常设机构。大会召开期间，要认真研判审议主题，但不可过度干预学校的教育教学等专业工作，更不可干预学校的具体事务。家长代表大会闭会期间，由它选出的家长委员会负责处理日常事务。

学生代表大会的代表由学生选举产生。在事关学生切身利益的事务上，如有关学生的规章制度、奖惩办法、食堂管理规定、校服选定等，学生代表大会拥有部分决策权。学生代表大会闭会期间，由学生会负责日常事务。

多元治理主体之间需要合理制约

明确了各治理主体的权力之后，还必须在它们之间同步设计一组组相互制约关系，以防止其中任何一方的权力过度膨胀，误入决策陷阱。从本质上说，就是要平衡各方利益。

比如说，教代会对校长的权力予以制约。学校所有重大事项必须经教代会审议，且必须采取无记名投票的方式审定，投票结果必须当场公布，任何组织和个人均无权改变教代会通过的方案。为进一步约束校长的日常决策行为，十一学校又设计了每年一次的校长信任投票。如果信任票数达不到规定比例，教代会即可启动免除校长职务的程序。

当然，为了防止教代会因时间变化、上级政策调整等原因产生决策失误，特殊情况下，校长有权对教代会通过的方案提出暂缓实施的建议。经教代会主席团同意后，可冻结有明显问题的方案或条款，待下一次教代会审议修改后再实施。如有必要，也可经教代会主席团同意，提前召开教代会对相应方案进行修订。如教代会通过审议认为原方案没有修改的必要，则仍按原方案执行，校长不得再次干预。

同样，在学术领域，学术委员会当然是最终决策机构，但校务委员会和教代会也对它有相应的制约。比如，学术委员会的成员候选人由校务委员会提名，然后提交教代会审定，赞成票数超过 80%方可当选；学术委员会成员每三年一个任期，且每个任期结束后必须调整 1/3 的委员。学术委员会由三位委员轮流担任主席，每位轮值主席主持一年的工作。

多元治理主体之间制约关系的设计是非常微妙的，需要平衡各方利益，但始终要有利于一线产生价值。

比如，十一学校的校服选定问题，首先是校方委托设计公司设计款式，与此同时，对服装设计有兴趣的学生或者学生社团也可以提供自己喜欢的款式。这样将几十种款式汇总起来后，先由学生代表大会推选的一个临时性组织——校服审定小组——来审定，并进行淘汰；然后交由老师和家长组成的委员会审议，并进行又一轮淘汰；最后，再由一个利益相关方（如学生、家长、教师代表等）组成的校服审定委员会拍板。这种机制设计很好地平衡了各方利益，既没有强制学生穿自己不喜欢的校服，也尊重了家长的感受——对学生这个特定的未成年人群体，家长有权在着装问题上恰当地把关。

再比如，十一学校各个学科的工作量不是单纯按课时来确定的，因为那样容易引起各个学科的老师争抢课时，而争抢课时的结果就是加重学生的负担。十一学校采取的方法是综合周课时数、备课、作业、课后辅导、升学考试分值等一系列因素，为各学科确定工作量权重。这个权重事关重大，直接决定了各学科老师的工作量工资[1]。按常理来说，如此重大的事项应该交由教代会审定。但十一学校的做法是，各学科的工作量权重由学科主任审议，再由校务委员会审定。为什么不提交教代会审定呢？因为各学科老师数量差异很大，语文、数学、英语三科老师的人数往往是地理、生物老师人数的几倍，如果让如此利益相关而又不同群体人数悬殊的教代会参与审定，很难公平地保障每一位老师的利益。

这里讲的是学校，但你有没有想过，其实企业也是一样的。企业要谋求健康发展，也要让治理主体变得多元，让关系到企业全面健康发展的所有利益相关方都能以某种方式参与最高决策。

如果企业强调技术创新，那么除了要有基本的股东大会、董事会、监事会、职工代表大会，还得有在产品研发、技术前沿研究方面拥有决策权的技术委员会。如果是服务型企业，比如物业公司，就得将居委会代表或业主代表纳入公司的治理主体。如果是平台型企业，就要让用户参与到平台规则制订和日常治理之中。总之，要让不同的治理主体相互制衡，而不能让管理者的个人意志或者资本裹挟整个组织。

领导者需要约束自己的权力范围

治理主体多元直接带来的挑战是，领导者需要约束自己的权力

1 在十一学校，通过双向选聘确定的薪酬叫作工作量工资，占老师总薪酬的 65%。之所以叫工作量工资，是因为年级主任一旦与老师确定了职级和薪酬，也就意味着确定了这位老师新学期带几个班，上几门课，完成多少工作量。更详细的内容，会在下一章一一介绍。

范围。很多领导者肯定已经习惯了，无论自己走到哪儿都有发言权，随时随地能做决策。但在十一学校，校长的权力是受约束的，他只能在校务委员会这个场合行使决策权。我们来具体看一下这个治理主体的内在运行方式。

首先，校务委员会要明确自身定位。

我走访过很多学校，发现大部分学校的校务委员会都存在两个误区。一是，参会人员除了校长就是副校级干部，而且人数常常是单数，便于举手或投票表决。事实上，校务委员会是给校长提供参考的，最终拍板做决策的应当是校长。因此，校务委员会不需要考虑参会人数是不是单数，也不能用举手或投票的方式对某项事务进行表决，否则就是把校长决策会开成了行政办公会。当然，校长决策也意味着校长必须承担责任。二是，校务委员会的成员都是干部，跟老师和学生之间隔着好几个管理层级。这样，老师和学生的真实诉求就很难反映到战略高层。时间一长，高层的决策也容易出现偏差。

来看看十一学校的做法。变革以后，校务委员会的席位构成以“离一线最近”为标准，让直接指挥战斗的人进入决策层，而不是根据级别高低来决定。所谓校务委员会，也就是校务委员们为校长提供战略决策建议的会议组织。其中，年级主任尽管级别不高[1]，但他们最熟悉师生的情况，所以他们在校务委员会的席位是最多的。

此外，校务委员会中有一个席位是一定会保留的，那就是学生代表席。你可能会想，一群成年人开会，把一个中学生放在那里，

---

1 在变革初期，基于扁平化结构，有个别几位兼任年级主任的副校长进入校务委员会，但这不是因为他们处于副校长级别，而是因为他们是年级主任。

真的有意义吗？对此，十一学校的解释是，那把椅子即便空着也得有。因为它代表的不是某个具体的人，而是一种以学生成长为中心的视角。它的存在提醒着决策者要始终考虑学生的诉求。无论是决定一件事还是否决一件事，都必须从学生成长的目的出发。

无独有偶，亚马逊在开董事会时，也会留一把椅子。这把椅子是谁的呢？是客户的。有时这把椅子会空着，有时则会真的请客户来坐一坐，或者请跟客户最接近的一线销售人员来说一说客户是怎么想的。这就是在最高决策机构里，把“以客户为中心”落到实处。

现在，你心里肯定会有一个疑问：难道出了校务委员会这扇门，十一学校的校长就真的不管事了吗？即便遇到明显不像话的事，也得忍着？明明有更好的主意，也不能说？

还真就得忍着，也真就不能说。

第一，十一学校是有章程的[1]。章程会约束你，不在你权力范围内的事，你就不能碰。第二，校长清楚地知道，把权力往下伸的后果一定是阻碍组织和个人的进步。看到下属工作做得不到位，很多领导者会急于插手，指导下属应该这么干，不能那么干。但这样就让下属失去了自己思考的机会，在之后的工作中也很容易再犯同样的错误。因此，在十一学校，校长是不插手具体事务的。

我们都知道，中小学校长要到一线听课、评课，这是明文规定。但是，如果校长在自己不擅长的学科方面提意见，老师是接受还是不接受呢？

十一学校是这样处理这个问题的。听课、评课时，校长在每个

1　2021 年版《北京市十一学校章程》详见本书附录。

班级停留 5～8 分钟，每节课都不听全，这样就没法对老师指手画脚了。同时，这样一圈走下来，一线的真实信息，比如学生们的学习状态如何；老师是全程讲授，还是引导学生自主学习；不同学科的教室里是否还需要提供更多支持学习的资源等，他也收集到了。之后，他可以把这些信息用于学校层面的决策。但具体到这堂课怎么设计，这是老师的专业领域，校长是不会干预的。

那么，如果真的遇到了一个需要改进的问题怎么办？那就把它设计成学习机会，帮助员工成长。

举个例子。变革之初，李希贵观察到，几乎每间教室传出来的都是老师的讲课声，几乎听不到学生的什么声音。有时转完一层楼，30 分钟过去了，老师依然在对着学生们讲课。这会带来什么问题？就是学生自主学习和主动思考的可能性减少了，整个课堂变成了老师展示自己的舞台，学生只能被动地接受。

针对这种情况，一般的学校会怎么做？他们要么会让几位老师带头搞试点，然后把经验铺开；要么就是来一场教学变革，按照课堂时间比例，要求老师每堂课只能讲 5 分钟。然而，李希贵没有这样做，他认为教育不能“一刀切”，课堂需要百花齐放。但怎么改变这种“满堂灌”的现象呢？李希贵只是对课程研究院[1]院长秦建云老师说了一句话：“这段时间，你到走廊上多转转哦。”

秦建云老师在走廊转了一周，感受到了问题。于是他想了个办法，看到哪位老师的讲台破旧了，就说：“来，搬出去修理一下。”老师答应了。过了半个月、一个月，被搬出去“修理”的讲台越来

1 2011 年，十一学校成立了课程研究院，课程研究院负责对全校的课程产品进行顶层设计。相关内容详见第四章。

越多，却没有任何一个被送回来过。这期间，老师们也被动地适应了没有讲台的课堂。没有了讲台，老师就得走近学生；走近了学生，就会发现差异性问题；发现了问题，就会想出各种因材施教的办法……这样，大概过了三个月，十一学校所有讲台都消失了，而这带来的变化是，因为师生关系的平等化，课堂上产生了更多样的教学方式。

现在，每当说起这段往事，李希贵和秦建云都会会心一笑。在整个教学方式改革的过程中，李希贵从来没有发号施令，他只是给了秦建云自己发现问题和解决问题的机会；而秦建云也通过一个小小的改变，给了每一位老师自己发现问题和解决问题的机会。就这样，在没有掀起任何波澜的状态下，课堂教学变革就悄然发生了。

再举个例子。十一学校曾经立了一块石碑，上面的“将军林”三个字写低了，夏天草一长，这三个字就会被遮住。要怎么解决这个问题呢？你可能会觉得这很简单，直接把问题告诉总务主任就行。但这样一来，总务主任就失去了成长的机会。下次再做类似的决策时，他要么会小心翼翼地揣摩你的心思，要么会直接找你要答案。

李希贵是怎么做的？他拍了一张照片发给总务主任，什么话都没说，让对方自己想。总务主任想了三天三夜，前来试探：是不是这块石碑的位置没放对？校长说，你再想想。最后，总务主任总算意识到了问题所在，并通过调整石碑周边的花草品种解决了这个问题。直接给答案也许只需要几秒钟，让总务主任自己想却花了好几天。这个过程虽然慢，却让他获得了成长，而且最终的主意是他想出来的，这份成就感也是非比寻常的。

当然，李希贵最喜欢用的是“三句话工作法”。如果有一位教职工遇到问题来找李希贵寻求解决方案，他不会直接给答案，而是会先说第一句话："你说呢？"如果这位教职工是带着思考后的方案来的，校长就会说第二句话："再想想，还有没有更好的？"过了几天，这位教职工又来找校长了，果然拿出了改进后的、考虑更周全的方案，这时校长就会说出第三句话："你真棒！"在李希贵看来，这个"三句话工作法"就是一个领导者最应该"行使"的权力，激励他人自己解决问题，让他人获得取得成功的价值感。同时，这也是最好的培训下属的机会。

切分权力链

至此，战略高层的治理主体多元了，每个主体的权力范围也分清了，尤其是把领导者的权力约束在了最应该行使的地方。

接下来就必须认识到，战略高层中的各个治理主体，不仅在各自的工作领域拥有的权力是有限的，而且，在自己特定的权力链条上，其权力也并非一贯到底的。事实上，每条权力链都要根据各自承担的责任进行切分，进而让处于不同层级的人拥有相应的权力。也就是我们常说的，让听到炮声的人指挥打仗。只有让权力链条上的每一个环节都明确权力主体，才能确保权力为一线产生价值所用。

那么，怎么切分呢？李希贵确立了三条原则：第一，能给下一级的权力就不要留在上一级；第二，能在下一级组织开展的活动就不要在上一级开展；第三，能在下一级处理的麻烦就不交给上一级处理。最终，实现**"让决策发生在信息获取最充分的地方"**。

这么说可能还是有点抽象，我们用十一学校的具体案例来说明一下。

一个组织最重要的权力无外乎人事聘任权和财权。拿财权来说，在传统组织里，各部门报销要经过层层审批。金额越大，需要签批的领导越多，甚至最后还需要“一把手”亲自签批，似乎这样才安全。但实际上，对于这笔钱是怎么花出去的、花得合不合理，负责这件事的人才是最清楚的，“一把手”掌握的信息反而没有他多。所以，十一学校从变革之初就对财权做了切分，不让有权的人理财，不让理财的人有权（见图 2-4）。

图2-4　十一学校财务权力链的切分图

首先，由校务委员会来审议学校各个预算单位的年度预算。十一学校共有 200 多个预算单位，有三四个人的项目组，也有 80 多人的学科组。这些预算单位将第二年的预算方案递交到校务委员会后，校务委员们会提出各种改进建议。比如，某个单位属于明年的战略重点，他们的预算好像有点少；某个单位离一线比较远，工作比较常规，他们的预算好像做多了……对预算单位的实际情况进行审议后，校务委员们会将预算提交最终的批准权行使人——校长。其实，校长在财务权力链中只有这一项权力，也就是对年度预算做出批准还是不批准，又或是继续改进的决定。在行使这一权力之前，他可以与预算单位负责人充分沟通。事实上，在这样反复沟通的过程中，校长就把每一个预算单位明年的工作规划分析、布置到位了。也就是说，看这个预算单位怎么花钱，就能判断出明年他们会在原有基础上获得多大的提升。

预算一旦获批，校长的权力就行使完了。之后，各预算单位可以在预算范围内花钱，并且只要自己的主管签字就可以报销，不需要校长批准。这就给基层工作留足了空间，也提高了效率。需要注意的是，校长是没有单独的预算的。即便是有校长的签字，财务部门也不会给报销。这种制约机制就遵循了“不让有权的人理财”，能确保校长的权力足够干净。

接下来就到了财务总监，他负责核准各预算单位的实际开支是否与年度预算相符，有没有把买盐的钱拿来打酱油。但是，他的核准签字不能超出预算范围，也不能干预各单位预算内的开支。

你看，这么一切分，花钱的权力就被分掉了。从审议到批准，再到签批、核准，每个权力主体各司其职，且相互制约。

每个财年，学校还会主动聘请会计师事务所进行第三方审计，此时财务人员必须回避。这就实现了“不让理财的人有权”。

变革工具：预算制

预算制是十一学校变革中非常重要的工具。十一学校不会专门制订年度工作计划，校长每年通过看各预算单位准备怎么花钱，就能盘清每年会做哪些工作，同时通过引导资金流向，帮助预算单位确立重要事项和优先级，以此落实组织战略。

比如说，十一学校承诺每年要为学生做十件事，叫作“十事实办”。每次教导处报上这笔预算，几乎都会被李希贵几句话退回去：“你没怎么花钱，怎么叫实办？改善校园环境这句话，你贴几张海报也可以算？没花钱怎么能叫改善呢？”多次出现这种情况后，“‘十事实办’的预算必须以每年10%的幅度递增”被写进了学校的《行动纲要》。

这并不是说十一学校有钱。毕竟，一所公立学校的总预算是有刚性边界约束的。李希贵这么做，是为了让大家把工作计划当成预算计划来思考。道理很简单，工作计划写得再漂亮，不落地也没有用；而改为制订预算计划，大家就得仔细斟酌了，真金白银花在什么地方，到底够不够，把这些琢磨明白了，明年怎么干才算真的弄清楚了。这才是真正的年度工作计划。

比如，学校希望明年能推动语文学科成为高地，培育更多人文素养高的拔尖人才，那么校长就会给语文学科组增加预算，而学科主任就会研究怎么花这些钱才有可能培育更多人才，成为学科高地。校长一次次审核语文学科组的预算，实际上就是在传递学校对学科组的期望。最后审核通过，也就相当于逆向推演了一遍语文学科组培养更多人才的可能性和合理性。

我们再来看看十一学校是如何切分人事聘任权的（见图2-5）。人事聘任关乎全体员工的切身利益，因此聘任方案的审定权应该属于教代会；聘任方案经过审定后就到了校务委员会这个治理主体，而校务委员会的权力是确定编制和职级总量，同时负责审议中层管理者的人选；按照分层聘任原则，校长的权力是聘任副校长及中层管理者，之后再由受聘的中层管理者自己组建队伍。从这根权力链条可以发现，真正拥有最高利害聘任权的其实是年级主任和部门主任。至于这是出于什么考虑，我会在第三章重点进行分析。这里只介绍这根权力链条是怎么切分的。

图2-5 十一学校人事聘任权力链的切分图

当然，不只是财权和人事聘任权有这样的权力链，教育教学等领域也是一样的，都可以根据权力主体进行切分（见图 2-6）。

图2-6 十一学校教育教学权力链的切分图

如图 2-6 所示，教育教学权力链的切分既尊重了不同角色在不同环节上的定位，也确保了两头把关——校长负责“确定课程方案”这一起点，保证了国家课程方案与学校育人目标的落地；年级主任坚守“管理教学质量”这一终点，保证了学生在各个学科的平衡中全面发展的利益。

除此之外，教代会与主席团、工会委员会、工会小组的权力切分，学生代表大会与学生会、年级学生会的权力切分，都需要在学校治理过程中一一落实。

责、权、利匹配

把一根根权力链条切分完之后，我们就会找到其中隐含的基本规律和原则，那就是让每一个管理单位或者小组织都实现责、权、利匹配——**每担起一份责任，就能获得一份权力，还能拿到一份利益。**组织运行的最高境界，就是每一个部门、每一个岗位都能实现责、权、利匹配。

但在现实中，责、权、利是不会自动匹配的。领导者往往习惯于跟下属签订"责任状"，把他们应该承担的责任写得特别清楚，也愿意给他们一些利益，但就是不给他们开展工作所需的权力。举个例子。在传统的学校里，年级主任是最吃力不讨好的。他们手里没权力，因为权力都在分管副校长那里；也没什么利益，因为要承担行政职务就不能多上课，而工作量工资是与课时挂钩的。同时，年级主任又是教育教学质量的第一责任人，学生中考、高考没考好，账都算在他们头上。这样的年级主任谁会愿意干？

那么，正确的做法是什么？就是先给权力，再赋予相应的利益（见图 2-7），这样年级主任自然会把责任担在肩上。

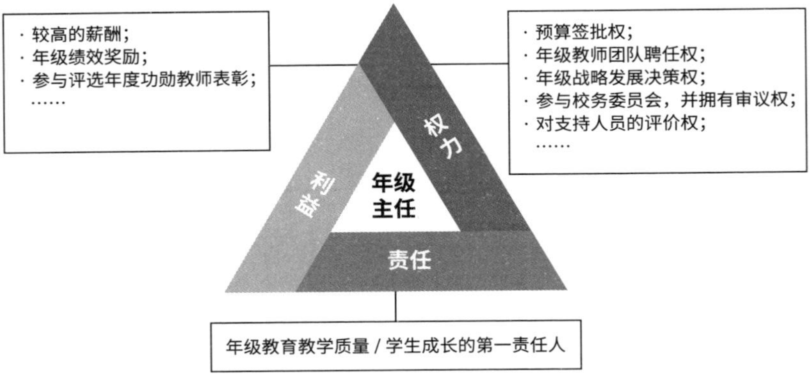

图2-7　十一学校年级主任的责、权、利

我们先来看责任。年级主任的责任太重大了。他们担负着培养每一名学生成长的责任，也担负着保证学校教育教学质量的责任。从这个意义上说，年级主任的责任比校长还大，因为他们就在最前线，在“隆隆炮火”中指挥着老师们“战斗”。

责任那么大，那权力呢？前面说过，每担起一份责任，就应该获得一份权力。在十一学校，年级主任的权力也是最大的，具体如下：

第一，年级主任拥有对本年级教师的选聘权。这是很核心的权力。设想一下，学校要求年级主任保证教学质量，可是又硬性推派了几位老师过来，而且这几位老师之间能力不互补、性格不相融，年级主任整天要忙着处理他们之间的各种矛盾。这样一来，怎么可能确保教学质量？

第二，学校要求各个年级既能出人才，又能出成绩。那么，年级主任是不是要经常请专家来给老师们做培训？是不是要引进很多资源来满足学生差异化的需求？是不是要经常走出去看看教育的制高点？是不是可以偶尔请老师们吃个饭、搞个活动，提升一下团队凝聚力？如果年级主任动不动就要向分管领导写申请、打报告，甚至还要看财务的脸色，这活儿就没法干了。所以，年级主任要有自主花钱的权力。相应地，在十一学校，预算盘子最大的就是年级主任。这是不是也是很核心的权力？

第三，年级主任需要调动老师们的积极性，让他们保持良好的状态，进行教育教学，把最多的时间和精力投注在学生身上。在教育教学中发现问题或者遇到挑战时，如果年级主任还要层层汇报，等上级发出指令才能做事，那么一线的优势就无法体现出来了。因此，就像前面说的，在十一学校，最高决策机构（校务委员会）首先要确保留出给年级主任的席位，让他们的声音能够以最短路径传递到最高决策层。同时，最高决策层在做出重大决策时，也要更多地听取年级主任的意见。这个权力也够核心吧？

第四，年级主任整天在一线“打仗”，手里却没有多少可以调用的资源，而手握资源最多的是传统组织中的职能部门。比如，人力资源部门手里有人，教导处、后勤处手里有物，财务处手里有钱，党政办公室手里掌握着内外部领导的信息……这么多资源当然应该源源不断地输送到在“阵地”上的年级主任，让他们充分调配，以确保一线的工作人员能源源不断地产生效益和价值。十一学校的做法就是让这些职能部门人员转型为支持人员，并且明确自己的内部客户，而离一线最近的年级主任就是很多支持人员的服务对象，同时还手握对支持人员的评价权。这样就确保了支持人员必须及时为一线输送“粮草弹药”。

好，权力给了，但别忘了，每担起一份责任，还要拿到一份利益。十一学校对利益的界定很简单，就是两个方面，一是看见物质利益，二是看见自我成长。

物质利益一是体现在薪酬体系中，年级主任的薪酬基本上是全校最高的，比校长都高，因为他们责任重大；二是体现在绩效奖励上，这主要看年级主任带领的团队教的学生在中考、高考中的成绩，这部分占比不高，但因为主要是评价团队，而不是评价年级主任个人，所以年级主任的绩效利益就和老师们的业绩紧紧捆绑在了一起。

自我成长这一点就更不言而喻了。是否继续担任年级主任，是否有很多老师争相选择去他所在的年级，是否能在述职后获得较高的满意度，是否有很多分享实践成果的机会，等等，这些都表明了年级主任是不是越来越胜任自己的工作，是否在持续成长。

过去，年级主任只是上级的“手脚”，无论做什么事都要向上级汇报。现在，年级主任是信息获取最充分的岗位，他们有权做决策，有权指挥“战斗”，因此也必须主动把责任担在肩上。事实上，年级主任担起的责任和承担的工作量远远超出了校长的想象，而这些都不是校长要求的。相反，校长整天在劝他们：“已经很好了，可以啦，注意休息。”

责、权、利匹配带来的最直接效果，是从责任的角度堵住了借口。这是多少组织的领导者梦寐以求的状态啊。但他们可能没有想过，只有先把权和利给到位，才有可能实现“责任零借口”。权和利不到位时，各年级、各部门可能会相互推诿，说自己没干好是因为缺经费，或者别人不配合。现在，团队是你自己组的，预算是你自己定的，你要什么资源别人就给你提供什么资源，如果没干好，你自己都觉得理亏。

说完了年级主任，再来看一下最小的管理单位——年级里的某个教研组是如何实现责、权、利匹配的（见图 2-8）。对照到企业组织里，也许就是某个项目组、某个营销小组或者小编辑部等，要让这些小团队都有责任心，那么应该赋予他们哪些权和利呢？

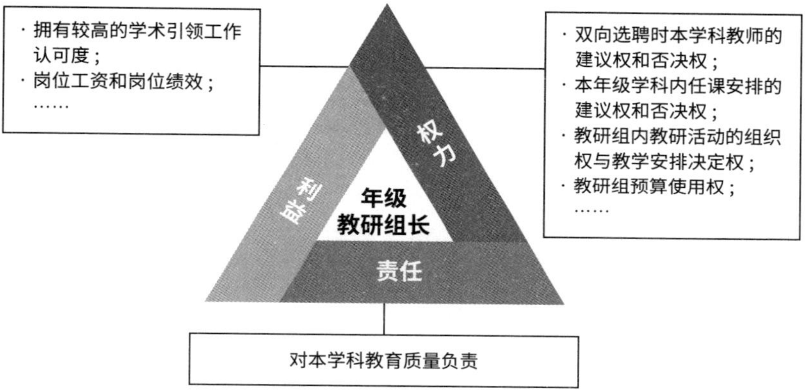

图2-8　十一学校年级教研组长的责、权、利

以年级里的一个英语教研组为例。这个教研组共有 4 个组员，在年级主任聘用这 4 个人时，教研组长拥有否决权。此外，教研组长还掌握着一笔预算款。这笔钱该怎么花？可能大部分人只能想到几个人聚聚餐、买几本书、报销打车费等。但当这些需求都被学校满足后，作为年级英语学科第一责任人的教研组长就要考虑，这笔钱到底要怎么花才能提高教学质量。是请专家来讲讲最新的学习流派，还是组织老师走出去看看行业制高点，又或者是研究一下同行有哪些教学方法特别管用？权力一旦给到位，教研组长就能对自己理应承担的责任心知肚明，再也没有借口推脱。

读到这里，你可能还会产生一个疑问：给年级的权力这么大，他们会不会各自为政，形成“独立王国”？不会的。回答这个问题，我们需要借用上一节“内部客户”的原理，也就是在纵向权力链条切分之外的横向组织协同机制。

比如说，年级主任要请一位全国知名的专家来讲课。这位专家年纪大了，乘飞机需要坐商务舱。这在财务上是超标的，很多学校没法操作。但在十一学校，如果年级主任决定请这位专家，认为他来讲课能提升年级的教学水平，并且这笔钱在预算之内，那他不用请示任何人，也不用查财务规定，直接向财务总监提出这个需求就可以了。

如果是在过去，财务总监可以直接对这种需求说不，因为这不符合规定嘛。但在学校变革后，年级主任成了他的重要客户，他必须服务好，也就会挖空心思想办法。比如，他可以设立一个课题专项，从课题经费里列支，或者与一所民办体制的盟校联合邀请这位专家，经费由民办学校出，两校老师共同受益。

你看，这样一个在其他学校很难搞成的项目，在十一学校就搞成了。假设这位专家讲的课给年级教学水平带来了 1% 的提升，这样的事情多了，组织自我提升的空间就会被大大打开。这就是变革带来的收益。

反过来看，年级主任的这个决定是袒露在上上下下的权力链条中的。决定合不合理，有没有达到预期的效果，也承受着方方面面的审视。所以，不用担心会出现“独立王国”的问题。

作家戴维·奥斯本有一句话：**“把旅客放到驾驶座上。”**这样做可能比一个劲儿地对驾驶员指手画脚好得多，因为旅客最清楚自己要到哪里去。

这句话其实也在告诉我们，组织不应该只有一个大脑，而应该有一个分布式的大脑。过去，只有领导在操心、在做决策；现在，每一个部门、每一个岗位都在自己信息最充分、能力最擅长的事情上做决策。就像从普快列车变成了高铁，每一节车厢都有了动力，组织自然可以用更快的速度奔跑。

误区1：扁平化等同于减少层级数量

在进行组织结构调整时，很多组织会将扁平化简单理解为减少层级的数量，于是在整个组织层面减少了管理层级，在很多部门内部却依旧存在多重层级。事实上，真正的扁平化不仅意味着要改变物理属性，也意味着要发生化学反应。具体来说，有几条核心策略需要遵循。

1. 减少管理层级。以十一学校为例，原来的分管副校长直接兼任年级主任或职能部门负责人，直接减少了两个管理层级。这样一来，这些副校长就可以直接面对一线教师和教学，能更准确地了解他们的工作现状，也能对他们的需求及时做出回应。

2. 确立一线价值中心。比如，十一学校将年级确立为价值中心，使其集教育、教学、科研、管理于一身，将责、权、利最大限度地集中在这样一个实体上。如果是企业组织，则要确立真正的利润中心，使组织所有资源都最大限度地支持该利润中心。

3. 改变中层部门的属性，明确支持人员。过去，组织的中层部门是一个实实在在的管理层级，是一个个管理实体，任何事情都必须经过它们才能传递到年级和老师那里。它们的存在人为地拉大了从战略高层到一线的距离。现在，中层部门不再是一个管理层级，也不再是一个个管理实体，而是转变成由支持人员组成的职能部门。这些支持人员以服务一线为职责，以沟通、协同为主要工作方式，在寻找与服务内部客户的过程中实现自身的价值。

误区2：混淆中层和中层管理者

大部分组织结构在中层这个领域都处于混沌状态，中层部门的主管往往被认为是中层管理者，有权指挥、调度一线人员，这导致一线人员事务繁多、会议不断。其实，大部分中层部门都应该被归入职能部门，而职能部门的每一个成员都是支持人员，他们拥有一定的权力和资源，但他们只能用这些权力和资源为一线服务，而无权指挥和调度一线人员。

只有处于战略高层和一线之间的中间层才属于中层管理者，他们既对战略高层负责，又有指挥和调度一线人员的权力。

不同的组织结构有不同的中层管理者。在学校的组织结构里，年级主任就是理所当然的中层管理者，他们对一线价值的产生负有主要责任；在企业的组织结构里，一线利润中心的负责人就是中层管理者。

在组织行为学中，比较主张一头高配中层管理者，另一头压低中层职能部门的头衔，让中层管理者在职务名称上先声夺人。比如，许多跨国公司的区域总经理同时身兼全球副总裁之职，但实际上，除了该区域的业务，全球的业务与他并没有多大关系，兼一个全球副总裁的职位只是为了说明其重要性。

误区3：把授权等同于分权

很多组织都会混淆两个词——“分权”和“授权”。其实，这两个词的区别是非常大的。

什么叫授权？就是权力的主体还是领导者自己，只不过他暂时把这种权力授予他人，看看这个人表现得怎么样，如果表现得好，就加权；如果表现得不好，就把权力收回来。还有可能哪天我看你不顺眼，或者哪件事我觉得你处理得不到位，我就把权力收回来。这就像李希贵说的，权力虽授出去了，但钥匙还在领导者自己手里，因为这个权力主体还是领导者。在十一学校，只有一种情况下才会出现授权这种事。那就是校长出差期间，他会把权力授予某位校务委员，等他回校后再把权力收回来。

什么是分权？分权是领导者完全把这种权力分出去，得到权力的人就是权力主体。在十一学校，权力的切分是写在学校章程里的，权力分出去之后，就再也收不回来了。

只有做到真正的分权，领导者的时间和精力才有可能被释放出来。把权力分出去，是一件让组织内所有人都受益的好事。而这其中，最大的受益者就是领导者本人。

其实，校长分权这件事，本质上是还原了权力的真相。组织变革的一个关键，就是让权力从个人回归职位，从管理走向治理。

误区4：没有在离一线最近的地方找内部客户

在寻找内部客户的过程中，有几种常见的错误情况：

1. 把上下级当内部客户。一般来说，上级和下级都不能被视为内部客户，因为彼此之间是聘任关系。凡是构成聘任关系的，下级都会天然地对上负责，以求赢得上级的好感。因此，不需要再把上级和下级作为自己的内部客户了。

2. 部门和部门之间互为内部客户。这一章说过，所有对内部客户的寻找都是以岗位为单位展开的，不能以部门为单位展开。因为如果以部门为单位，那么责任的归属依然无法到位，推诿现象会随时发生。此外，一般来说，两个部门之间的岗位不宜互为内部客户，更多时候应该到离一线最近的地方找内部客户，从而在为一线服务的过程中找到自我的价值。

3. 把“全体”作为内部客户。很多时候，我们很容易将“全体”——比如全体师生——作为自己的内部客户，这也是不妥的。因为一旦服务对象是“全体”，就会抓不到具体的落点，服务也就无法具有针对性。比如说，食堂主管的内部客户不能是全体学生，否则就无法评估食堂主管的工作。那如何来保障学生的权益？可以选择将学生会权益部门作为内部客户的代表进行评价，因为他们能代表“全体学生”的利益。即便出现了内部客户的确是“全体”的情况，我们也建议在评价时采取抽样的方式进行。

CHAPTER THREE

第三章

制度设计

经历了第二章，我们已经迈出了组织变革的关键一步——“能用结构解决的，就不用制度。”这一步非常重要，因为组织变革是一套按步骤去完成的逻辑系统，先用结构去解决问题，你会发现可以减少很多不必要的制度。当组织中的每个人都在竭尽全力为一线服务，当支持人员始终想着把自己手里的资源输送到一线，当所有部门都在目标一致地产生协同，这个组织其实不太需要很多限制性制度，它需要的更多是激励机制。

变革的本质是利益的重新分配，这意味着变革一定会在不同程度上动到每个人的“奶酪”。站在员工的角度看，每个人最关心的都是，变革之后与自己切身利益最相关的两件事会不会受影响——一是我的岗位会不会有变化，二是我的收入会不会受影响。因此，如何让岗位聘任制度和薪酬制度成为最重要的激励机制，是变革成功与否的关键所在。

/ 第一节 /

双向选聘：
把矛盾化解在机制之中

每个人都能找到适合自己的团队，每个团队都能找到适合的员工。

提到岗位聘任制度，很多人脑海里会马上浮现出两个词——“末位淘汰”和“竞争上岗”。的确，在很多组织中都能看到这两种制度的影子。它们的出发点是好的，想通过增强竞争来解决组织中论资排辈、分配不公、员工缺乏积极性的问题。但遗憾的是，很多组织在运行了这些制度之后，不仅员工的活力没有被激发出来，领导者还引火烧身，把很多矛盾集中到了自己身上。

变革不是为了淘汰人

在刚当上高密四中的校长时，李希贵也尝试过这样的岗位聘任制度。当时，他希望通过一套制度达到“能者上、庸者下”的目的，因此采用了减少岗位、增强竞争的机制。具体来说，在确定学校编制总盘子时，他减少了 6 个岗位。这种机制运行的结果，自然是聘任结束时会有 6 个人落聘。

为了安抚落聘者，尽可能减轻对后续变革的影响，李希贵给他们做了大量思想工作。同时，为了让这些落聘者能有一个体面的去处，他又东奔西走，为他们联系新工作。你可能会想，把落聘者的善后问题交给人力资源部门处理不就可以了吗？校长有必要操这么多心吗？

乍一看，这样做确实有些多此一举，因为校长通常是不需要处理这么具体的事务的。但你仔细想一想，作为落聘者，这些教职工在离开时内心会有什么样的感受？他们对这个单位又会有怎样的情感？退一步讲，哪怕离开的人可以不管，那留下的人能不管吗？看到落聘者的处境，留下的人在庆幸自己被聘上的同时，也会感到心有余悸——“我会不会有一天也像他们那样？”如果员工将这样的感受带到工作中，就可能会出现个体间的竞争性很强，但团队缺乏协作力的情况。这不利于团队的形成，因为团队中的每个人都会担心自己被其他人超越，最终被末位淘汰。

这件事让李希贵进行了很多反思：难道变革就是为了让有些人落聘，让被聘上的人都战战兢兢地工作吗？当然不是。**变革应该是为了让组织里的每个人都能找到适合自己的位置，从而形成富有战斗力[1]的团队，这才是第一位的。**

后来，李希贵到高密一中担任校长，他吸取了在高密四中的教训，迭代了岗位聘任制度。高密一中有 200 位教职工，而学校设置了 203 个岗位——只要你愿意继续在这里干下去，而且不计较干什么，那么你就会有岗位。岗位有了富余，大家首先就放下了担心落聘的不安全感，也就能够比较理性地思考自己到底适合做什么了。

1　李希贵常用“战斗力”来定义团队特质。这里的战斗力包括四个关键要素，分别是团队目标一致、资源获取便捷、权力边界明晰和形成促进协同关系的有效机制。

不仅如此，在高密一中，李希贵还设计了多个聘任主体供教职工选择，每人可以填几个意向，然后和聘任主体负责人协商自己的岗位。这么一来，聘任的权力就不会集中在领导者一人手中，矛盾也不会集中到领导者一人身上了。这种制度的运行很自然地化解了矛盾。

“分层聘任、双向选择”机制设计

有了前两次的经验，李希贵在十一学校进行岗位聘任制度变革时，拿出的方案就更加成熟了。方案的核心是一年一度的“分层聘任、双向选择”机制。

先看分层聘任。我在第二章第三节梳理过怎么切分权力链。这里所说的“分层”，就是指对人事聘任的权力链条进行切分。在十一学校，校长只有权力聘任中层管理者，而这也就是 7 个人，分别是高一到高三的年级主任、初中部和国际部的主任，以及教务处和校务处的主管。之后，再由这 7 位中层管理者自己去聘任教职工，组建团队，校长不再插手。

这样做的好处是实现了责、权、利匹配。校长的责任是确保学校持续健康地发展，因此他拥有的权力就是聘任能推动学校持续健康发展的关键人物，也就是中层管理者。而中层管理者是一线价值中心的第一责任人，要想让他们担起这个责任，就必须赋予他们聘任的实权。否则，他们一定会对校长说：“人又不是我选的，干得不好能怪我吗？”而在未被聘任的员工面前，他们又可能会说：“不是我不聘你，是上级领导不认可你。”分层聘任机制的实行能堵上这些借口，将矛盾化解在制度之中，而不会将责任转移到领导者身上。

再看双向选择。教职工并不是被动地等待被选择，他们也有选择的权力。

举个例子。张三老师特别优秀，他很快就收到了高一年级主任的邀请，但他没有立即同意，因为他内心的第一志愿是去初一年级。他认为，完整地走一遍把学生从初一带到高三的大循环，有利于自身的成长，也有利于体验学生的成长全景。此时，初一年级主任也来向张三老师示好，暗暗地和高一年级主任抢起人来。两位年级主任可能会打利益牌，承诺提升张三老师的职级和薪酬；也可能会打感情牌，“张老师，你的好朋友李四和王五都已经答应来我这个年级了，你也来跟他们一起工作多好”；当然，他们还可能会打愿景牌，因为他们深知老师所有的成就感都来源于学生的成长，所以他们一定会说，三年或者六年后，我们的学生一定会有怎样的成绩，而你会有怎样的发展，我们会共同创造出怎样的价值；等等。至于最终的选聘结果，就由张三老师自己来决定了。如果张三老师决定去初一年级，就意味着他接受了初一年级主任给他确定的职级、薪酬和相应的工作量。

不过，有抢手的，自然也有不被看好的。比如，英语老师王老师的志愿全部落空了。好在学校实行的不是末位淘汰制，他还可以进入学校人才交流中心[1]接受调剂。最终，王老师体面地找到了一个岗位，但整个过程也让他产生了深刻的反思。是什么原因使得各个年级都不

1　人才交流中心隶属于学校人力资源部门，是学校的人才池，没有在双向选聘中找到合适岗位的教职工可以到这里进行协调，因怀孕、出国等原因需要暂时性安置岗位的教职工也可以寻求该中心的支持。

愿意要自己呢？要怎么做才能保证不再出现这样的境况？王老师开始在自己身上找原因，同时也对眼前的岗位格外珍惜。

当然，别以为只有教职工压力大，其实手握编制和薪酬大权的中层管理者也一点都不轻松。过去，聘谁不聘谁都由中层管理者单边决定。现在，双向选聘制把他们推到了众目睽睽之下。能不能吸引优秀的教职工来应聘自己的团队，有没有出现发出邀约后被拒绝的情况，等等，都体现了中层管理者的能力、为人等的综合水平。

“分层聘任、双向选择”机制带给组织的最大收益，是每个人都不会把矛盾外化，而是会通过向内归因，在自己身上寻找改进的空间。这样自然就化解了聘任双方的矛盾，为每个人的成长提供了动力，也指明了方向，有利于形成有战斗力的团队，也为后续变革的推进打下了坚实的基础。

将可能出现的矛盾，前置到解决方案中

看到这里，你可能还有很多不放心的问题。比如，聘任主体负责人的权力由谁来制约？优秀员工扎堆到一个团队怎么办？怀孕待产的员工会不会吃亏？那些水平尚可但年龄偏大的资深员工会不会受到不公平对待？……

一想到这些问题，很多组织的领导者就开始打退堂鼓。但实际上，只要在制订具体制度时充分考虑到这些矛盾并做出有效应对，就可以避免出现这些问题。

比如聘任主体负责人的权力由谁来制约这个问题。在十一学校，

每一份权力既有充分行使的空间，也有相应的约束机制。每年 8 月 28 日是十一学校的述职日。这一天，中层管理者和包括校长在内的校务委员要面向全体教职工述职，接受全体教职工的打分。对于校长，还会额外增加一项信任度投票。如果校长的信任度投票低于 60%，会直接影响他的去留。同样，如果大家对中层管理者的述职满意度较低，也会影响他们能不能继续留任。这些都对管理者的日常管理行为形成了制约，使他们不敢滥用权力。

再比如优秀员工扎堆到一个团队这个问题。十一学校把教师岗位划分为 12 级[1]（见图 3-1），每一级都有相应的薪酬标准，每个人都是“按岗取酬、薪随岗变”。这八个字非常关键。在很多组织中，员工，尤其是资深员工在换岗后没有活力，就是因为哪怕新换的岗位职级比原来的低，或者比原来离一线价值中心更远，他的薪酬也不会有所改变。而现在，这八个字说明，每一个岗位都是“明码标价”的，一个人受聘于哪个岗位，就要接受哪个岗位的薪酬。

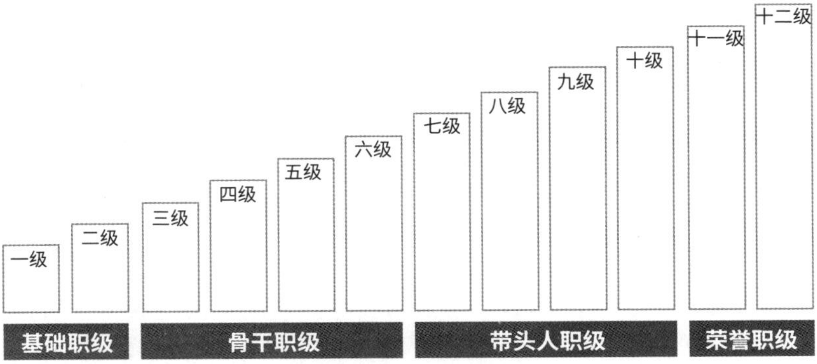

图3-1　十一学校的教师职级

1　需要说明一下，十一学校新入职的老师在第一年是没有职级的。

这个原则确定后，每个聘任主体的主管会拿到人力资源部门核定的编制数和平均职级点[1]。也就是说，一个聘任主体分到的“蛋糕”大小是确定的。比如，高一年级有 600 名学生，根据师生比来计算，该年级可以有 54 个教师编制，平均职级点控制在 15.5——聘任的 54 名教师，每个人的职级相对应的职级点的平均数不能超过 15.5。在这个总盘子的约束下，高一年级主任就可以在全校范围内物色最佳人选。身为高一年级教学教育质量的第一责任人，年级主任肩负着业绩压力，因而会最大限度地搜寻老师们各方面的信息，精算分析也好，模糊感受也罢，总之会通过各种途径识别出最佳人选，然后力邀对方加入自己的团队。不过，因为编制和平均职级点是限定好的，所以他要反复盘算和权衡：我是多聘几名骨干职级的教师，还是聘一名十级资深教师作为年级的“领头羊”呢？总之，“蛋糕”就这么大，到底怎么切，聘任主体负责人需要从整体上做出权衡。

还有一些可能涉及个别人利益的问题，也可以在方案中做出相应规定。比如，待产期的教师不得落聘；聘一位离退休不到 3 年的教师，聘任主体能获得一定的级别补贴；等等。这样，这两类员工的利益就得到了保障。只要把每一个可能出现的问题都管理好，自然就不会有人受到不公平对待了。除此之外，校内设置的人才交流中心也会帮暂时落聘的人员找到一个还算体面的去处。

需要说明的是，十一学校之所以能准确预判并精准应对聘任制度实行后可能出现的矛盾，是因为在每年启动双向选聘工作之前，都会坚持一个动作——模拟推演。也就是说，由聘任主体负责人进

---

1 职级点不同于职级，它是根据一定的公式，通过职级换算后的一个结果。整个年级分配的职级总量转化成职级点，总体控制了不同年级可以聘任的不同职级人员的数量。

行各种可能性分析，看看聘任制度草案能否化解这些矛盾。如果不能化解，就对草案进行调整，把制度实行后可能出现的问题提前解决掉。比如，有的老师既受聘于一个年级，又兼任着支持人员的工作，应该怎么考核他的业绩？再比如，有的老师名气很大，学术水平也很高，但在教学方式和师生关系方面都偏弱，因此大概率聘不上，应该怎么安排比较体面？通过模拟推演，学校逐步制订出了“有一份算一份”的核算业绩方式和“低聘高评”[1]的过渡方案等，这样就提前消化了可能出现的矛盾，确保了聘任制度一旦启动就能平滑而稳健地展开。

最终，每名员工都能找到适合自己的团队，每个团队也都能找到适合自己的员工。这样，大家就不是一群被组织安排在一起工作的人，而是成了一支双向选择、彼此认同的富有战斗力的团队。

1　有的老师在加入十一学校前就已经评上高级职称了，但在这里必须符合校内职级的要求，于是就会出现这种情况：有的高级教师照理说可以匹配带头人八级的职级，但在十一学校内部职级体系里，他只被年级主任聘到了骨干六级，他本人也接受了。这就出现了“低聘高评”的情况。

/ 第二节 /

薪酬荣誉福利体系：驱动员工主动成长

把薪酬体系设计成员工成长全景图，让荣誉体系成为员工自我实现的入口，用福利体系创造出集体荣誉感。

在进行岗位聘任制度变革时，每个人最关心的除了岗位会不会有变化，还有自己的收入会不会受到影响，因此聘任制度一定要结合薪酬体系同步设计。

1959 年，美国心理学家赫茨伯格提出了“激励—保健因素理论”，简称“双因素理论”。简单来说，就是在一个组织中，引发人行为动机的因素主要有两种：一种是保健因素，即让人感觉这是自己“应得的”那些东西；另一种是激励因素，即让人喜出望外或者孜孜以求的东西。

当下很多企业组织遇到的一个难题是，薪酬荣誉福利体系很轻易地就变成了保健因素，员工认为那些都是自己应得的，是自己每个月辛苦工作换来的。这样时间一长，给再多薪酬都不太能对他产生激励。而在十一学校，薪酬荣誉福利体系是经过通盘考虑、系统设计的，从而最大限度地将它从保健因素转化为激励因素。我将十一学校的做法提炼为三句话：**把薪酬体系设计成员工成长全景图，让荣誉体系成为员工自我实现的入口，用福利体系创造出集体荣誉感。**

把薪酬体系设计成员工成长全景图

传统组织对薪酬体系的设计主要有三种模式。

第一种模式是工资相对稳定，且直接用薪酬把人分成三六九等。你是什么学历、资历，有多高的能力，就拿什么级别的工资。牛人一进公司就能拿到高薪，普通的年轻人则只能熬辈分，被动等待提拔。这种做法看似公平公正，实际上却让薪酬沦为员工“应得的”待遇，很难对员工起到激励作用。

第二种模式是每个月发固定工资，再加一份定额的奖金，然后在年中和年底进行绩效考核，给绩效合格者多发 1～3 个月的工资作为奖金。而这些所谓的绩效考核，有时就是走走过场。一旦领导者想要在考核结果中稍微拉开点差距，下面的人立刻就会鸡飞狗跳。说到底，这样的模式还是平均主义，跟吃大锅饭没多大区别。这样必然会导致员工不会太努力，因为大家收入都差不多。

第三种模式也很普遍，就是“底薪＋提成”。谁拿下的订单多，谁的提成就高。这种模式会带来“重赏之下必有勇夫”的刺激效果，但它的杀伤力也是极强的。首先，它带动的是个人积极性而非团队战斗力；其次，为了拿到提成，有些人可能会不惜一切代价，比如弄虚作假、讨好客户、短期捞一把再说，等等；最后，在这种模式下，为了防止以上问题发生，领导者通常不得不再设计一系列严格的考核指标以求公平，结果是，组织跟员工斤斤计较，员工跟组织更加斤斤计较，从而进一步导致员工都觉得提成是靠自己的努力得来的，而组织利益的损害却无人过问。

你发现没有，无论是以上哪种模式，薪酬体系到最后都会变成“这份工资是我应得的”，很难对员工起到激励作用。这也是很多组织在变革时面临的挑战。而事实上，一个组织有没有活力，与薪酬体系的关系是最密切的。那么，怎样才能把薪酬体系从保健因素转变成激励因素呢？

十一学校的办法是把薪酬体系设计成教师成长全景图，包含教师职级（见图 3-1）和各职级对应的能力标准[1]。每一个职级，既不是论资排辈，也不是论功行赏，而是对教师未来发展的期许；与职级对应的每一个能力标准又始终将出发点和落脚点都放在教育教学上，这样就再次与组织追求什么样的价值中心保持一致。这种薪酬体系有三个特点。

特点 1：以能力要求为台阶的职级设计

很多组织也会设立职级，通常是从每个职级所要达到的要求出发，但十一学校不一样，它是把教师一生的职业生涯规划都设计到了职级体系里，也就是从“人的成长规律”出发。

十一学校把教师服务于组织的完整教龄预设为 35 年。理想状态下，教师每 3 年左右能获得一次晋升。这样推算的话，从基础职级到最高的荣誉职级，就需要设置 10 ~ 12 个职级。假设一位教师勤勤恳恳地工作，不断提升自己，那么等到退休之年，他大概率能体面地走到第十级。如果他德高望重，深受师生爱戴，还有可能升到第十一级甚至第十二级。这一点非常重要，所谓从“人的成长规律”出发，就体现在这样的细节中。它让每个员工有盼头，知道自己在这个组织待一辈子会是什么样。

---

1 各职级对应的能力标准完整版详见本书附录。

需要强调的是，这 12 个职级对标的都是能力和表现，而不是工作量或者工作年限（见表 3-1）。而且，这些能力和表现要始终落实在学生成长上，这样就确保了这张员工成长全景图是与组织存在的意义相关联的。

比如，一级到二级不是随教龄增长自然晋升的，而是要求老师达到几个能力标准：第一，能够在指定的资深老教师，也就是师父的指导下，胜任本年级的教育教学工作；第二，能够就学生成长问题与家长展开有效沟通；第三，获得的学生满意度评价等级要在良好以上。达到了这些能力标准，一位老师才可以晋升。

那么，如果一位老师特别努力，有可能连跳两级，直接从一级晋升到三级吗？很难，因为晋升为三级教师必须完成一次教学循环，也就是要把学生从初一带到初三毕业，或者从高一带到高三毕业。之所以这么设计，是因为如果没有完整地经历过一个教学循环，老师对学生所负的责任就是中断的；如果没有完整地体验过学生成长过程中的各种变化，老师就无法充分理解学生。这样的老师即便发表了很多论文、上了很多公开课，在能力上也是有缺陷的，自然就无法直接晋升到三级。

再往上走，对老师能力的要求就更高了。比如，七级到十级就是带头人序列了。老师只有带头开发一门课程，或者带头启动一项教学改革，又或者带头编写一本学生学习用书，才能进入这一序列。

需要说明的是，各个职级的岗位数量不是平均分配的，而是根据组织内不同群体的占比来设定的。比如，十一学校历史比较长，资深教师比较多，中高级职级的岗位就相对多一些；新建的十一盟校教师团队以青年教师为主，中高级职级的岗位就不宜设置过多。

特点 2：以双向选聘带动职级评定

前面讲到，年级主任要通过双向选聘制度来构建自己年级的教师队伍。那么，他拿什么吸引老师到自己的年级来呢？职级和薪酬是非常重要的因素。他可以和老师商量，给对方定什么职级，对应多少薪酬。如果这位老师也心仪他，并且接受他开出的职级和薪酬，就会进入他的团队。如果这位老师特别抢手，好几个年级都想要，其职级就有可能得到提升。

当然，年级主任给老师定级也不是拍脑袋决定的，而是要以成长全景图中的能力标准为依据。这些能力标准都是与学生成长相关联的，因而在协商职级时，年级主任会不断评估一位老师是否在学生的成长中发挥了作用，他的日常表现是否符合能力标准中的描述。即便是有一名博士入职，学校也不会直接给他定一个比较高的级别，而是会先不给他定级，连续给他三年补贴，并规定他在三年后必须通过双向选聘确定职级。根据职级对应的能力标准，博士工作三年，能力水平应该达到五六级。如果没有达到标准，他就不会被人聘用。

在双向选聘中，每一位老师都会明确自己的职级，而这就意味着他们会对照能力标准进行反思与提升。如果一位老师应聘了很多岗位都没被聘上，那他自己心里也会过不去，可能离另谋他路就不远了。

你看，双向选聘和职级评定是同时发生的。一旦被聘上，就意味着确定了职级，明确了薪酬，核定了工作量。有了这套成长全景图，年级主任的聘任有了依据，老师聘不聘得上都会先从自己身上找原因。在日常工作中，老师也不会对加班之类的事斤斤计较，因为被聘上就意味着接受了整体打包的工作量和薪酬。这样，组织使用同一套话语体系，就不会被一个人的经验、判断左右，也不会受到平日某些矛盾和积怨的干扰。

表3-1 一级到四级教师的能力标准

职级	基础条件	教学与学术高地
1	① 能够在师父的指导下使用K12学习蓝图开展某一年级的教育教学工作。②充分掌握任教年级的学生所处的成长关键期特征。③能够在师父的指导下与学生家长就学生成长问题进行有效沟通。	—
2	①能够使用K12学习蓝图完成某一年级的教育教学工作。②在教育教学过程中，能够营造健康、积极的师生关系，受到学生的普遍肯定。③能够根据本年级学生的关键期特点与学生、家长进行有效的个别化沟通，解决学生遇到的问题或困难。	—
3	①能够独立使用K12学习蓝图完成三个不同年级的教育教学工作（如果是跨年级课程，则任教不少于三年）。②在教育教学过程中，能够营造健康、积极的师生关系，受到学生的普遍肯定。③能够根据相应年级学生的关键期特点与学生、家长进行有效的个别化沟通，解决学生遇到的问题或困难。④能够以形成性评估为依据，给出课内每一位学生的学习特点和天赋评价，形成成长档案。	—
4	①能够独立使用K12学习蓝图完成两个相同或不同的小循环（小学段连续三个年级/7~9年级/10~12年级）的教育教学工作（如果是跨年级课程，则任教不少于六年）。②在教育教学过程中，能够营造健康、积极的师生关系，受到学生的普遍肯定。③能够根据相应年级学生的关键期特点与学生、家长进行有效的个别化沟通，解决学生遇到的问题或困难。④能够以形成性评估为依据，给出课内每一位学生的学习特点和天赋评价，形成成长档案。⑤能在一个循环中让有天赋的学生形成优势。	①获得全科教师技能认定，与其他老师合作完成一年的全科教学，学生在第三方评估中达标。②开设一门学生有需求、符合蓝图一致性的选修课不少于一年，学生能在选修后发现自己的天赋。③有毕业年级任教经历。

续表

课程高地	教育与教学管理高地	学习蓝图研发高地	家校课程高地
—	—	—	—
—	—	—	—
—	—	—	—
①指导学生开展高端课程不少于三年，能够让学生充分挖掘自己的潜力。②指导学生参与某个全国范围的比赛或竞赛项目不少于三年，能够帮助学生将兴趣转化为目标。	①担任年级分布式项目负责人不少于三年，有效支持年级的教学和育人工作开展。②担任学院导师不少于三年，能够组织适切的学生活动，落实育人目标。	①对学习空间做出创造性的改进，受到学生的喜爱和同年级/同领域教师的广泛认可。②创造性地给出新的学习方式，受到学生的喜爱和同年级/同领域教师的广泛认可。	能够独立设计适切的学生成长方案并指导家庭教育的改进，跟进学生成长不少于三年，形成有价值的案例。

特点 3：有利于学生全面成长的薪酬结构

薪酬体系承载了一个组织的价值观。一个组织追求什么，最在意什么，就会在薪酬体系中将这方面的比重放得最大。

学校的出发点和落脚点都是促进学生成长，而每一个学生的成长都是老师合作共育的结果，因此**工作量工资**，即通过双向选聘确定的工资在老师薪酬中所占比重最大，为 65%。而且，在十一学校，聘任就是最大的评价，此外几乎没有什么其他的高利害评价了。抢手的老师当然会绩优酬高，而没有被选聘上的老师要接受调剂，职级和薪酬自然会随之降低。

在李希贵看来，没有比年级主任更了解老师的人。因此，让年级主任来和老师具体商谈职级、薪酬是再合适不过的了。如果学校对职级标准的描述非常具体，比如一定要上满多少节课、带多少学生、出多少成绩，然后让年级主任对照这些指标去找人，那么他不仅没有选择的弹性空间，也无法吸引到真正优秀的人。大量案例表明，凡是通过指标加总得到高分的选手，很多都不是在实际工作中真正受学生和同事欢迎的好老师。反过来，如果老师也对照这些精细的指标和数字去开展日常工作，那他的眼里就装不下人，个人的职业成长也就无从谈起了。

绩效工资占比不高，仅为 15%。你可能会奇怪，怎么绩效工资占比这么少，难道十一学校不注重绩效吗？这就涉及对分数和升学率利害性的价值判断了。很多学校高度重视分数，甚至几乎把分数当成了评价一位老师优劣的全部依据。而十一学校认为，要对分数采取重视但又不过分重视的态度，更不能重视到伤害学生成长的程度。因此，十一学校老师的绩效工资由三部分构成：一是由学生中高考成绩确定的，这部分是大头，另外两部分是根据所教学生德智体美劳的学分情况和学生参加社团情况而定的。

教师的绩效奖，以教研组为单位来发放。比如，高三语文教研组 12 位老师今年带的学生高考成绩很好，学生也实现了全面发展，那这个教研组的老师人人都能拿到一份较高等级的绩效奖，与基础工资、工作量工资一起每月发放。尤其值得一提的是，在高三年级毕业后，虽然这个团队会被解散，老师们会分别被聘任到新的团队，但这份绩效奖会跟随老师本人若干年，直到其所在新团队带的学生下一轮高考成绩出来。也就是说，如果一位老师之后被聘任到高一年级，那么从这一届学生高一到高三，他一直能拿到这份稳定的绩效奖，直到这一届学生的高考成绩出来。如果是被聘任到初一年级，这份绩效奖就会保持从初一到高三的 6 年。如果仍然被聘任到高三年级，这份绩效奖保持的时间就是 1 年。这样才能体现双向选聘与绩效的价值。有时候，不均衡才是公平的。

不过，即便绩效工资只占薪酬的 15%，也不是完全由中高考成绩决定的。为了引导老师关照学生的全面成长，学校将学生德智体美劳的学分情况纳入了对老师绩效工资的评定。这样一来，老师就不仅会关注自己这门学科，还会从育人的角度，关照学生在其他学科的发展。有了这个维度的考核，至少不会出现老师们为自己这门学科多争取课时或者多布置作业的情况，有时他们还会鼓励学生多到户外参加体育运动或参加艺术活动。近年来，十一学校还将学生参加社团的情况纳入了对老师绩效工资的评定。

除了工作量工资和绩效工资，还有**基础工资**，占比为 20%，就是我们通常说的“国家工资”，它相对稳定，而且每年还有一定的提高。之所以稳定，是因为它包含了国家规定的需要关照的教龄、工龄、学历、资历等方面的差异。其实，这种差异就是在隐形地支付教职工“经验费”。毕竟在一所学校工作多年的资深教师，在日常工作中凭借丰富经验所发挥的作用是不可小觑的。

你看，一套合理的薪酬体系就是一个动力系统，可以使组织目标和个人利益产生最大化交集，可以起到引导和激励老师行为的作用，也可以让学生的全面成长得到最大化的保障。

让荣誉体系成为员工自我实现的入口

可能有人会想，十一学校给老师们提这么多要求，是不是因为他们收入都比较高？要不然他们怎么会心甘情愿地在这里工作呢？

其实，作为一所公立学校，十一学校每年拿到的经费和同类学校是差不多的，老师们的收入肯定不能跟一些民办学校的老师比。但李希贵常说：“我们的薪酬不一定高，但我们的荣誉和福利体系一定要努力追求成为最好的。”

通常，组织里的荣誉只属于少数人，被认可、被表彰、被推介的人物，翻来覆去就那么几个，光环始终戴在个别人头上，而这会使荣誉体系在绝大部分人身上失效。还有一些组织，甚至会将某些员工边缘化。因此，荣誉体系要特别注意覆盖组织内不同的群体，防止出现马太效应。

基于这一考量，十一学校给不同的人设计了不同类型的荣誉入口，让每一名教职工都有获得荣誉的机会。本书第一章提到的十一学校基于马斯洛需求层次理论设计的速赢项目中，很多都是荣誉体系的入口。

如果教职工为学生成长做出了突破性贡献，或者为学校避免了重大损失，学校就会给他们授予“年度功勋教师”称号，并举办“功勋之夜”，邀请他们的家人共同见证这份荣耀。除了年度功勋教师表彰，学校还会每周开展名师讲堂、每月展示月度人物，等等。

要知道，每一份荣誉背后永远是为学生成长做出的努力。比如，十一学校每月在校园最醒目的位置展示的月度人物中，支持人员不在少数。他们虽然没有在一线直接产生价值，却通过服务内部客户，间接为一线做出了贡献，因此海报上的推介词特别有讲究。它不是一篇普通的先进事迹表扬稿，而是始终都把出发点和落脚点放在服务学生成长上。比如，给学校信息中心的一位干事写推介语，就会把他每天在学生放学、教师下班之后如何仔细检查电教设备这种防患于未然的精神表现出来；也会把他自学成才，主动考取电工资质，并获得不少能力证书等故事展示出来，以体现他把师生的问题作为自己课题的钻研精神。这些荣誉伴随着生动的海报，散布在校园的每个角落，激励着教职工的成长。

这样一来，获得过各种荣誉的支持人员在校园里日渐增多。比如，学校里有“最受学生欢迎的食堂主厨”“最贴心的电教工程师”“最让家长放心的安全卫士”，等等。这些令人尊敬的荣誉称号，让学校的厨师、保安等支持人员也有机会享有特级教师般的荣誉，让他们成为行走在校园里的文化景观，引领着学校的价值导向，也让每个人都看到了向上的可能性。这就是荣誉体系的价值。

如果说薪酬体系起到了“=”的作用，即为员工的辛勤付出支付相应的报酬，那么荣誉体系就像是“>”，即能够让员工感受到一个更好的自己。

用福利体系创造出集体荣誉感

福利体系的内涵是很明确的，就是以劳动保险、医疗保险、生活服务等方式解除员工的后顾之忧，增强员工的安全感。不过，很多组织把福利当成施与员工各种小恩小惠，比如节假日让工会发一些米面粮油，或者给员工发放一些交通补贴，又或者允许员工带薪休假，等等。但不管你给多少，员工都会觉得这些福利是自己应得的，甚至还会去比较，说我闺蜜、我老公公司发的比这多。这就是福利容易被当成保健因素一个最大的原因——它无法产生激励，只能起到保持员工现有工作状态的作用。其实，只要把福利体系这个天然的保健因素也转化为激励因素，就能创造出集体荣誉感。

一些公司把福利项目分成几个等级，分别对应不同的业绩状况。比如，业绩达到多少，可以获得带薪休假多少天；达到多少，可以获得公司的小礼品等。如果一个员工业绩特别优秀，他还可以根据自身业绩，自由选择福利项目中的一个或者几个。这样就成功地把福利项目从保健因素转变成了激励因素。

李希贵把福利体系的设计原则确定为**“个人做不了，而组织竭尽全力有可能做到的事”**。

一方面，这是指学校从日常生活的各个方面来解决老师自己无力解决的后顾之忧。比如，本书第一章第二节提到过，十一学校会组织志愿者帮老师们接孩子，并提供托管服务；学校成立了一支交通救援队，帮助解决老师们在上班路上发生的剐蹭事故；学校为教职工子女开办了幼儿园，打通盟校渠道，让教职工子女可以享受优质的十五年基础教育……每次老师们和外人说起这些福利，就会引发别人的一阵阵感叹，而这无形中又强化了老师们的幸福感和归属感，使他们更有集体荣誉感。

另一方面，这是指学校从个人成长方面为老师们提供学习、培训的机会。许多组织因为设计错位，让员工对各种学习和培训心生厌倦。但实际上，这是对员工个人的投资。如果将其设计为激励因素，就能从某种程度上改善员工的感受，也会带来更好的效果。比如，十一学校联盟学校开发了“青年领导力”培训项目、“中高考命题专业训练营”，只有符合学校培养目标，并且业绩良好的老师才可以参与。这些项目都不是为了培训而培训，而是为了解决老师们日常工作中的痛点，让他们具有核心竞争力。这就把原来作为保健因素的福利设计成了激励因素，从而让大家产生集体荣誉感。

/ 第三节 /

评价体系：要什么评价什么

评价团队，才能形成团队。

变革行进至此，作为领导者的你应该越来越有信心了。你担心的矛盾已经在制度中得到化解，团队开始富有战斗力，每个员工也能在成长全景图上定位自己的现在和未来。但你发现还是有一些让人头疼的现象，比如有的员工会斤斤计较，有的员工不愿意把经验分享给大家，等等。此时，千万不要去埋怨员工。变革进行到这里，你必须系统地思考一下组织中的评价制度了。

也许，你已经习惯了用考核指标来评价员工的业绩，用奖惩办法来规范员工的表现，用末位淘汰来激发员工的工作动力，但现在组织结构变了，评价制度也要做出与之相适应的调整。对一个健康的组织来说，有没有良好的文化环境，有没有不断被激发的内驱力，整个组织的氛围是否充满活力，在很大程度上与评价体系有关。评价体系是最需要牵住的“牛鼻子”，如果太细、太死，就容易引发行为偏差，破坏组织文化。

精确的分数并不等于正确的评价

大多数组织变革不是被别人打败的，而是被自己人打败的，是组织的内耗最终毁灭了自己。

人性的弱点导致绝大部分领导者都喜欢看到下属之间不断竞争，据说那种坐山观虎斗的感觉十分“惬意”。此外，有些传统观念也认为，下属之间的竞争有利于领导加强对他们的掌控。因此，组织内部的评价制度通常是偏向竞争多，鼓励合作少。

李希贵就有过这样的教训。他在山东高密四中当校长时，为了使学校尽快形成良好的校风，他在班级管理的常规评价上下了很大功夫。比如，对班级工作的检查评价实行全覆盖，班主任每天都会收到常规检查扣分的通知书。而这些通知书不仅决定着班主任在班级管理上的业绩，还与班主任的绩效挂钩。可以说，通知书左右着老师们的心态，甚至导致不同班级之间出现了恶性竞争。

再比如，学期末对班级工作进行评价时，以分数论英雄。按照分数，将班级从高到低排名，前几名受到表彰，成为优秀班级，后几名则成为后进班级。这种评价制度看似公平，实际上却助长了老师们对分数的功利心。其实，班级管理是一个复杂、系统的工程，许多工作都是难以用分数来衡量的。

这些实践经验让李希贵感悟到，**精确的分数并不等于正确的评价。**很多组织年末都要从出勤、品德、能力、业绩等维度给员工打分、排名，而且需要打分的项目非常细碎，有的组织还会要求员工向领导者进行面对面的绩效汇报。但你可能发现了，有时最终得分最高的员工不一定是人际关系良好，在大家心中工作业绩最出色的那一个，甚至会出现完全相反的情况。为什么？因为人是一个完整的系统，拆分后的分数看似精确，实际上却并不正确。

迪恩·R. 斯彼德的一句话对李希贵影响很大：世界上有一条重要的管理原则，知道的人并不多，那就是“要什么评价什么”。这句话看起来很简单，在实践中，很多组织却走入了“不要什么却在评价什么”的误区。明明想要的是结果，却把员工的日常行为看得很重。比如，我知道有家保险公司，为了让销售多读书、多学习，就专门建了一间很现代的图书阅览室，要求员工每周打卡三次，并将这与奖惩挂钩。这是不是很奇怪？你希望看到的是销售业绩，为什么非要去评价员工学习打卡的情况呢？

很多学校也是这样，以重视过程管理为名，对老师的备课手册、听课手册、作业批改手册，甚至是学生谈话记录手册进行检查、评分、定级。但问题是，我们办一所学校是为了有这些手册吗？学校校庆时，我们希望仓库里堆满这样的手册来证明教育的成功吗？显然不是。那我们为什么要把这些手册作为评价依据呢？

评价什么才会拥有什么

好的评价制度永远遵循“要什么评价什么”的原则，去实现“目标—过程—结果”的一致性。设计一个评价制度，是为了让员工清晰地知道自己努力的目标，这样既有利于员工不断改进自己的行为，也能让员工朝着组织的目标和方向不断前进。

同时，这条原则也可以反过来说——“评价什么才会拥有什么。”十一学校《行动纲要》里有一条基本原则：“教师的业绩应当始终体现在学生的成长上，除此无他。”这就意味着学校里所有的评价制度，都应该引导教师将行为对齐到“学生成长”这个目标上。

那么，怎样通过评价教师的业绩来实现“学生成长”这个目标呢？我们都知道，教育是一个超长周期的工作，不像企业变现那么快。“十年树木，百年树人”，说的就是这个道理。但从学校的角度来说，不可能等到一百年后再去考核老师的教育成果。于是，一些学校就把考试分数和升学率作为衡量老师业绩的指标。结果，老师们片面追求学生在自己这门学科上的成绩比其他学科高，这一届学生比上一届考得好，然后不断加课时、加作业，甚至进行恶性竞争，最终反而损害了学生的成长。

而在十一学校，虽然学校也很重视中考和高考成绩，但不会唯分数论，学生的成绩只占老师业绩中非常小的一部分。正如前文所讲，绩效工资只占老师薪酬的 15%，而且绩效工资也不完全取决于中考或高考成绩，还依赖于学生德智体美劳学分和参与社团的得分情况。这种制度就避免了老师只看分数而不重视学生的全面成长。

那么，老师带学生取得的竞赛成绩，比如学科竞赛、体育竞赛、艺术竞赛成绩，要不要纳入评价呢？

十一学校认为，竞赛成绩虽然体现了对学生成长的支持，但如果把竞赛成绩纳入对老师的评价指标，老师们就会为了让学生在竞赛中取得好成绩而努力。这种做法不仅会过度消耗学生的精力，也会使其他不参加竞赛的学生获得的关注减少。因此，十一学校的做法是，不把竞赛成绩和老师工资挂钩，而是将其纳入荣誉体系。而且，这个荣誉是年年清零的，不会累加。

既然不唯分数论，也不重视竞赛成绩，那评价老师究竟看什么呢？

十一学校通过对大量成功人士的追踪研究发现，凡是飞得高、走得远的人，在中小学阶段必有一位影响他成长的老师。逆向来想，今天来学校学习的孩子，如果能遇到一位令自己受益终身的老师，其实比他学会多少知识更加重要。所以，在所有影响学生成长的要素中，师生关系是最关键的。“如果老师不喜欢自己的学生，那么他的教育还没有开始，就已经结束了。”构建良好师生关系的主动权在老师手里，而构建的师生关系是否良好，判定方却是学生。换言之，对老师的评价权掌握在学生手里。

那么，学生是怎么评价老师的？靠教育教学诊断指标[1]。每学期，十一学校都会请全体学生按照教育教学诊断指标对老师们做出评价。而这些指标是学校诊断项目组[2]根据学校战略与第三方团队共同协商确定的。从表 3-2 中可以看到，自 2019 年学校全面进入“从教到学”的二次变革后，教育教学诊断指标也随之发生了变化。这些变化都体现了“要什么评价什么”的原则。

表3-2　十一学校教育教学诊断指标变革前后对比

变革前（2014年）	变革后（2019年）
老师能够支持和促进我自主学习	老师不仅关心我的学习，还注重引导我更好地做人做事
老师注重培养我的良好品德和习惯，引导我更好地做人做事	老师注重帮助我确立目标，指导我做好规划
	我在老师心目中有较高的位置

1　虽然是“评价”，但十一学校更愿意把它设计成类似于“体检”的方式，因此叫“诊断”。医院给患者做诊断是为了让患者变得更健康，学校给老师的教育教学做“诊断”是为了看它是否契合学校的育人目标。

2　这是十一学校战略高层委托第三方专业机构进行组织诊断的一种机制。

续表

变革前（2014年）	变革后（2019年）
老师讲课精神饱满，思路清晰	老师善于激发我的学习兴趣
这位老师课堂效率高	老师能够有效地激发我主动思考并解决学习中的问题
老师的课堂教学能有效推动我积极思考和参与	老师在课上、课下提供的学习资源和工具对我很有帮助，我能从中选到适合自己的内容
老师风趣幽默	老师风趣幽默，跟他学习愉快且有收获
这位老师是我本学期最喜欢的老师之一	老师能有效帮助我明确各阶段的学习目标，并有效评估目标的达成度
学科教室营造了我学习本学科知识的氛围	我很喜欢学科教室创设的本学科学习氛围
我在老师心目中有较高的位置	当我的学习态度、策略、方法和效果出现问题时，老师能发现并给予有效指导

说明：

1. 变革后的内容去掉了一些描述比较含糊的条目，增加了对学习的关注，并进行了更加具体的行为描述；

2. 变革后的内容凸显了学校的战略重点，体现了“由教到学”的转变：学习效果不应该仅仅局限于课堂中，还应该打开学生学习的意愿系统；

3. 变革后的内容体现了在“从教到学”的战略背景下，老师由知识给予向引导支撑的转变；

4. 变革后的内容体现了在“从教到学”的战略背景下，为确保课堂转型的品质，学校教育教学目标由“学科能力渗透”向“发展学生关键能力”的转变。

从变革前后诊断指标的迭代中，我们可以推演出目前变革处于什么阶段，以及学校到底追求的是什么，这样就体现了“要什么评价什么”的原则。比如，2014 年，十一学校的变革已经走过了 7 个年头，这时学校倡导“学生自己能学会的，老师不教”“课堂不是老师展示自我才能的地方，而是学生自主学习的地方”。为此，诊断的一项重要指标就是“老师能够支持和促进我自主学习”。而到 2019 年，学校的战略方向已经走向了更加纵深的课堂教学变革，也就是“人人都是育人者”“不育人者无法教书”，把课堂定义为教师用自身的学术素养引导学生学会自主学习，同时在学习过程中不仅关注知识和技能的培养，还注重在做事中做人。因此，这一年的诊断指标中就有一项被改进为“老师注重帮助我确立目标，指导我做好规划”。

用结构化的人的选择来评价

看到这里，你会发现，十一学校进行的工作诊断往往都有一个特征——低利害性。也就是说，评价结果不会那么强烈地影响到老师的收入、晋升和荣誉。你可能会觉得奇怪，评价就是为了分出优劣、激励员工，为什么十一学校反而要降低其利害性呢？

答案很简单：评价的这些作用，十一学校另有方法实现。

我们先回到一个朴素的场景：一个人的行为最容易被什么因素影响？是那些贴在墙上的奖惩指标，还是周围人的舆论、目光和选择呢？

当然是后者。因为奖惩指标是一时的，而周围人的感受以及这种感受累积起来的判断是持续的；奖惩指标是僵化的，而周围人的感受和判断是会不断变动的；根据奖惩指标对一个人做出的评价必然会有所疏漏，而周围人的感受和判断反倒体现了对一个人全面且丰富的评价。**从古至今，最重要、最有效用的评价机制一直是周围**

人的判断，而非明确的指标。只不过在科层结构的组织中，人们都习惯了自上而下的纵向评价与监督机制。在这种机制下，权力的作用变得空前强大，领导者成了决定一个人在组织内命运的最重要因素，也成了最重要的评价者。但事实上，领导者不可能时时刻刻盯着员工，于是就衍生出了各种各样的评价指标体系。

明白了这个道理，你就知道十一学校用什么办法来评价一个人了。一句话，用“结构化的人的选择”来评价人。这句话有两个关键词：“结构化”和“人的选择”。结构化是理性科学的，但做评价和下判断又是从人的感受出发。

所谓“**结构化**”，就是用结构设计重塑组织环境。过去，下级敬畏上级，其实是敬畏上级手里的权力。但是，回顾一下前文讲的内部客户、切分权力链和双向选聘的内容，你就会知道，在十一学校的结构里，不存在这样的问题，人的生存环境也全变了。比如，支持人员不再是可以轻易指挥别人的权力部门的人，他要找到自己的内部客户，要为提高客户满意度而努力。再比如，战略高层，尤其是校长，每年都必须接受全体教职工的信任度投票。如果信任度没达标，就会面临“下岗”的问题。有了这种评价体系，高层就必须理性决策，也不会再随意发号施令了。

你看，这就是重塑结构的威力——不需要煞费苦心地设计评价指标，而是让结构自带评价功能。

再来看“**人的选择**”。一个人的素质和日常工作表现都被周围人看在眼里，之后人们会对他形成各种各样的印象和感受。这些因素看起来柔软，却会在某个时刻变得非常有力。什么时刻？被选择的时刻。在十一学校，“聘任就是最大的评价”。在双向选聘时，一位老师是被多位年级主任争抢，还是频频被拒？这时，评价的刚性后果就会严酷地体现出来。人心是一把尺子。这些情况大家都看在眼里，当事人也都放在心里。这就是“人的选择”的力量。

下面我们通过一个例子，来拆解一下用“结构化的人的选择”来评价人的精巧之处。

十一学校采用的是年级制。每个年级都是一个独立的预算单位，责、权、利匹配。对应到企业，年级就是一个个独立核算的价值中心。通过调动结构的力量和人的力量，十一学校形成了三个机制。

第一，大循环制。在很多学校，往往是年级主任在哪个年级经验最丰富，他就长期待在哪个年级。而十一学校采取的是大循环制，每个年级主任上任都要带三年或者六年，也就是把一届学生从初一一直护送到初三或高三。对于刚上任的年级主任来说，每个学年面对的都是全新的挑战。因此，他肯定非常希望从历届有经验的年级主任和资深教师身上吸取经验，少走弯路。这种跨年级的请教，在十一学校是常态。而这种常态带来的隐性力量是，年级主任有了熟悉、了解更多教师的可能性——他既是在请教，也是在不断物色未来有可能加盟自己团队的老师。

第二，双向选聘制。虽然双向选聘是一个结构安排，但设身处地想想，就知道年级主任的压力有多大。一来，学校每年都要进行双向选聘，年级主任要想从其他年级聘一些老师来弥补缺口，就必须与各个年级的老师都搞好关系，口碑不能差，否则没人愿意来。二来，年级主任不能只顾自己出成绩，因为这样老师们不会同意，毕竟他们得考虑这一届学生毕业后自己会到哪里去。于是，他们自然就把重点放在了每一名学生的成长上，而不是向外看，和他人比。你看，一个双向聘任制的实行，就让老师之间的关系有了建设性的基础。

第三，针对年级的组织诊断机制。诊断内容有很多，有对负责人领导力的诊断，有对组织氛围的诊断，也有对组织效能的诊断。值得一提的是，所有这些诊断都只是帮年级教学质量“查查身体”，有问题就给年级主任提个醒，不与任何绩效、奖励挂钩。这样就把年级主任的目光引向了内部。说白了，就是自己跟自己比，从自己身上找问题，而不是从外部找借口。当然，不排除不同年级间会有比一比、赛一赛的心态。比如，这一届高三考得那么好，高二、高一的年级主任自然会有压力，这很正常。

有了以上三个机制，竞争就不会表现为人际关系上的彼此踩踏，而是会表现为自我激励、自我赶超。这种局面一旦形成，自然就不需要大量的评价指标体系了。

好的结构自带评价

关于评价制度，你还会发现一个普遍存在的现象：很多组织总是到了年末或者工作接近尾声时，才想到要对员工进行评价。这其实是一种事后管理，这时即使发现问题也于事无补了。但如果让结构自带评价，就能把工作做在前面，让每位员工都清晰地知道组织对自己的期待和自己发力的方向。

很多时候，我们习惯于用指标来考核人，而这首先就会导致人际关系紧张。一旦考核结果不如意，就会产生大量内耗，领导者的精力也会被牵扯进各种安慰人、补漏洞的琐事中。相反，如果结构自带评价，就能把人们的善意激发出来，也能给评价双方留出反思、改进的空间，人际关系就会很健康。当组织不跟员工分分计算时，员工自然也不会跟组织斤斤计较。

此外，用指标来考核人，比如用工作年限、论文数量、命题次数等客观指标来评价老师，会导致组织扭曲。很多组织里都有两类隐形人，一类是“穿着闪亮的鞋子却怎么也走不快的人”，他们外表光鲜，学历高，社会荣誉多，但实际精力并没有放在工作上；另一类是资历尚浅，但工作业绩出色、与同事相处和睦的人。在一般的组织结构中，这两类人很难被识别，而如果结构自带评价，他们就很容易被发现。

比如，十一学校有一位年轻的英语教师，如果是在过去，他可能不会受到重视，要花十几年的时间积累资历；但现在，他在教育教学诊断指标的评价中始终保持高位，并且因其个人魅力深受学生欢迎，连续被几位年级主任“疯抢”。很快，他就成长为英语学科主任，带领 80 多人的大团队。你看，在这个过程中，与他的实际成长趋势相符的评价起到了关键作用。

那么，什么样的结构才是自带评价的好结构呢？其实，正如前文提到的，十一学校的组织结构由五部分组成（见图 3-2），每部分都有相应的评价制度，下面我们再从结构自带评价的角度看一下。

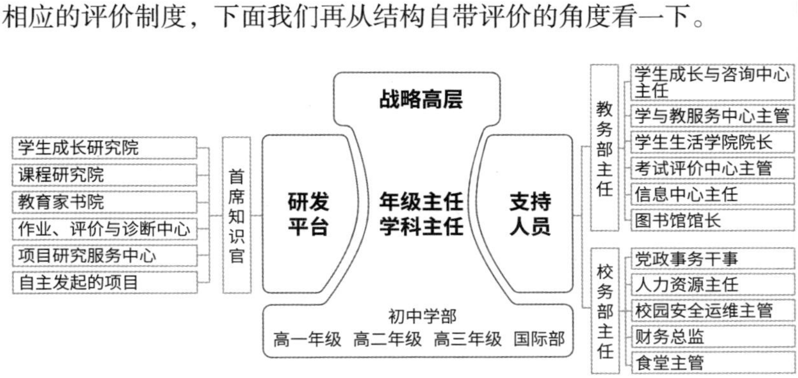

图3-2　十一学校组织结构

先来看右侧的支持人员。我在前文多次强调，支持人员手里掌握着大量的资源，他们的工作定位是要把手里的资源尽可能地输送到产生效益的一线。因此，支持人员需要寻找内部客户并做好服务。那么，对支持人员的评价制度就是客户满意度评价指标。内部客户是否满意，既能体现支持人员有没有把自己的岗位职责做到位，也能让他们在服务中找到真正的价值感。你看，组织只需要引导支持人员做好服务，主动把资源输送到一线，之后，客户满意度评价制度就能实现组织预设的目标，也就是达到“要什么评价什么”。

再来看处于最上方的战略高层。战略高层最重要的任务是做决策，以确保组织持续健康发展。对战略高层的评价制度分为两种：第一种是“分权就是一种评价”，要看治理主体是否合理，权力链切分是否到位，责、权、利是否匹配，以确保决策发生在信息获取最充分的地方。你看，权力链一旦切分到位，就避免了找借口的情况，每一个管理单位既担责又不越权，这样是不是就不需要制订大量的评价指标了？第二种是信任度投票，包括校长在内的校务委员每年都要在教代会上述职并接受信任度投票，没有达到规定票数的将会面临“下岗”。这样一来，有权力的人是不是就不会随意发号施令，在做出任何决策之前都会进行理性评估了？就像李希贵所说，“权力是把传家宝刀，最好不要拔刀出鞘”。

在经历了这样的组织结构调整之后，中层管理者——年级主任和学科主任——的责任是最重大的。支持人员都在为他们服务，人、财、物都在流向一线，那么，一线能不能出效益、产品质量怎么样自然就成了对他们的评价。与此同时，双向选聘时能否吸引优秀教师加入团队，也是对中层管理者的评价。

再来看教育教学一线，也就是图中的初中学部、高一年级、高二年级、高三年级和国际部。对于一线教师，聘任就是最大的评价。同时，薪酬荣誉福利体系也发挥着重要的评价作用。

最后来看一下左侧的研发平台[1]。这一部分的评价制度很容易理解，我们要的是研发平台不断研发出满足用户需求的好产品，所以需要对产品使用的满意度进行评价。比如，在学校里，最重要的产品是课程，那就要从使用者的体验出发，让他们评价产品，而不是评价人。

这么一梳理就很清楚了，确立了结构，再匹配相应的评价制度，这样就让组织结构本身承载了评价功能。而且，这种附着在结构上的评价机制还能把矛盾消化在结构设计、机制调节和组织运行的过程中，最终获得预期的结果。

用组织结构来解决评价问题，还有一个特别的优势，就是有利于形成富有战斗力的团队。你可能常常听到领导者抱怨员工有好资源不拿出来分享，有好经验不贡献给团队。究其原因，就是这些组织评价的是个人绩效，大搞竞争排名，却唯独不鼓励合作。

其实，这个问题从结构的角度很容易解决，那就是：**评价团队，才能形成团队。**

比如，十一学校有近 200 个预算单位，大的预算单位有 80 多人，小的只有五六个人。这么一划分，大大小小的团队就会围绕明年需要多少钱、怎么花这些钱展开讨论。预算通过后，他们就可以自主地过起自己的“小日子”。这也是一种有利于形成团队的方法。再比如，年级是教育教学质量的责任主体，但年级教育教学的质量

1　相关内容会在下一章具体展开。

是靠一个个教研组质量的提升来实现的，因此教研组建设是一个重点。他们有自己的预算，学校和年级层面也经常会组织以教研组为单位的分享，让他们把大家共同的智慧成果在一定的平台上展示出来。这么一来，教研组内部就会彼此毫无保留地分享成功经验，而不会出现单打独斗，守着自己的小窍门不给别人，生怕别人超过自己的现象。

正是因为有这些方法，团队内部的合作，甚至跨团队的合作才成了可能的事。因为大家都知道，把知识和经验贡献出来是对自己最有利的。进一步说，合作文化带来的微笑、从容和善良会成为最重要的教育元素，在日常生活中影响着学生。

综上所述，十一学校用“结构化的人的选择”来评价人这个独特方法有两个要点：**第一，相信人的感受和人的选择的力量；第二，相信组织结构重塑人的力量。**

*

至此，第三章就结束了。这一章的内容是能否给组织装上发动机的关键。在十一学校的组织结构中，还有一部分没有具体讲到，那就是研发平台。而变革行进到此，组织的活力开始爆发，一线的需求开始生长，研发平台将起到不可忽视的作用。

误区1：把素养当作业绩

很多学校会针对教师业绩设计复杂的评价体系，把老师的进修成绩、上公开课的次数、论文发表篇数、是否出版过著作、备课教案等都纳入其中。似乎指标越详尽，评价结果就越科学。

但问题是，一所学校真的需要一位发表过很多论文、经常上公开课的老师吗？如果一位老师教书育人的水平很高，深受学生喜爱，那么他有没有发表过论文重要吗？如果每位老师都只关心自己的学术成果，却对学生的学习进度、心理状况漠不关心，这样的学术成果又有什么意义呢？如果这些都不是我们追求的，那为什么要对此进行评价呢？

在十一学校看来，发表学术论文、上公开课等都属于老师个人专业素养的范畴，而在评价制度的设计上，一定要把素养和业绩区分开。“教师的业绩应当始终体现在学生的成长上，除此无他”，这句话是被写入十一学校《行动纲要》的。它意味着业绩只体现在学生的成长上，而素养只代表老师个人的专业成长。

自我进修、上公开课、发表论文、出版著作等，都属于老师个人素养的提高。对于这些方面的成长，十一学校采用的是由学术委员会负责的学术积分制度。累积到一定的积分，学校就会给老师颁发荣誉奖励，但不与业绩挂钩。这样，老师就不会一味追求发表文章、著书立说，进而忽视老师最本质的价值了。

误区2：注重评价个体，忽视评价团队

目前，大部分组织对员工的评价还是以评价个体为主，而这会引发一种不正常状态：大家虽然在面对面办公，实际上却壁垒森严。在这种评价个体的做法下，每个人的业绩都是在同事之间比较出来的，也就是只有同事的落后才能证明自己的先进。

这种互为竞争对手的管理方式已经无法适应知识经济社会的要求了。我们应该去研究，什么样的奖惩制度能促进员工共同提高，能引导他们毫无保留地把自己的经验拿出来，从而把每个人的经验汇聚成团队的智慧。我们还应该研究，什么样的奖惩制度可以促进岗位之间、部门之间的合作，让大家不计较得失，共同呵护组织价值。

基于这样的认识，在对教师教育教学业绩进行评价时，十一学校提倡评价团队，放弃了对个体的评价。只有这样，才能形成互帮、互助、互信的团队，才能形成不让团队中任何一位老师掉队的组织文化。当然，对于那些缺乏敬业精神，始终不求上进、不思改变的老师，也应该通过给年级主任自主组建团队的权力——聘任——来解决。

误区3：把检查结果用于评价员工业绩

有些组织的员工对领导抱有戒心，甚至每逢领导检查工作就如临大敌，因为这些组织往往会用检查结果评价员工。一次检查工作的结果，就成为对员工一个时期业绩评估，甚至薪酬提升、职位变化的依据。这是典型的混淆检查与评价关系的做法。

在变革时，领导者当然需要投入大量时间深入基层。但检查工作是为了发现问题，并给员工提供适切的指导，而不是把检查结果作为评价员工业绩的依据。

如果领导者以此作为评价员工业绩的依据，那些专门“瞄着鼓点跳舞”的人就会在实际工作中玩花样，把心思花在各种表面工作，而不是工作本身上。这就是很多时候，受到奖励的员工工作业绩却并不尽如人意的原因之一。

CHAPTER FOUR

第四章

研发平台

我们已经知道，当明确了组织产生价值的一线在哪里后，无论是战略高层还是支持人员，都要将手中的权力、资源和精力输送到一线，确保一线价值持续增长，组织效益不断提升。这时，必然会出现一个有意思的现象——一线的需求越得到满足，就会产生越多的需求，于是对持续研发产品的呼声日益高涨。

事实上，一个组织能否不断突破传统、摆脱路径依赖，引入内外智慧，对外界变化和用户需求做出敏捷响应，就看研发平台能否发挥出效用。同时，变革行进到此，要促进组织工作规范化和员工专业化，保障组织运行稳定，也需要研发平台以产品化的方式将各方面的经验沉淀下来。所有这些都告诉我们，研发平台是一个让产品蓬勃生长的地方，它决定着组织的生命力。

研发平台如何运行？主要有三种机制在起作用。第一种叫项目制，这是最基本的机制，组织的任何结构都可以根据一个问题或者挑战发起一个研究项目，促进组织在输出标准化、规范化方面进行更加专业的精进；第二种叫委托制，主要由战略高层发起研究项目，主要目标是确保组织具有核心竞争力；第三种叫第三空间，主要是激活每一个员工的潜力，使其不拘一格地探索和尝试各种产品的可能性，从而促使个人目标与组织目标相结合。

/ 第一节 /

项目制：将人的精力投向一线问题解决

把行动拿出来研究，把研究成果付诸实践。

很多组织都有自己的研发平台，但在实际运行中，大多会出现两种“组织病”。第一，不少组织以设立研发部门或岗位的方式展开研发，因此在实际运作中，这些部门或岗位的人会为了完成既定指标或迎合个人喜好，而不是为了满足用户需求而研发产品。这导致的后果是，部门或岗位一设立，真实需求就被抑制了。第二，看到用户不满意的反馈意见，研发人员的第一反应总是撇清与自己的关系；领导者则会怪研发人员不主动响应需求，或者研发动力不足。其实，出现这两种情况的根本原因在于领导者在产品优劣与研发者个人之间建立了高利害关系。这样一来，研发者的首要关注点自然就是尽可能把自己“摘”出来。

面对这两种“组织病”，十一学校的研发平台非常明确地设定了两条原则：一是**只有产品没有人**，即研发平台不设置专职岗位，人员都是兼任的；二是**只评价产品不评价人**，这样就使产品和研发人员之间形成了低利害关系。

那么，在这两条原则下，十一学校研发平台的三种机制究竟是如何运行的呢？我们先来看看项目制。

项目制的特点

在日常工作中，员工常常会遇到这样几种情况：有些问题反复出现，却一直得不到有效解决；有些问题第一次出现，不知道最优解是什么；还有些问题在这个人手里凭经验解决了，换了另一个人就无从下手……十一学校曾经也面临着这些问题，但他们发现用项目制的方式可以有效解决。

从2007年组织变革伊始，十一学校就以项目制来壮大研发平台的力量。如今，项目制已经是研发平台最常态的研发机制了。

项目不在大小，而在于能够感应一线真实的痛点、麻烦和需求。通常情况下，项目制所研发的内容主要涉及组织各部分工作的规范化及典型问题的专业解决方案。如果有些问题反复出现，研发平台就可以制订出相应的规则、程序，甚至流程，使员工知道如何应对，而不需要每次都请示主管人员或请教他人。

只要是有学校学习经历的人都知道，教学过程中不太起眼却被天天使用的板书就常常成为一线教师的痛点。板书是每位老师都会用到的教学工具，也是师生在学习过程中重要的沟通途径，板书的使用效果更会直接影响课堂教学质量。通常，老师都是根据自身的教学经验琢磨出一套板书写法，而这就导致大家的板书运用水平参差不齐。

在十一学校，作为支持人员的教导处主任看到了板书的重要性，于是向全校发起“板书研究项目”的招标，招募对这个项目感兴趣的老师。很快，来自不同年级的20多位新老教师组成了项目组。

经过两个月的调查研究，这个项目组最终形成了一个产品——板书使用规范。这个产品没有长篇大论，只有几条非常简单的内容：

1. 检查板书字号大小，确定坐在最后一排的学生能看清；

2. 利用黑板上半部分，只有确定后排学生不会被前排学生挡住时，才使用黑板下半部分；

3. 列出上课计划，将要讨论的问题写在黑板上，这样，当你对这些问题做出回答时，学生仍然能够看到问题；

4. 在黑板上写字，背对着学生时，不要再讲课；

5. 尽量课前就在黑板上写好板书内容，以使学生对将要学的内容纲要有个大致了解；

6. 将学生的话写在黑板上；

7. 让学生有机会在黑板上写字；

8. 谨慎使用黑板擦，在擦去学生所说或所写的观点之前，应进一步强调这些观点的价值。

这些经验在许多老师脑海里或多或少都有一些，但既不全面，也不清晰，而经过研发团队的汇总、梳理和提炼，这就成了老师们的工作指南。

类似这样的例子还有很多。它们充分体现了十一学校研发平台项目制的三大特点：

一是问题导向。研究的项目都来自大家在工作中遇到的实际问题，它们有些是老师长期解决不好的，有些是老师过去没有遇到过的，有些则是老师进入发展瓶颈期后遇到的。项目组的成员不需要具备多么高深的理论基础，只需要汇集、梳理、提炼各方的经验，就可以找到解决问题的钥匙。

二是人人可参与。只要这个项目与自己有关，或者自己对这个项目感兴趣，就可以报名参加。这就保证了参与的人都了解情况，也为后面的实施奠定了基础。

三是问题切口小，研究周期短。项目制解决的是老师在工作中遇到的一个个具体问题。因此，所有项目的研究周期不得超过一年。如果遇到需要通过长期研究来解决的问题，项目组就要将其拆分为几个相关的问题，分别进行研究，不搞“大而全”。

简而言之，项目制就是把一线的行动拿出来研究，再把研究成果以产品的方式在一线付诸实践。

项目制的两种运行方式

项目制的运行方式分为两种类型，一类是招投标制，另一类是自主申报制。

在**招投标制**下，组织的五大结构，即战略高层、中层管理者、研发平台、支持人员和教育教学一线都可以成为项目发起主体，并进行招标。他们往往会在采集一线需求后，不定期发布若干个课题项目。投标者既可以是团队，也可以是个人。投标者组成的项目组，需要在规定时间内形成投标书，列明研发规划，一旦中标，即可获得一定数额的启动经费。如果在规定时间内完成产品研发，并经答辩委员会[1]认可、评级，项目组就可获得相应级别的第二笔研发经费。在这个过程中，还会有一个支持性环节——研发平台邀请组织内外的专家进行中期评估，主要是帮助把握方向、给到资源，以便

1　答辩委员会的成员主要是使用方，也就是需求代表。

其更顺利地展开研究，确保项目顺利闭环。当然，如果产品投入使用后，有大量使用者对产品非常满意，还可以再给项目组发放一笔额外的奖励，这样就更能体现只评价产品不评价人的价值了。

由于研发平台没有设立专门的岗位，项目组因应对挑战而集结共创，当项目结束后，他们也因解决方案的完成与落实而自然解散。

前面提到的“板书研究项目组”的操作就属于招投标制。

再比如，每年学校都会提前给教导处一笔研发预算，教导处主任会根据预算，在其管理范围（如学生活动、教学过程中的实际问题、图书的有效利用、实验器材等）之内发布相关的研发项目。

以狂欢节活动为例。每年的最后一天，十一学校会在操场上举行狂欢节活动，并在各个教学楼举行一些有特色的小型活动，全校师生都会参与，共同迎接新一年的到来。不过，这一活动的策划人每年都会变，虽然每一任策划人都会尽力将活动搞得丰富多彩，但他们的偏好和对活动教育意义理解的不同，导致每年的狂欢节活动风格不统一，质量忽高忽低。这时，一个很重要的课题就浮出水面了——如何不因人的变化而影响狂欢节活动教育意义的可延续性和质量的稳定性？什么是狂欢节活动不变的要素和基本原则？如何在遵循基本原则的前提下激发创新思维？这就是前文说到的“问题导向”。

于是，当时的教务处主任发布了“十一学校狂欢节活动要素研究”这一项目。参与投标的有日常就在组织年级活动的团委，也有全校范围内对这个项目感兴趣的人。这就是前面说的“人人可参与”。

之后，有20个人共同组成了项目组，拿到了第一笔研发经费。项目组花了一个学期的时间，研究了历年的狂欢节活动方案，提取了共性要素，并进行了大范围的师生访谈，最后在参与性、互动性、分合型三大原则的基础上，提取出了七大要素（见图4-1）。在结项评定时，答辩委员会对产品进行等级评定，然后发放了第二笔经费。至此，这个招投标项目就闭环了。

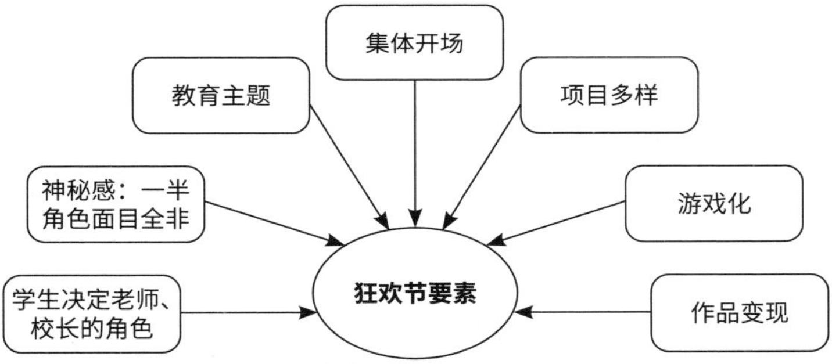

图4-1 十一学校狂欢节活动七大要素

有些重点课题项目，还可以有多个投标者中标。这样既便于集中更多人的智慧，又可以让不同中标团队形成竞合关系，以便产出更优质的产品。比如，关于一年一度开学典礼的项目，采用的就是这种方式。以前，学生们一批批地进校、离校，开学典礼却一直保持着“教职工、学生入场—校领导发言—学生代表发言”的固定模式，毫无新意。于是，教导处主任发布了“开学典礼要素研发”的项目。这个项目吸引了很多人参与，最后有两个团队中标。这两个团队形成了竞合关系，最终他们共同提取出了开学典礼的六大要素（见图4-2）。

图4-2 十一学校开学典礼六大要素

这六大要素被提取出来之后，开学典礼的基本模型就搭建起来了，而每一年的策划团队都可以用自己的方式在里面添砖加瓦。这就同时解决了两个问题：第一，规定基本模型，不规定典礼具体的形式，为策划团队留出了创新的空间；第二，有了基本模型之后，虽然每年的开学典礼由不同的团队策划，但依然能保证典礼在风格和水平上是可延续的、一以贯之的、可预期的。

这之后，开学典礼成了十一学校极具特色又惊喜频出的一个活动，深受全校师生的喜爱和期待。

最近几年，十一学校有些研发项目还尝试面向学生进行招标。学校常常通过“机会榜”向学生发布招标项目，吸引学生研发团队前来投标。以下是一些中标的学生研发项目：

- 为十一学校设计吉祥物；
- 为学生设计新校服；
- 学生影院经营管理方案；
- 开发“名家大师进校园”活动网上选座系统；
- 学生银行管理运营方案。

在招投标制的实施过程中，招标人手里握有预算，他必须敏锐洞悉到用户的需求，然后通过招标这种听起来规格很高的方式激发大家参与。这样既能形成激励机制，又能为组织沉淀知识财富。

除招投标制之外，项目制还有一种运行方式是**自主申报制**。如果招标的那些项目不是自己感兴趣的，老师们还可以主动申报与自身痛点相关的项目。这样一来，许多过去一直解决不好的问题，现在就都变成了值得研究的项目。

我们来看看十一学校的自主申报项目涉及哪些内容：

· 学生天天做操，为什么毕业或成年后没人通过做操锻炼身体？

· 学生喜欢读书，为什么不喜欢语文课？喜欢运动，为什么不喜欢体育课？

· 如何应对那些经常不交作业成绩却很好的学生？

· 在不同年级学生经常犯的错误中，哪些是成长中的必然？

· 在集体中教育是学校的拿手好戏，不在集体中又该如何教育个体？

· 校园欺负发生的时间、地点、管理环节在哪里？

· 如何让教室成为学生喜欢的地方？

……

上述项目都是身处教育教学一线的老师自主申报的。

当然，不只是一线的老师，支持人员也会加入研发队伍。这在以前是很少见的，但变革之后，支持人员总是在研究如何让自己的客户更加满意，于是他们对一线的真实需求了解得更加细致、深入了，进而会以自主申报的方式对工作标准、工作规范、工作流程等进行研究，以整体提升服务一线的能力。

我们来看两个例子。

在新的教学组织方式之下，实验室实验员的工作范围、工作边界都发生了变化。以前，他们只要管好实验设备就可以了，现在则要通过充分调配资源，让实验设备走到师生身边，供他们便捷而安全地使用。当学生们要做一个系列实验时，实验员与老师、学生如何分工才能保证他们既不缺位，又不越俎代庖？这些通常不是一个刚上手的实验员能了解的，因此就需要研发出相应的工作标准和基本规范。此时，经验丰富的实验员就会自主申报这样的项目，跨年级、跨部门地邀请与该内容相关或对此感兴趣的同事一起研究。

如何将图书馆的馆藏图书送到师生身边，尤其是如何将针对某一课程模块的图书资源送到学科教室，同时写明使用方式和规则？这显然不是一个普通的图书馆管理人员能研发的。为此，有对这个领域感兴趣的语言文学老师、人文社科老师、科学学科老师等自主申报了若干个项目。他们有的研究图书资源如何适配不同的课程模块；有的研究不同学科、不同年级，甚至不同个性学生的阅读需求，可以通过什么方式予以满足等。而在这个过程中，图书馆管理员也会成为项目组的一员，这样他们就可以更加敏捷地捕捉到一线的真实想法。

老师或者支持人员申报项目后，学校会组织校内外专家对项目进行审定。一旦通过便可立项，同时学校也会发放启动经费。当然，自主申报的项目也有中期评估、结项等环节，这是为了确保过程与结果的质量。结项时同样会对研发的产品进行等级评定，决定发放经费；之后也会邀请这些产品的使用者进行满意度打分，从而确定奖励。

自主申报制既帮助老师们解决了工作中的痛点，又使参与其中的老师获得了成长和价值感，还使他们得到了经济上的收益。

自主申报制中还存在一种可能，那就是由战略高层、支持人员、中层管理者等不同的主体自主发起，然后他们指定相关人员进入研发平台进行产品研发。

比如，安全管理的流程、学分管理的机制与平台等的研发就是典型的例子。照理说，这些都属于保卫部门、年级和教务部门内部的事。但如果只是将这些工作放在部门内部，大家的工作将会永远靠经验或者靠师父带徒弟的方式解决。相反，如果这些工作可以变得流程化、规范化，进而沉淀成知识产品，那么，无论谁来做都可以达到标准水平。因此，不同的主体都可以自主发起这些项目。这些产品的研发最好以直接从事这项工作的人员为主，吸收相关人员参与。产品研发完成后，交由发起方验收，通过后，即可交付相关部门使用。

由于此类研发都是围绕各自的本职工作进行的，因而初审过关就不需要经费补贴了。但是，一个阶段结束后，可以进行此类产品的评比活动，让一线的使用者评选出“10 大金点子”或者“20 种好方案”，入围者即可获得相应的奖励。

我们发现，采用项目制这种基本机制，最大的好处是可以引导研发人员心里始终装着客户——一线价值中心——的需求。这样一来，他们之间的互动，特别是研发人员主动倾听一线需求就会成为常态，无须组织要求，也不用领导安排，因为只有这样做才有利于他们提高产品研发的成功率和品质。

/ 第二节 /

委托制：确保核心竞争力优势

服务于客户需求，体现组织的社会功能，并有持续迭代空间。

管理大师明茨伯格在《卓有成效的组织》一书中指出，当工作内容明确时，组织就需要考虑工作流程的标准化；当工作结果（即产品或性能）明确时，组织就需要进行输出的标准化；当从事这项工作的要求非常清楚时，组织就有必要对员工的技能进行专业化提升。事实上，项目制可以解决大部分工作流程标准化的问题，也可以解决一部分将员工个人经验转化成知识和技能的问题，而且还能激活每个员工的智慧和动力。但是，明茨伯格所说的输出标准化和技能专业化往往关乎一个组织的战略方向，它需要集聚更专业的人花更长的周期持续研究，通过不断调适、迭代和优化来确保组织始终保有强劲的核心竞争力。这时，散点状的项目制就不适用了。

一个组织的核心竞争力考验着组织的战略决策水平，也决定着组织的发展方向，这应该是战略高层思考最多，并牢牢将之掌握在手中的责任。依靠研发平台的长周期研究，战略高层能够为组织提供更多决策依据，以确保组织的核心竞争力始终具有明显优势。这就产生了研发平台上的又一种重要机制——委托制。

我们先来看看，在十一学校，委托制是怎么产生的。

委托制的起源：自主研修室的故事

前面已经多次提到，十一学校的组织变革是从明确了哪里是一线价值中心开始的。明确这一点之后，整个组织的所有权力和资源都流向教育教学一线，支持老师全力以赴地呵护学生成长。这么一来，为了增进师生交往的频次和品质，班额就变小了，在十一学校，每个教学班最多不超过 24 个人是被写入章程的；紧接着，老师的办公室被取消了，他们的日常办公、教学和答疑都在自己的学科教室进行，而这也大大提升了他们与学生接触、交流的频次；同时，实验楼的器材被搬出来了，图书馆大量的图书直接被摆放进了语文、历史等学科教室，化学、生物等学科教室成了一间间学科博物馆，甚至连仓库都消失了……一切学习资源都出现在离学生学习最近的地方。全校所有场所都成了学习空间，可以供学生自由选择。

这下子，马上就冒出了一些不满足于坐在教室听课的学生。对他们来说，整齐划一的教学进度和学习内容无法满足自己的学习需求。他们向学校提出了自主研修的申请，也就是希望获得自定义学习内容和学习方式的权利。校务委员会研究决定，允许这些学生自修，还为他们提供了专门的空间，支持他们的个性化成长目标。之所以这样做，是因为对这些合理需求的满足符合学校“培养全面而有个性学生”的战略要求。

从此，十一学校高中教学楼四层西侧，就有了一间 410 自主研修室。其实这间教室也没有什么特别的，里面就是几张桌子、几把椅子、几台电脑，还有一些书等，但它在学生心中有着不同寻常的意义。在这里，每个人都有个性化的学习规划，有的在复习下一个单元的内容，有的在拓展学习其他领域的内容，还有的开始了先修大学课程的学习。

但很快问题就来了：越来越多的学生想加入自主研修的行列，一学期结束后，竟有 60 多名学生提出申请。你可能会说，这多好啊，变革成功了。但在李希贵眼里，这是一个风险信号，因为这恰恰说明变革没有让我们的服务对象——学生——真正受益。说白了，就是没有给不一样的学生提供适合的课程产品。

这件事触发校务委员会展开了深度讨论——什么是学校的核心竞争力？这次讨论会上，校务委员会形成共识，确立了课程产品是体现学校核心竞争力的关键之一，而且这些产品绝不能“货已售出，概不负责”或者“循环往复，一成不变”，而是要不断感应使用者的需求，及时调适、校准和优化产品的匹配度，让课程在学生成长过程中发挥不可替代的作用。也就是说，对学校而言，是课程产品区分出了这所学校和那所学校的不同，它们直接传递了一所学校对育人目标的个性化态度和价值追求。既然课程产品体现了学校的核心竞争力，那就需要持续地、长周期地、不间断地研发。

于是，十一学校在研发平台上成立了第一个常设机构——课程研究院，任命了一位有课程视野和全局思维能力，同时学术威望也比较高的老师担任院长。之后，再由这位院长聘请专业团队生产学术性较强的课程产品。这个团队的成员被称为“课程首席”。当然，本着研发平台上“只有产品没有人”“评价产品不评价人”的原则，无论是课程研究院院长还是课程首席，都是兼职的，他们的主要工作仍然是教学。只不过课程研究院给了他们另一个身份，便于他们在研发过程中展开调研、访谈和必要的内外统筹交流，最终还是要根据课程的质量来评价他们的研发工作。

课程研究院成立后，研发平台上很快又有了另一个常设机构——教育家书院。这个机构专门致力于促进教师的专业成长。毋庸置疑，教师也是体现学校核心竞争力的关键之一，教师停止成长，学生的成长也会受到抑制；教师以终身学习为追求，学生就会有无限的可能性。说到底，学校之间的差异，本质上就是由教师队伍的质量决定的。为此，战略高层决定成立教育家书院，并委托其研发支持教师专业成长的课程。在李希贵看来，当一个国家的教育家都是从课堂里走出来的，这个国家的教育就走向成熟了，尊师重教的文化才算真正生根。因此，他希望十一学校能够培育课堂上的教育家，这才是一所具有核心竞争力的学校应有的样子。

除了核心产品和员工的成长，组织诊断也是体现组织核心竞争力的关键。战略高层要确保组织走在健康的轨道上，尤其是要让一线保持动能，产生价值，就必须通过组织诊断来判断自身发展是否走在健康的轨道上，教育教学一线是否达到了业绩标准，持续释放出价值。这个研发工作当然也是长期的、需要迭代的。因此，十一学校的研发平台上又增设了诊断中心，并由战略高层委托其和第三方专业诊断机构一起研发组织诊断系统。

委托制必须关乎核心竞争力

看到这里，你可能发现了，**委托制最大的特点就是关乎组织的核心竞争力。**

世界上那些历史悠久的组织之所以能够传承百年，就是因为它们长期保持着强劲的核心竞争力，并能在外部环境越来越不确定的情况下及时调整自己的应对策略，甚至是富有前瞻性地超前于变化，主动创造出相应的环境和生态，获得成长。从内部组织结构来看，他们靠的就是聚焦核心竞争力。战略高层设定的中长期战略目标要非常明确，然后在研发平台上孵化、培育，这就是委托制的价值。

拥有百年历史的日本任天堂公司从做纸牌起家。对“游戏化”的理解，深深印刻在这家公司的灵魂里。从确立游戏设备上的“十字按键”标准，到定义平台跳跃游戏的一系列范式，再到开启 Will 时代全家参与的家用游戏……虽然这个行业的竞争者都实力强劲，但历经一百多年的考验，业界始终公认任天堂是“世界的主宰”。这就得益于任天堂公司不是跟同行比，而是始终把战略定位在“玩家之心”上，所有员工都以一颗玩家之心在研发平台上持续创造出无数最优解。

十一学校也是如此。他们意识到，学校存在的意义就是培养全面而有个性的人才，而课程作为培养人才最关键的产品，决定着学校的核心竞争力。因此，由战略高层委托研发的课程产品就是研发平台上最重要的项目。

既然是委托制，战略高层就必须向委托方提出“预期结果”的要求，也就是希望看到什么样的结果，达到什么样的水平。具体来说，校务委员会对课程产品的定位提出了“顶天立地”[1]四字方针。就像前面说的，顶天，顶的就是“国家战略”这个天；立地，立的就是“学生成长”这个地。

同时，校务委员会还与受托方课程研究院一起，紧扣“顶天立

1 你可能会有一个疑问：这种对产品的定位是不是学校所特有的？其实不是。所有组织的产品都应该是这样的。一个产品，既要满足掏钱的客户的需求，也要符合国家和社会的需求，也就是都需要“顶天立地”。实际上，这是每一个有长期主义精神的组织都需要考量的问题。战略高层只有站在这个层面提出产品研发的要求，组织才能永葆生命力，组织内的人才会不断精进、成长。

地”，进行了顶层设计，明确了课程产品标准化的三大原则，即丰富、多样、可选择。

厘清了定位，明确了原则，战略高层就完成了“委托”。受托方（即课程研究院）也就了解了战略意图，了解了在研发过程中，课程产品到底需要达到怎样的标准，实现怎样的目标。

我们来看看，课程研究院是如何在这三大原则下，进行课程产品的研发的。

首先是“丰富”。丰富就意味着课程数量多吗？不是。十一学校评定课程是否丰富，看的是对社会领域的覆盖面。一方面，课程体现了国家对人的期望，国家既需要顶尖科学家、文学家、外交家、艺术家、运动员，也需要有各种富有创意、善于创新的人才；另一方面，课程是让学生在走上社会之前，把人生先活一遍，因而它需要是经典社会生活的浓缩。

这样一来，课程研究院就要牵头构建覆盖面广的课程体系，既要有数学、语文、英语、物理、化学、生物、历史、地理、政治、艺术、体育、技术、多语种等门类齐全的学科，也要有能承载学生无限想象力和更多可能性的支持成长的课程，包括职业考察课程、创业课程，还有行业私董会课程，邀请不同行业的校友与学生一起学习。此外，学校里还活跃着 200 多个学生社团和 30 多家学生公司，包括广告公司、电影院线、投资银行、咖啡馆、快递公司等。这些都属于课程研究院研发的范畴。

在这些丰富的课程中，学生可以判断出自己喜欢什么、不喜欢什么，适合什么、不适合什么，从而找到未来的方向。

到目前为止，课程研究院已经研发出了符合十一学校育人理念的课程体系，同时主导着课程迭代和持续改进的进程。十一学校所涉及的学科领域从变革前的 8 个增加到了 12 个，课程从过去的 17 门增加到了 300 多门；同时，必修课大大减少，选修课显著增加。

再来看“多样”。课程的多样，是指课程研究院不仅要按照难度对课程进行分级，还要根据学生的认知特点、学习方式和学习节奏的契合度来规划课程。

表 4-1 是十一学校的一张数学课程门类表，从中可以看到，仅数学这一个学科，课程研究院就研发了 5 门分层必选课程、2 门留学方向的课程和 2 门进阶课程。

表4-1 十一学校高中数学课程的门类

<table>
<tr><th>学科</th><th>课程</th><th>适用学生</th><th>课程类型</th></tr>
<tr><td rowspan="9">数学</td><td>数学I</td><td>让不擅长数学的学生有一段美好的数学学习时光；选择人文与社会方向；达到文科高考的难度；注重基础落实。</td><td rowspan="5">分层必选</td></tr>
<tr><td>数学II</td><td>三年制高中选择工程与经济学方向、有一定学习能力的学生；达到理科高考难度。</td></tr>
<tr><td>数学III</td><td>四年制高中工程与经济学方向、有一定自主学习能力的学生；在国家课程标准的基础上进行适度拓展。</td></tr>
<tr><td>数学IV</td><td>三年制高中数理方向、自主学习习惯和能力较强的学生；对国家课程标准进行较大幅度的内容提升。</td></tr>
<tr><td>数学V</td><td>四年制高中数理方向、酷爱数学、具备较好的数学思维的学生；对初中、高中和大学的内容进行统整。</td></tr>
<tr><td>高中数学</td><td rowspan="2">出国留学方向的学生。</td><td>必选</td></tr>
<tr><td>AP微积分</td><td>自选</td></tr>
<tr><td>微积分</td><td rowspan="2">工程与数理方向，其他对数学感兴趣的学生。</td><td>自选</td></tr>
<tr><td>线性代数</td><td>自选</td></tr>
</table>

其中，数学Ⅳ和数学Ⅴ的课程是上不封顶，可以让学生持续摸高的课程。这些课程让酷爱数学的学生陶醉其中，大呼过瘾。不过，现实中能成为数学家的人肯定是少数，况且还有很多人不喜欢数学，这些学生该怎么办呢？课程研究院研发了数学Ⅰ这个课程产品。这是学生人数最少的课程，一个教学班只有 5 ~ 8 人。在课堂上，老师会对学生进行个别化辅导。因为数学Ⅰ的定位就是让那些学不好数学的学生有一段愉快的学习时光。他们在这里很安全，不会被歧视，也不会有焦虑感。

不过，你可千万别小看了这些孩子。尽管他们数学成绩不好，但将来很可能会成为了不起的人物。他们中有的是乐团首席，有的痴迷于油画创作。十一学校认为，也许他们恰恰是不需要学好数学的。如果拼命加压，让他们一定要学好数学，反而有可能破坏他们的艺术细胞，损害他们的艺术想象力。如果是在过去“大一统”的课程体系里，这样的孩子会很难受。而数学Ⅰ这个课程产品，匹配了他们的学习风格，使得数学老师和他们的关系变得非常融洽。更重要的是，国家也同样需要一批艺术家。

最后再来看看“可选择”。这里的选择包含两层意思。第一层是，学生可以按照自己的个性需求，选择适合自己的课程组合和学习时段。比如，同样是早上第一节课，有的学生选择在最清醒的时候上数学课，有的学生则选择自习。第二层是，课程研究院必须确保虽然每个学生选择了不同的课程组合，但这些组合都能达到国家标准，实现育人目标。也就是说，不同的课程组合都是等值的。

过去，一个班的学生只能共用一张课程表。现在，十一学校有 4500 多名学生，就有 4500 多张课表。甚至连学习习惯很相似的双胞胎，课表也不一样。表 4-2 和表 4-3 是十一学校一对双胞胎学生的课程表，你可以看看，感受一下。

表4-2　初二年级学生曲则全的课程表

上课时间	星期一	星期二	星期三	星期四	星期五
第1节	初中语文	初中英语A	初中数学Ⅲ	初中数学Ⅲ	初中语文
第2节	初中英语A	道德与法治	初中地理	初中英语A	初中数学Ⅲ
第3节	初中物理	初中数学Ⅲ	初中生物	初中语文	
第4节	初中数学Ⅲ		初中英语A	初中物理	初中英语A
第5节					
第6节					
第7节			道德与法治		道德与法治
第8节	初中地理	初中语文	初中基础体育（男）	动漫	初中生物
第9节			初中语文	动漫	

表4-3　初二年级学生曲相如的课程表

上课时间	星期一	星期二	星期三	星期四	星期五
第1节	初中数学ⅡD	初中物理B	初中数学ⅡD	英文原著阅读	初中语文
第2节	初中英语B	初中数学ⅡD	初中历史		初中数学ⅡD

续表

上课时间	星期一	星期二	星期三	星期四	星期五
第3节	初中语文	初中语文	初中基础体育（男）	初中语文	初中英语B
第4节	初中生物B	英文原著阅读	初中物理B	初中数学ⅡD	
第5节					
第6节					
第7节			初中语文		
第8节	初中历史		初中英语B	音乐基础	初中历史
第9节		初中生物B		音乐基础	

可以看到，通过对以上三大原则的约定，战略高层将关乎核心竞争力的产品标准牢牢掌握在自己手里，而受托方课程研究院在遵循这三大原则的过程中，也实现了学校的战略意图。

同样，战略高层需要对教师专业成长的定位与原则，以及组织诊断的定位与原则提出清晰的指向战略的标准，只有这样才算完成了对教育家书院和诊断中心的委托。

建立常设机构的内部运转机制

接受了战略高层的委托，常设机构自然责任重大，他们需要围绕委托方的需求建立合适的运行机制。

我们依然以十一学校的课程研究院为例。要研发出丰富、多样、可选择的几百门课程，靠课程研究院院长一个人肯定是不可能的。课程研究院采用的机制是从各个学科中挑选佼佼者，将其聘为课程首席。重申一下，根据“只有产品没有人”的平台原则，这些课程首席都是兼职的。

在十一学校，课程研究院院长聘请了100多位课程首席。他们在战略高层和课程研究院共同搭建的“分层分类综合特需”[1]课程体系框架下，针对自己研发的课程产品，从调研学生需求、确立课程目标，到细化课程标准、转化学习目标，再到组织教学内容和资源、开发工具，最后研制出不同的评估方式，从而做到对每一个课程产品的质量负责。说白了，课程首席类似于企业里的产品经理。

举个例子。前文提到过十一学校的数学分层必选课分为5门，那怎么确保这5门课程的质量呢？方法就是为每一门课程设立一位课程首席。数学Ⅰ的课程首席要研究的问题包括：

· 那些不擅长数学的学生应该达到怎样的学习标准？

· 在达标的过程中，可以对哪些内容进行重组？

· 在45分钟的课堂时间里，如何用一对一个别化辅导的教学方式让学生获得深度理解？

· ……

1 分层课程通常就是理科类课程，分类课程主要是文史哲类课程，综合课程包括体育和艺术类课程，特需课程主要是学生需要休学一段时间进行专门的创作，不涉及课程首席的工作。

相应地，数学V的课程首席要研究的是：

· 如何满足这些上不封顶的学生的学习需求？

· 哪些内容的组合更具有挑战性？

· 这个层级的课堂教学，通常要采取自主学习的方式，还是采取由学生当老师来讲解的方式？

· ……

总之，“分层”是要令课程的个别化程度更高，让学生投入的精力和取得的效益获得最高的性价比。

再来看看作为综合课程的艺术和体育课。开设综合课程的主要目的并不是让学生学技艺，而是调整和平衡学生的身心发展。比如，艺术课让处在青春期的学生释放了男女生交往的欲望，体育课则给了精力爆棚的学生发泄攻击欲的机会。以体育课为例，课程首席考虑的不仅仅是跑、跳、投之类的技术动作，更重要的是要考虑如何让学生在体育课中完全释放自己的内在能量，从而将自己的个人成长充分融入体育活动中。

有了这些课程首席之后，所有学生的需求都能被洞察、被关怀、被满足，学校的课程体系就有了人的感知、人的判断和人的推动。

看到这里，你可能会有一个疑问：既然这些课程首席都是兼职的，那研发任务会不会影响到他们的本职工作？当然不会。首先，课程首席的研发工作通常是在寒暑假期间封闭起来集中进行的，用李希贵的话来说，“寒暑假就是另一种方式的学习和工作”，所以研发任务基本不会影响到他们的日常教学工作。

其次，研发内容和他们的本职工作是密切相关的。也就是说，如果一位老师平时的工作就是教授数学Ⅰ的课程，那么他作为课程首席研发的也是数学Ⅰ的课程。这样一来，整个研发的过程和成果会令他的研发能力和教学能力都得到提升。

教育家书院的运行也是同样的道理。书院院长依据战略高层明确的定位和原则，聘任一批兼职的“主理人”来研发课程，比如职初教师“站稳讲台”课程、青年教师胜任力课程、成熟教师二次成长课程、名师成长工作室、阅读俱乐部等。这些主理人也相当于产品经理的角色，不断调研用户需求，开发课程产品，并且搭建平台，促进不同发展阶段的老师主动突破自身瓶颈，找到专业发展的新空间。

相较而言，诊断中心的运转略有不同。相同的是，战略高层会在研发平台上常设诊断中心，由专业素养比较高的老师兼任诊断中心主任。同时，主任也会找到那些对诊断与评价非常感兴趣，并且在统计、社会学研究等方面能贡献所长的老师，吸纳他们来组建一支兼职的评估研究团队。不同的是，因为是对组织本身或者对教育教学进行诊断，所以诊断中心不能采用“自己人”模式，而是需要引入一家专业性较强、开放度较高的第三方诊断机构共同参与，并让其独立实施诊断，这样才能保证客观公正，第三方分析的结论也能帮助战略高层做出理性决策。

评价产品，不评价人

尽管委托制是受战略高层委托，在研发平台确立常设机构来展开研发工作，其运转机制也是周而复始常态化展开的，但评价方式依然遵循“只评价产品，不评价人”的原则。一般来说，这种评价分两个层次：一是由同行专家组成的评审委员会进行评审，评审合格后，即可交付一线师生使用；二是在使用一个周期后，由直接使用的师生给出评价结果。这两次不同的评价决定着产品开发者的两次报酬。

以课程研究院为例。首先，课程产品经评审委员会评审合格后，就可以交付使用。只要评审委员会评审过关，课程首席就可以拿到基本报酬（一般不分优良高低）。其次，在使用了一个周期（通常为一个学期）后，直接使用该课程产品的师生会给出“师生学期反馈”。学校会根据这一反馈区分等级，给予课程首席相应等级的报酬。

在整个评价过程中，只针对产品，不针对人。一切与产品本身无关的事项，比如课程首席有没有迟到早退的情况，和领导的关系如何，是资深教师还是新人，等等，都不被纳入评价体系。所以，课程首席不用考量人情世故方面的事情，更不必对领导的喜好察言观色，只需要将全部心力都投入到开发产品上。

我们知道，一旦评价人，人的本能反应就倾向于推脱责任，捍卫个人利益，而研发者的首要关注点也会变成出问题时尽可能地把自己摘出来。这样，用户的难题解决和产品的难点攻克反而会被忽略。只有“评价产品，不评价人”，才能让研发人员始终瞄准人的需求和需求解决方案，研发平台上才会生长出更多需求，研发人员也能安心地尝试开发更多产品。

有一个例子很能说明这种评价机制带给课程首席的工作价值。在十一学校，有一位课程首席研发了一门“流行音乐创作”课程，产品质量不错，好多学生都选了这门课，课程口碑也很好。在传统组织里，想要表扬这位老师，通常会说，“看看这位老师多敬业，他常常加班加点地改进课程细节，还和学生打成一片，大家都要以他为榜样”。但你有没有想过，这样“评价人”虽然是出于好意，但其他课程首席心里会有什么感受？他们心里会嘀咕，“哦，原来在领导心目中，加班加点就是卖力，那我以后也先磨蹭磨蹭再下班”“哦，原来能不能和学生打成一片也是领导很在意的点，那我以后就多讨好下学生”……你看，不管是评价人的哪些方面，都会影响人们的感受，而且会把人们的精力导向产品质量以外的事情上。于是，课程首席们除了加班、讨好学生，还可能会花心思拉拢其他老师给自己打高分，甚至耗时间罗列自己学习了多少资源、阅读了多少资料等，以满足所谓的“敬业”指标，反而不会去关注如何把课程研发得越来越好，越能满足不同学生的不同需求，毕竟不做这些也没什么关系。

但是，一旦将研发平台的原则确定为“评价产品，不评价人”，就会促使课程首席将最多的精力投入到研究如何让课程产品越来越适合学生上。就像这位“流行音乐创作”课的课程首席一样，他时刻关注学生的感受，捕捉学生之间的微妙差异，力求让课程产品与学生需求更加匹配。正是在这种导向下，他发现这样一门“流行音乐创作”课程真满足不了所有学生的需求——学生虽然都喜欢流行音乐，但喜欢的方式是不一样的。其中一名学生想成为作曲家；另一名学生想做音乐制作人，去经营音乐产品；还有一名学生想做音乐媒体人，办杂志、写乐评，经营自己在音乐界的影响力。

发现了“用户”的这些个性化差异，这位课程首席自然就要想办法迭代课程。他将课程分为“通用基础 + 个性化解决”两个模块，在共同的通用基础模块之后，将第二阶段的个性化解决模块分为三个方向，分别是乐感的培养，混音、后期制作等创编内容的学习，以及音乐创作中多元媒体的学习。这三个方向的内容就更好地满足了上述三名同学的需求。

说实话，如果这位课程首席不迭代课程，没有人会说他不好，也没人会说他工作量不够；但他做了，就使这门课程精细到更适合不同特点的学生，更有利于学生潜能发展和个性成长。这就是“评价产品，不评价人”带来的。

不只是音乐课程如此，其实十一学校的其他课程，诸如数学、语文等，也都经历过这种迭代。

最后需要提醒一下的是，虽然委托制产品的研发过程中通常只有课程首席、主理人一个人，但是他们在研发过程中可能会用到其他老师的教学案例或经验。那么，如何将自己的收益合理分配给产品的其他贡献者，也是他们需要考量的事。因为课程首席、主理人如果想要顺利完成产品的研发和迭代，一定要尊重别人的学术贡献，和同事构建起长远的学术关系。

/ 第三节 /

第三空间：
好聚好散的组织机制

永远不要让一个念头轻易消失。

虽然研发平台上看起来“只有产品没有人”，实际上这里却成了人员流动最大、骨干力量高频交汇的地方。当变革促使每个人的精力都投放在解决问题和形成知识产品上时，每个人都能感受到组织的能量正在被释放。但此时，更多的需求也在被唤醒。比如，员工期待组织能创造更多机会激发自己的潜能，组织则意识到单靠对标准化指南的研发和执行，还不足以使自身拥有持久的创新力。这些新需求都对如何进一步激活个体能量，创设更加低门槛、高参与的研发平台运行机制带来了新挑战。而实质上，这种新挑战是对组织变革成功与否的一次深层次考验，即组织目标和个人目标能否双向奔赴。

个人目标的安放

前两节所说的项目制和委托制的确有效促进了组织目标主动融入个人目标，让很多员工感受到为组织效力是能让自己发挥价值的，但与此同时，一个深层次的组织问题——员工的个人目标该如何安放、如何实现——摆在了面前。

你发现没有，尽管变革如火如荼，还是有些员工会游离于变革之外：有些员工的潜能埋藏得很深，没被激发出来；有些员工担心自己的选题难登大雅之堂，或者失败了很没面子，一直没有参与到研发中来……

通常来说，在一个正常运行的组织里，组织目标的意志非常强大，所有人只能为组织目标服务。如果一个人对个人目标谈多了，就会被认为私心重、境界低、缺乏奉献精神。虽然组织会通过愿景、使命和战略规划，试图“同化”个人目标，但从根本上说，这还是想把员工的个人目标收到组织目标麾下。这都很容易让变革的领导者对个人目标“集体失忆”。

针对这一深层次的“组织病”，李希贵想到的解决方案是，借鉴星巴克的“第三空间”。星巴克前 CEO 舒尔茨认为，在家庭和职场两个空间之外，星巴克可以成为人们放松下来聊聊天、自由释放自我的第三空间。在这里，人与人的关系是自由、平等的，既没有职场的等级意识，也没有家里的角色束缚，人们在一种非正式的公共空间里交流，获得文化、精神和环境的最佳体验。

十一学校借鉴了星巴克的理念。学科教室是第一空间，老师在学校的大部分时光都在这里与学生共同度过；年级组、学科组和教研组是第二空间，老师在这里以团队为单位进行日常教研；而第三空间，就是老师们可以自主定义自己的身份，自行安排自己感兴趣的事情，自己决定和哪些志同道合者在一起的地方。在第三空间，所有想法都可以相互交流，没有好坏对错之分。只要有兴趣，每个人都可以在这里尝试。说白了，第三空间有点像组织为员工提供的虚拟咖啡馆，这里发生的一切都与员工原来所在的团队没有关系，也不构成对员工个人的高利害关系，员工可以在这里孵化小创意、尝试新做法。

可以看到，与项目制和委托制主要实现组织目标相比，第三空间更多安放的是个人目标。

事实上，每一个知识型组织都需要提供这样的空间。毕竟，知识工作者的劳动性质充满了探索和创造，如果只有项目制和委托制，容错空间不大，而有了第三空间，即便是高频的失败也有了一个相对安全、没有风险的港湾。这就是为什么谷歌、华为、腾讯等公司都会把较大的预算投入到成功率极低的第三空间研发上。

我到谷歌访问时，一位工程师对我说的一段话让我记忆犹新。他说，“在谷歌，员工做自己喜欢的研究，哪怕跟公司没有关系，也是会被‘奖励’的。这要是换了其他公司，只有得到‘许可’才行”。因此，只有本着“永远不让任何一个念头消失”的理念，组织才能创造出让员工精神与心灵振奋的环境。

好聚好散的组织机制

第三空间的生命力在于好聚好散。有时候，当一个研究项目的成果尚未显现，甚至还只是一个很不成熟的点子时，人们并不希望惊动组织，只希望能有个空间搞点“地下”研究，哪怕只是自娱自乐。在传统的组织中，这通常不被允许，研究人员觉得有风险或者有压力就放弃了。而第三空间的“好聚好散”机制可以化解这种风险，让人们获得安全感。

先来看什么是“好聚”，其核心内容就是“让合适的人同乘一辆车”。

从表面上看，第三空间也是以项目为纽带的，但它与项目制最大的不同在于，第三空间的每一个研究项目都是自发、自觉、自动的“民间”行为。这一点非常重要。我们来看一个案例。

十一学校有条原则——学生社团一律不设指导教师。这是因为社团的价值在于丰富学生的经历，无论是成功还是失败的经历，都对学生的成长有帮助。而一旦设立了指导教师，无形中就会加入教师自己的标准。不过，没有指导教师不意味着放任自流。2015 年，十一学校冒出了几个女权主义社团。女权主义这个领域对教来说比较陌生，且存有大量尚无定论的议题空间，而这就意味着这些社团可能存在潜在风险。几位老师发现了这一问题，他们利用课间不定期地展开探讨。在发现几个人的力量不够之后，他们在研发平台上发布了“对学生女权主义社团管理展开研究”的项目介绍，很快就有其他对这个领域感兴趣的老师加入了研究，国际部一位经验丰富的外籍老师还成了这个团队的咨询顾问。

这是“聚”的一种类型，就是面对一个陌生的领域，大家通过第三空间这个平台找到同道者，一起展开研究。这些人原本可能不太认识，但因为共同的兴趣走到了一起。

“聚”的另一种类型，是彼此比较熟悉，甚至是一起摸爬滚打过的队友，选择一起来到第三空间，希望能静下心来共同梳理、总结自己的经验。比如，刚刚带完高三的几位物理、化学、生物学科的老师自发走到一起，想研究“特长生的成长规律”。他们想通过梳理这一届学生从初一到高三这六年的学习过程，总结出识别学生特长的规律，提炼出帮助学生将特长发展成优势的策略方法。

除了“好聚”，“好散”也是第三空间会吸引人的重要理由。**所谓“好散”，就是任何人的离开都不会受制度或者项目时间、周期等的限制。**如果你感觉收益不大，或者觉得一个项目使自己的工作量增加，导致自己无法兼顾教学和项目研究，又或者仅仅是觉得在这里不爽，你就可以选择离开。当然，你什么时候想回来，也完全取决于你的个人兴趣和团队是否接纳。

打开个人目标的意愿系统

有了“好聚好散”的组织机制，每个人加入的意愿就变得特别重要了。人们加入的首要原因不再是团队的诉求或者战略需要，而是“我喜欢”“我愿意”“这对我很重要”。

变革工具：意愿系统模型

美国著名教育专家马扎诺提出了一个意愿系统模型（见图 4-3）。无论是孩子学习，还是成人工作，都是一次次的自我确认过程。也就是说，在一项新任务面前，一个人的自我系统决定是否介入，他会问自己三个问题——这件事我喜不喜欢？对我重不重要？我能不能干成？如果回答是否定的，他就会继续现在的行为；如果回答是肯定的，他就会主动设定目标，并形成一整套完成新任务的方法和策略。

这个模型也可以成为自我评估工具。当组织发出一个任务或者要举办一个活动，无论是面对内部员工，还是外部客户，都可以用这个模型进行自测，判断一下对方是否会有意愿参与，我们给的动力是否有足够的吸引力，以便让他们放弃手头正在做的事，投入到更感兴趣、更愿意参与的任务之中。

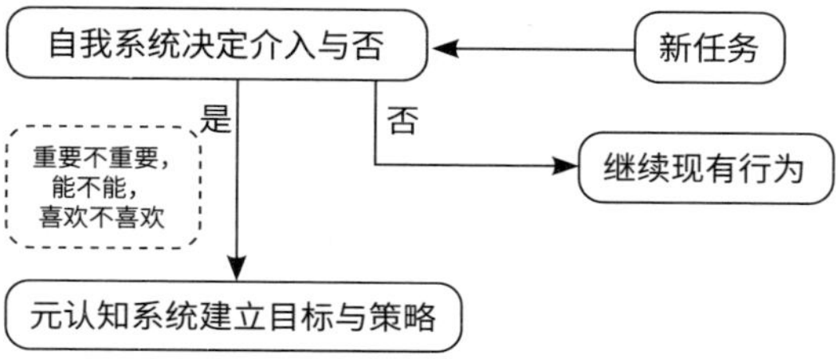

图4-3　马扎诺的意愿系统模型

其实，第三空间恰恰让人的意愿系统得以放大，喜欢、愿意、对自己重要成为最关键的因素。如果一个人选择参与项目制或者委托制下的研究项目，那他多半是冲着解决组织面对的某个具体挑战而来的；如果一个人选择参与第三空间的研究项目，那他主要是对研究内容和志同道合的人感兴趣。

当然，在此之外，他还可能怀有其他“小心思”。在十一学校的实践中，李希贵校长提取了两种很容易被忽视的“小心思”。

第一种是**避短心态**。

李希贵校长遇到过一个真实的案例。由于幼年的经历和遗传因素，一位中年女教师口头表达能力欠佳。这让她有点苦恼，她不知道如何让自己的课堂像其他同事的一样生动有趣，尤其是到了这个年龄，她正面临着高级职称评聘的挑战，而直接影响职称晋升的各级优质课评选往往都要求老师具备流畅的口头表达能力。她做过无数次努力，但一直无法弥补先天的缺陷。有了第三空间的机制后，她开始思考，既然自己不会改变职业，那么就要换一个努力的方向。和几位同事商议过后，一个以课堂学习设计为探索方向的研究团队成立了，一批有着同样心结的老师，开始共同探讨如何围绕学生的学习来设计、展开老师无须多讲的课堂。

2019年，95岁的查理·芒格对他公司的股民说，“我们能成功，不是因为我们善于解决难题，而是因为我们善于远离难题，只找简单的事做”。其实，这就跟那位中年女教师做的一样，就是避开不擅长的起步。这就是第三空间的优势。项目制和委托制都必须解决组织所面临的挑战，在这样的前提下，当然能集结一部分擅长解决问题的人，但与此同时，那些不擅长解决此类问题的人就被组织隔离在外。而现在，这些人都可以到第三空间，从自身擅长的地方开始探索。这样，他们就找到了自身的价值，其研究成果也可以为组织所用。

事实上，这个“课堂学习设计”研究小组后来有了重大发现，他们从自身的差异推及学生，发现情况同样如此。不是所有学生都习惯靠耳朵学习，有些学生更喜欢通过嘴巴来学习新知、讨论问题；有些学生更多地靠视觉学习，他们更愿意看图文并茂的文本；还有些学生更习惯通过动手做来理解学习的内容。弄清楚了这些，这个研究小组的老师们就开始专注于学习路径和学习方式的个别化差异研究，进而推动了课堂结构的重大改变。

与避短心态相比，第二种小心思比较隐蔽，叫**“放不下身段”**。这样的员工人际关系很好，内心有参与研发的意愿，但如果等着他主动来参加，他会有各种各样的顾虑，不一定来。这种情况下，第三空间研发团队的负责人就要善于给足面子，主动邀请他莅临。为什么要主动邀请他来，并且是“莅临”呢？

凡是有过项目研究经历的人都会有这样的感受：如果团队负责

人学术能力很强，是组织中某一领域的骨干，那么他对团队的管理就会高标准、严要求，不仅会把对自己的要求附加到团队成员身上，还会不自觉地招募和自己很像的人。由于项目制和委托制必须对结果负责，所以我们在组建团队时往往会忽略角色的互补，强强联手成了基本取向。这样一来，组织中有些人就会被边缘化，而这些人往往是人际关系还不错，跟谁都能谈得来的人。他们的问题是手里不太出活儿，专业能力不强。如果长期被边缘化，这些人就有可能把自己原本擅长的人际关系技能转向负面。

第三空间对研究结果的紧迫性要求并不高，于是就有了规避这些问题的可能性。“团队角色手掌图”这个工具（见图 4-4）其实就在有意识地引导研究团队吸引不同特点的人加入，尤其是邀请喜欢赞美的人莅临。因为一个研究团队里，大家不能仅仅通过外在的激励（如奖金、得奖）获得动力，也不能总是等到研究结题的总结会上才收获认可。如果团队里有喜欢传递赞美的成员，让赞美随时发生在研究过程中，无疑会使团队获得持续的肯定和鼓励，而这将进一步转化为大家的内驱力。

图4-4 团队角色手掌图

变革工具：团队角色手掌图

这是一个能够帮助分析团队中角色分工是否合理的工具。一般来说，一个小团队里的成员就像五根手指那样有所分工，既要有团队领导者、战术落地者、特别会协同合作的人、擅长内外部关系构建和信息传递的人，也要有常常被忽略的赞美者。通常情况下，我们更愿意用“监督者”，这样能保障任务进展的质量，而总是觉得赞美者不实在。事实上，团队中需要有赞美者，也许他们的专业技能不是最一流的，但他们的赞美可以激励人，可以帮助团队传递正能量，同时他们也容易在团队中产生归属感和价值感。

喜欢赞美的人不一定学术水平有多高，有时候恰恰相反，正是因为学术水平有所欠缺，他们才能特别真诚地发现别人拥有的能力与自身需求的契合之处，再加上他们拥有良好的人际关系技能，他们在真诚、友善、无私中传递的赞美往往容易成为团队的兴奋剂，不仅能让研究坚持下去，更能像黏合剂那样让团队成为团队。

这个洞察源于李希贵初任校长时读过的一本书——《掌握人性的管理》。书中都是美国化妆品玫琳凯公司创始人玛丽凯给读者的忠告，字里行间都传递着自己成功的要诀——赞美。

成功往往与赞美密不可分。因此，十一学校经常会在研发平台设计一些非正式场景，让第三空间的研究团队也有阶段性分享的机会，其本意就是让团队负责人有意识地安排赞美者登上讲台，请他们讲一讲项目组里发生的故事。

自己决定美丽的标准

遵循人的意愿系统，又让不同需要和诉求的人好聚好散，这就使得第三空间成了人们的心之所向，在这里，大家可以**自己决定美丽的标准**。

员工为一个组织效力的基本诉求无非两点，要么看见利益，要么看见成长。在第三空间，虽然不像在项目制和委托制那样能获得物质利益，但却能满足个体对成长的多元化需求。这是它有足够吸引力的原因。而在第三空间里，之所以提出每一位员工可以自己决定美丽的标准，是因为每个人的潜能、禀赋、爱好、追求千差万别，每个人不一样的价值观会影响自己未来的样子。在第三空间，虽然没什么经费投入，甚至研究出来的成果也多半处于自产自销状态，但只要有第三空间存在，就可以激发老师们内心的渴望——每个人内心深处都隐藏着这样的渴望，它们不时闪烁，若隐若现，如果没有外力的推动，就会转瞬即逝。

有了第三空间机制，每个人都在按照自己内心的意愿和节奏定义着美丽的标准。比如，有的老师尝试斜杠工作模式，在几个领域同时探索新的可能性；有的老师走上管理岗位后发现自己很不适合，在第三空间，他就可以尝试找到更适合自己的专业领域，一旦确定并决定退出管理岗位，学校会为他铺设好台阶，让他光彩地在管理岗位谢幕；有的老师希望尝试跨学科教学，经过第三空间的孵化，他可以在非专业学科领域小试锋芒，最终成为可以胜任两门学科教学的老师；等等。

无论组织里的成员有什么梦想，都可以在第三空间自己定义美丽的标准，为自己的成长道路做必要的探测。

个人目标与组织目标的融合

说到这里，你可能会想，看上去好聚好散的第三空间，真的只是用来满足个人目标的实现，而不关心组织目标的达成吗？来看一个案例你就明白了。

2021 年，教育部提出“双减”（减负担、减作业）政策后，很多学校都迅速响应，但大多数学校采取的办法是做减法，有的不留家庭作业了，有的量化了负担指标等，但在十一学校看来，这些都是治标不治本的策略。国家提出“双减”政策的真正目的在于激发学生学习的内在动力，不让学生的精力耗费在无效的重复训练和繁重的课外补习上。基于这样的认识，十一学校认为这是学校“从教走向学”（从老师教走向学生学）战略背景下的大好机遇。为此，学校战略高层采用委托制的方式在研发平台上成立了四大中心，即作业设计中心、考试命题研制中心、学习诊断分析中心和课例研究中心，专门研究这四个与学生学习休戚相关的领域，实现“创造适合每一位学生发展的教育”。

而这四个中心有一段共同的成长历程——它们都“出生”在第三空间。也就是说，这四个中心的源头，都是对布置作业或者出题等感兴趣的几位老师聚合在一起组成的“民间”小组织。比如，课例研究中心的源头就是前面提到的“课堂学习设计”小组。之后，由于这些小组研发的产品广受欢迎，它们的研究团队不断壮大，研究范围也不断扩大，能不断感应一线教育教学的实际需求。于是，它们申报了学校项目，获得了更大的经费支持。随着教育形势的变化和学校发展的战略重点转移，这些领域的研究变得越发重要。2021 年，它们终于上升为委托制战略项目。

值得注意的是，这四个中心的负责人依然是当年那些“民间”组织的发起者，他们依然只是普普通通的教师。即便是在具体的研究中心，他们也还是以兼职的身份带领团队展开研究，只不过肩上的责任更重了。当然，他们每个人都充满了内在动力，因为这一路上，他们不仅收获了研究成果，还取得了个人成长上的突破，摆脱了路径依赖，而且其个人目标与组织的战略紧紧融合在了一起。

由此可见，第三空间不是靠行政指令让员工一定要为组织效力，而是设计出一套帮助员工成长和成功的机制，最终实现“将个人目标提升到组织目标”的目的。李希贵把这种机制的初心称为组织的“第三种使命”。这也是一个面向未来的知识型组织必须要去思考和实践的命题。

/ 第四节 /

知识管理：将个体经验转化为组织智慧

组织最大的浪费就是经验的浪费。

无论是项目制、委托制还是第三空间制度，都让组织中每一个人的精力集中到了一线需求的满足和一线问题的解决上，而且是以研发知识产品的方式进行的。这就是知识型组织的特征——知识已经成为超越人、财、物的最重要的组织资产。通过知识产品的研发给组织带来的业绩，已大大超过任何传统投入带来的业绩；同时，整个研发过程又将员工个体经验不断萃取为组织的共享知识，实现了员工与组织的共同成长。但这又带来了一个新问题——组织中的人和知识能不能有效匹配？也就是说，这些知识产品能不能及时对应到相关人员要解决的问题上？不仅如此，这些知识产品还要达到一定的数量，毕竟少了解决不了问题，多了又会增加识别难度。所以，组织需要进行知识管理。

首席知识官是知识管理的枢纽

要进行知识管理并不容易，因为组织里的知识大多是隐性的、默会的。在传统组织中，知识管理不是核心职能，无法与财务、市场营销、人力资源、供应链管理等业务职能相提并论。组织通常会让能人来管理上述核心业务职能，但不太可能任命首席知识官，甚至大部分组织里都看不到知识管理的踪影。可事实上，知识存在于组织的每一个角落。当我们需要在所有核心业务职能之间建立联系，并及时将个人经验有效转化为知识时，组织的竞争力方能显现，而这时首席知识官将发挥越来越重要的作用。

我是从 2014 年开始担任北京十一学校战略咨询顾问的，今天想来算是兼任了一段时间十一学校首席知识官的角色，探索出了一些这个角色的工作规律。大部分时候，我的工作就是探索首席知识官如何在组织中发挥作用。我们知道，生产知识产品的过程与传统制造业是完全不同的，没有标准的流水线，没有随时可以补充的原料，产品也没有合同约定的用户，因此只能摸着石头过河。在最初的摸索阶段，有一件事对后来我们确立首席知识官如何进行知识管理产生了很大的影响。

所有组织都会面临这样一个挑战：怎么让新员工尽快上手？在学校里，就是怎么才能让刚入职的青年教师迅速胜任教学工作？

针对这个挑战，我和十一学校负责教师专业成长的教育家书院院长做了一系列尝试。我们没有采用传统的专家讲座或者推荐阅读的方式，而是先组织新教师把自己搞不定的难题列出来，比如：一节课讲不完预计的内容，总是拖堂怎么办？学生注意力不集中怎么办？学生不交作业怎么办？管不住纪律课堂怎么办？……老师们一下子列出了 60 多个问题。然后，大家对这些问题进行筛选、归类，最终确立了 20 个常见问题。这个问题清单是青年教师自己产生的，不是别人强加给他们的，所以他们非常迫切地想获得解决方案。

接下来，我们给青年教师发放了面额为 200 的“求教券”，即虚拟货币。青年教师可以拿着“求教券”在全校范围内预约“师父”求教。请注意，这里的师父不是指初入职场时组织指定的有经验的带教师父，而是指在某个具体问题上的行家里手。当然，同一个棘手问题，也可以求教多位师父。

通过这样的方式，青年教师找到了解决问题的出口。而对被预约的师父来说，这种做法同样意义重大。如果只是告诉他们平时要注意积累，把自己的经验写下来，他们可能不会有太高的热情，或者一忙就把这件事搁置了。但是，让他们直接面对瞪大了眼睛来请教的青年教师，他们分享的动力就会被激发出来。为了能真正帮到青年教师，拿到具体问题后，师父们往往会认真备课，把自己经验中的“干货”提炼出来耐心讲解。

青年教师把师父们口述的方法记录下来，整理成文。经过师父确认后，他们就拿到自己的课堂上去试。效果好的，他们会查找全世界范围内的文献，为这些经验找到理论依据或者同类实践依据；效果一般的，他们会再找师父深入交流、反复追问、持续改进。

经过一个学期的打磨，这些青年教师围绕 20 个常见问题，萃取了近百位师父的六七十套解决方案。而作为首席知识官的我又与相关出版社联系，将这些经验正式出版，这就是《初职教师 20 个怎么办》。有意思的是，这本书又成了此后每年新入职教师的培训教材，而且由于每年新入职教师面临的挑战略有差异，这本书在校内的培训版本会每三年迭代一次。

就这样，一批批青年教师通过“求教券”解决了自己职业初期的难点问题，还意料之外地激发了一批批老教师的二次成长。很多老教师都是第一次成为师父，正儿八经地接受访谈，分享自己的经验。不仅如此，看到自己的实践成果在同事的课堂上被不断使用，还被整理成文，出版成书，他们也获得了价值感。

这件事让我们尝到了甜头，我们还由此总结出了首席知识官进行知识管理时要做的三件最重要的事：

第一，善于捕捉各种有价值的信息，发现经验的矿藏在哪里。“求教”这个案例就是挖掘了成熟教师的经验宝藏。

第二，善于联手不同的专业人员，对个体经验进行开采与打磨，使之变为流程、规范、原则、制度，甚至变为诀窍或解决方案。换句话说，就是将知识“生产”出来。在“求教”这个案例中，作为首席知识官，我联手了教育家书院的院长和不同学科领域的打磨高手，共同将大家的经验转化成了可以实践的解决方案。

第三，善于搭建流通机制，把知识输送到有需求的人那里，实现人与知识的匹配。比如，把“求教”这个案例的成果结集成书，不仅让十一学校的老师能够受益，还让这些经验走出校门，成了中国师范教育的辅助资源。

总的来说，**一个组织的首席知识官既承担着知识探测、开发、打磨、转化、传播的责任，也肩负着将个人经验沉淀为组织知识的使命，是知识管理的重要枢纽。**

知识产品化的15字口诀

一个组织要真正成为学习型组织有很多标志。但是，只要员工的大部分经验无法成为组织的共同财富，就不能说它是学习型组织。从现实情况来看，**组织中最大的浪费就是经验的浪费。**

有了青年教师求教的案例后，我们越来越相信每一位教师都是一座经验富矿，需要通过类似于知识生产车间的方式把这些富矿开采出来，让组织中的每个人受益。这就叫“知识产品化”。经过一次次的研究，我们把知识产品化过程设计成沙漏模型（见图4-5）。

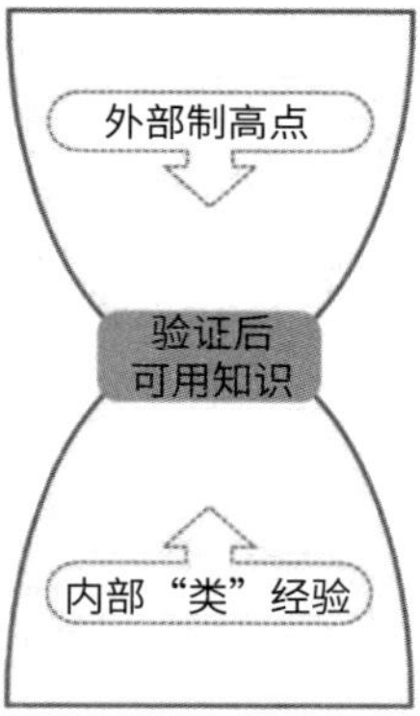

图4-5 十一学校知识生产的沙漏模型

变革工具：知识生产沙漏模型

知识生产的沙漏模型可以用15字口诀来表述——“**左右看一眼，高处学一层，同类再验证**”。所谓“左右看一眼”，就是在组织内部，找到正在攻克挑战的同事或团队，采取拿来主义，先把他们的经验都拿过来。然后“高处学一层”，就是寻找组织外部这一领域的领先者，收集制高点的研究成果。搜集到的所有经验或成果都是提炼知识的开始，知识管理者必须通过汇总、梳理、归类、分析，将其转化为可以用于各种场景的知识产品。这之后，就需要“同类再验证”，将形成的系列性操作方法和策略推演到同样类型的问题解决、同样情景的挑战处理之中，看看这些方法和策略是不是具有普遍价值。这样，当一块块经过验证的“金子”日渐增多，并能被大家随时获取和灵活运用时，沉淀下的组织智慧也就越来越丰富了。

有了这个模型后，经验的开采、知识的萃取和智慧的转化就顺畅了。比如，十一学校特别重视师生关系的构建。而每年初一新生入学，很多青年教师会遇到一个犯难的挑战，就是如何才能在最短的时间内与新生建立良好的关系。对此，我们按照沙漏模型“制作”了一个知识产品。

我们先是对有经验的老师和刚升入初二年级的学生进行调研，收集了许多相关的经验。有的老师在雪糕棍上写上班级里学生的名字，然后在课堂内外，找各种机会用抽签的方式与学生产生联结；有的老师会在开学第一周特别加强各科作业的面批环节，通过与学生的一对一交流，让彼此更加了解；还有一位老师发明了“一句话关注法”，在开学后的头两周，他每天都会问自己“今天，我还欠谁一句话”，以此来督促自己尽可能关照到自己三个班的 69 名学生。

有了组织内部的同类经验，我们又去寻找制高点，从积极心理学到经典教学策略，收集了很多研究成果。之后，我们将这些经验和研究成果整合、打磨成了一系列方法，让青年教师在实践中使用。两周后，他们将效果好的方法反馈给我们，我们又将这些内容转化成了知识产品——“让初一新生喜欢你的 20 个技能”。

当然，这个沙漏模型也可以倒过来使用。比如，十一学校实行选课走班的教学组织形式后，学校对每一名学生自主学习的要求更高了，而要做到这一点，是否具有独立思考问题的能力就成了学生面临的重要挑战。于是，我们先在世界范围内寻找此类研究成果，找到了“帮助学生独立思考的 60 种方法”。然后，我们把这 60 种方法作为脚手架，到学校内部搜寻案例。经过一个学期的收集、整理，我们不仅在每一种方法下配上了以教师名字命名的有效案例，还对“拿来”的方法进行了改造与丰富，最终形成了一个知识产品——“十一学校学生独立思考能力培育的 60 种策略与实践案例”。

用沙漏模型将个体经验转化为组织知识并完成知识产品化的过程，还隐含着一条线索，就是必须解决所有知识从“知其然”到“知其所以然”，再到“知其如何为之”的过程。缺了同类经验的印证，知识转化的普适性就会降低；缺了制高点的嫁接，知识的智慧能级就无法提升。李希贵认为，**在组织中，知识使用者越多，知识裂变的程度就越高，组织的能量也就越强大。**

构建个体节点的信息网络

知识产品化绝不能仅靠组织内的“经验炖经验”，在沙漏模型中，难点在于寻找外部制高点。因此，首席知识官必须竭尽全力调配各种资源，建立起能便捷地与制高点产生连接的信息与知识网络。这需要点对点连接。也就是说，只有当组织中的每一个员工都有广泛的节点（连接点），每一个正式或非正式的学术团队都有足够数量的外部基地时，这种信息与知识网络才能真的成为一个知识型组织的实际支撑。不过，不同部门、不同发展阶段的员工对节点的要求有所不同，而首席知识官要做的就是提供更多的节点供员工选择。

还是以十一学校为例。许多朋友很好奇，这所学校为什么在国外结交了那么多姊妹学校，在国内却不这么做呢？其实，国内国外两种做法貌似相反，目的却完全相同。与很多国家的“制高点”学校建立姊妹关系，正是十一学校在为各个学科的老师建立节点服务的基地。毕竟，只有建立起“姊妹学校”这样相对固定的节点，老师才可以长期与全世界的优秀同行，特别是各学科方面的高手教师保持深度交流和密切合作，否则这种交流和合作就无法持续。

但是，对国内各个省市的学校，十一学校一律采取“等距离交往”的策略，也就是说和每一所学校关系都很好。众所周知，同一区域的优质学校之间往往存在这样那样的龃龉。一旦十一学校与某一所学校建立了联盟，就势必会影响与其他同类学校的交往质量。在“等距离交往”策略下，十一学校与各所学校建立了相对固定的联络员制度。这样一来，不仅彼此之间的交流网络可以稳定下来，十一学校还可以根据研究主题和领域的不同，在国内不同类型的学校中发现能为我所用的智慧。

想要帮助员工找到外部制高点，除了可以与行业中的优秀组织建立起信息与知识网络，还有一条很重要的途径，就是与国内外的出版机构和培训机构合作。对此，你可能会觉得有点疑惑：为什么学校不把更多精力花在与高校或研究机构的教授进行定点合作上，而是选择与出版机构或培训机构合作呢？主要是因为工作性质不同：高校或研究机构的教授通常把精力放在某个分支领域的创新上；而出版机构或培训机构在综合性和敏感度上更胜一筹，他们不仅能告诉老师制高点在哪里，还有生产知识的冲动，很容易与十一学校知识生产车间的方式一拍即合——双方都有利益，所以双方都有动力。

比如，经过多年努力，我们与美国大型教育类专业协会 ASCD（美国督导与课程开发协会）取得了长期合作。ASCD 旨在“通过优秀的教育研究成果产出和学术交流，来促进学生学习，提升教师教学水平，优化学校领导和课堂管理，持续推动学校课程理论和教学实践的发展与变革”。现在，它旗下还有专业的出版机构和咨询机构，而其出版业务的运作方式特别有意思。它云集了全球教育领域最顶尖的专家、学者和畅销书作者，每年都会以年会的方式评选谁最受教育工作者欢迎，谁的理论是教育的风向标。通过与 ASCD 合作，我们找到了向全球教育制高点学习的最短路径。

与国内外不同的学校、出版集团、研究机构，甚至一些顶级学术论坛等建立广泛的连接，能帮助组织建立起知识原料仓库，便于组织内部类经验与外部制高点产生便捷的联通，提高知识生产的效率。同时，如果组织中每一位员工都能有意识地生长出这样的网络节点，就会加速知识的使用，提高知识裂变的程度，组织的能量就会越来越强大。

让知识产品流通起来

现在，知识产品越来越多，但你可能还是会说：这并没有实现本节开篇所说的人和知识的匹配呀？这些知识产品能否成为及时雨，帮到相关人员呢？解决这个问题的关键是让知识产品流通起来。

想要让知识产品流通起来，需要满足两个条件：一是确保流通的产品取之于民，用之于民。这个前面已经解决了，所有知识产品都是从员工的经验中萃取而来的，而且都针对性地解决了具体的挑战和问题。二是需要设计流通机制。只有流通起来的知识产品才能得到认可和重视，进而产生价值。所以，搭建各种平台，让知识产品高频流通，就是首席知识官需要协同组织中的知识管理者共同完成的重要任务。

其实，在我加入十一学校之前，十一学校就已经有了知识管理的雏形。那时，教师学术积分管理办法就是一种知识管理机制，不过这种机制的缺陷是没法将知识产品化。虽然定期奖励也能激励教师破解难题，但这样得出的知识只是数量上的单向累积。看起来组织有不少“资产”，可这些“资产”并未给组织创造出更多的财富。

后来，我们从学生创意产品交易会的运作方式中获得启发，将每年 8 月 26 日的教师学术年会改造成了知识产品的校园交易会。

以 2019 年的教师学术年会为例，500 多名教职工中，每个人都有自己用来交易的知识产品。语文老师有“20 个有意思的学习任务设计方案”；数学老师有“粗心背后的 8 大成因及有效改进策略”；年级主任们则针对从初一到高三每个年级的学生必然会经历的烦恼，形成了“10 大成长烦恼及其解决方案”。对了，连门卫都有“识别校园安全隐患的 8 种策略”。

整个年会上，有 600 多张知识海报，但凡有任何一点感悟、一点收获、一点技巧，老师就可以通过一张海报将其提炼、推出；有 60 多个圆桌主题分享，凡是有同样研究主题的老师，都可以围绕一些经验或者困惑展开讨论；有 30 多场新手老师发布会，专门为入职不超过 3 年的年轻老师搭建舞台；最后还有 5 场主论坛。

主论坛是年会的高潮部分，因为年会开始前，没人知道谁会上主论坛。在整个年会进行的过程中，老师们通过虚拟货币为心仪的知识产品打赏，同时购买自己需要的知识产品，而打赏和购买量排在前 20 名的老师可以上主论坛分享自己在知识生产过程中的体会。每年的这个时候都是大家最期待的时刻，也是让管理者触动最深的时刻。因为我们发现，连续几年，排在前 20 名的至少有 1/3 都是平时默默无闻、不显山不露水的老师，他们的知识产品具体而深入，实用且适用范围广。对被购买了产品的老师来说，虚拟货币就是真金白银，他们可以在会后兑换成现金。这是对老师知识产品价值最大的肯定。

这样的成效坚定了我们办教师学术年会的初衷，它不再仅仅是部分优秀老师的秀场，而是变成了供需平衡的学术市场。是的，市场的力量常常比行政力量来得更加自然、真实、有效。它让每个人既成了知识产品的分享者，又成了知识产品的受益者。

不只是一年一度的教师学术年会，现在的十一学校，每天下午四点半以后，都会有各种各样的教师分享活动，规模从几个人、几十人到上百人不等。这些活动都没有任何行政色彩，均为“民间”组织，全属自愿参与，来去自由。当然，这样的机制给组织活动和分享的老师带来了很大的压力，因为只要觉得报告或分享不适合自己，参与者就可以在活动中间随时离开，完全不会被认为是失礼。同样，学校也不会要求大家打卡、记录考勤，更不会要求老师必须参加多少次类似的活动。

你想，老师们来参与分享的目的是什么？是找到对自己有用的内容。而组织者愿意把转化后的知识产品拿出来分享给大家的目的又是什么？是对别人有用，因为这样自己的创造才更有价值。今天我分享自己的一个知识成果，明天别人的知识成果也能为我所用，所有人都在用知识产品解决所有人的问题。这样一来，分享就会成为知识管理的动力来源，知识资产会源源不断地为组织创造财富。

我们再回过头来思考一下本节的题记——“一个组织最大的浪费是经验的浪费。”其实，这句话只说对了一半，而且它是从领导者的视角来说的。换成普通员工的视角，他们心里其实在说“这跟我有什么关系”。而十一学校的知识产品化和分享机制告诉我们，知识管理就是通过构建知识和人的关系，来增进人和人之间的关系。在各种应用场景的分享中，知识流动起来了，使用起来了，更新起来了。就像李希贵所说，学校要“找到每个学生可以伟大的地方，并且帮助他们在通往伟大的道路上行走”。对老师同样也是如此，要找到每位老师伟大的地方，并且帮助他们在伟大的道路上持续前行。这才是真正的知识管理。

误区1：忽视团队成员的经费分配

在项目制实施的过程中，有一个很关键的问题往往会被忽视，那就是经费分配。无论是招投标制还是自主申报制，每一个项目组研发经费的分配方式都至关重要。可以说，它是培育研发团队乃至整个组织健康文化的重要途径。

很多研发团队一开始热情高涨，到最后不欢而散，都是因为经费、奖金分配不公。这其中一般会出现两种情况：一种是项目负责人特别谦让，自己少拿甚至不拿，将经费或者奖金更多地分配给项目组成员；另一种是每个人都在斤斤计较。

人性告诉我们，每个人都会不同程度地在意个人利益得失。因此，一定要在项目成立之初，就制订出大家都可以接受的分配规则。只要有言在先，就能得到大多数人的理解。

误区2：种瓜得瓜，种豆得豆

人们偏爱的成长故事往往是种瓜得瓜、种豆得豆，但现实中，人的成长故事往往充满曲折。成长通常都不是一次性完成的，而是螺旋上升的。然而，在传统组织中，领导者常常缺乏耐心，很多人希望今天播下去种子，明天就能长出瓜来，或者很快就能长出豆来，却不愿意有意识地去事先播种。而一旦没有马上有所收获，大多数人就会选择放弃。所以大部分组织，甚至一些顶级企业，都会把裁员作为撒手锏。

实际上，不同的员工有不同的成长需求，不同的成长需求需要领导者设计不同的播种方式。而在十一学校，领导者会给不同成长阶段的教师播下不同的种子。

对于工作 5 年以内的青年老师，最常态的方式是“共读一本书”活动。根据我们的观察，一位老师刚刚走进课堂后，半年内，烦恼和无助就会接踵而至。所以，教育家书院有意安排他们在入职初期就共读如何应对适应期的书。有了预先埋下的种子，这些青年老师的成长少了许多不知所措。

对于已进入成熟期、希望二次突围的老师，学校则会给他们打开一个更大的视窗。比如，邀请业外专家做一场跨界演讲，安排培训机构进行一些新颖的培训，报告和培训内容可能与教学毫无关系，但解决问题的思维方式却能一次次与他们内心旧有的逻辑相较量，终有一天会成为他们跨越成长的能量。

对于渴望卓越的老师，我们则会安排有目的、有设计的制高点寻访。根据学校战略，我们会提前半年安排一批有想法的老师进行国内外探访，将某一所学校或者教育机构作为一个学习据点，与先行者结交、连接。这都是在为未来变革埋下的种子。

误区3：计件制衡量研发成果

不少组织会把研发工作视为干活儿，甚至以计件制来评估和衡量项目组的研发成果。比如，有的组织成立专门的研发部门，规定每年的研究指标，包括成果在哪些领域获奖或获得知识专利等；有的组织把研发任务分配给不同的事业部，规定额度，美其名曰让事业部在干活儿时能思考能研究；在学校组织里还要专门对接上级部门，每年老师的研发成果要参与评奖；等等。所有这些做法，都说明组织陷入了一个误区——只追求跑量或者赢得外部知名度，真正能为一线解决实际问题或者能让一线经验转化为普适性知识的却寥寥无几。时间一长，员工还会把这些任务视为额外的负担，抱怨声不断——“我手头的工作还来不及做，搞科研更是把我弄得身心俱疲。”

这就是研发平台一定要坚守“只有产品没有人”和“只评价产品不评价人”原则的用意，其本质是为了更有利于人的成长。

无论是项目制、委托制还是第三空间制度，都有一条涌动的暗线，就是千方百计地发现人的潜能，指引人成长。为此，李希贵校长有时会有意安排三个研究团队并行展开某个课题的研究。比如，有一年，他委托三位青年老师各自组建团队，研究当前十一学校年级管理上的优势和不足，并约定一个月交流、汇报一次。有意思的是，三个团队呈现了完全不同的管理风格。第一个团队每次都是组长自己一个人前来汇报，说明他擅长单打独斗；第二个团队每次都是组长和团队成员一起来，但由组长代表大家汇报，这说明他不太善于为他人搭建舞台；而第三个团队，组长每次都和团队成员一起来，并把发言汇报的机会交给其他成员，获得校长的肯定后，他又为成员喝彩，自己始终在幕后付出。一个学期之后，三个团队给出了各自的研究成果，但这个过程也让李希贵发现了一位优秀的管理者。现在，第三个团队的负责人已经走上了学校重要的领导岗位。

因此，对领导者来说，研发平台上活跃的大大小小的研发团队，一方面在为组织生产知识产品，为一线的挑战提供解决方案；另一方面，研发平台越活跃，也越能让领导者从中发现人、培养人。

CHAPTER FIVE

第五章

底层逻辑

组织变革的基本路线已经走完了。为什么我还要写这一章的内容？不妨先来看看李希贵校长的这段话：

人类到现在尚没有解决令自己苦恼的一个问题：一个组织的生命常常与组织中的领袖人物有着过分的关联。一个组织的辉煌，常常是因为它迎来了一位卓越的领导者。

我们当然不会无视这种现象给社会带来的进步，然而，它同样也给组织发展带来了诸多困扰。其中最大的困扰是组织似乎没有了自己的生命周期，几位领导者就把组织明显地分解为截然不同的几个阶段，这些不同的阶段又自成体系。这并不是组织本身作为一个独特生命应有的发展逻辑。

我们有必要为这样的组织领袖泼一盆冷水。我们深知，这样的组织不可能有自己的生命，它的未来充满了变数。无论是把一个人绑在一个组织身上，还是把一个组织绑在一个人身上，都必然会带来所谓荣衰与共，甚至同归于尽的巨大风险。

一个健全的组织应该有自己的五脏六腑，有大脑可以思考，有肺可以呼吸，有胃肠可以消化，有心脏提供动力，如此等等。一个组织的领导者，不可把自己打扮成组织生命的抢救者，让自己长期顶替组织的某些器官。一个成熟的组织完全可以形成自我生长的健康生态。

如果真如我们所愿，面对一个有着良好结构和健康机制的组织，领导者应该用力很轻。

你感受到了吧？组织变革本质上是在变革领导者自身。变革让你反思如何约束自己的权力、如何激活每一个微观主体、如何与各种问题和平相处、如何让组织拥有自我成长的生命力……我遇到过很多优秀的领导者，他们一开始都是信心百倍地启动变革，期待变革能使他人发生改变。但慢慢地，他们都会在不同时间节点意识到真正需要改变的其实是自己。也是到这个时候，我们才会真正放心，因为这说明这场变革离成功不远了。当然，为了真正取得成功，你还需要一套确定的底层逻辑，去灵活驾驭变革过程中的各种不确定性。这就是本章要解决的问题。

这套底层逻辑包括定力、关系、平衡、人性和核心价值观等五个方面，每个方面的内容都很重要，值得你投注足够的精力去体验，付出毕生的努力去砥砺。

/ 第一节 /

定力：事到半途，仿似失败

所有貌似失败的表象，其实都是成功的前奏。

我要先告诉你一个真相：即使你按照变革的步骤一步步走过来，失败的风险依然很大，因为你会经历一个绕不过去的考验，这就是管理学所说的“事到半途，仿似失败”。这也被称为坎特定律，是哈佛商学院教授罗莎贝斯·坎特提出来的。它像是一个魔咒，预言了变革行进过半，必然会表现出看起来要失败的样子。我们知道，每个人都喜欢振奋人心的开始，也都向往皆大欢喜的结局，但很多变革往往挺不过赛程过半的考验，这使得美好的开始无疾而终，期待的结局遥不可及。

但请注意，事到半途，只是“仿似”失败，并不是真的失败。作为领导者，当你发起的变革遇到很大的阻力，甚至觉得变革好像已经到了失败边缘时，你需要有定力。

当然，你可能会觉得，这套组织变革的方法既谋定而后动，又谨慎加小心，怎么还会有阻力呢？更不可能走到失败的边缘吧？如果这么想，那你还是低估了变革这件事的难度。前面提到过，变革是天生不受欢迎的。只要进行变革，就意味着大家不得不放弃成熟的经验、技能和优势，从头开始。在这个过程中，拒绝、观望和对抗的情绪随时都会产生。因为变革关键变的不是“事”，而是“人”。对具体的人来说，无论变革说起来多么动听、迷人，都涉及利益的重新分配。这里说的利益，不仅仅是钱，还包括权力、职位、荣誉、前景，等等。甚至在一个人的感受中，仅仅让他告别自己习以为常的工作习惯，可能都是一种利益的损失。人的因素极其复杂，每个人的感受都不一样，汇集起来，就成了变革的巨大阻力。

事实上，此时大家对变革目标已经达成了共识，只不过在实现目标的道路上，你感觉阻力巨大。这就叫“事到半途，仿似失败”。这种“仿似失败”是变革必然会出现的阶段。

十一学校的变革也经历过这个艰难阶段。不过，事后总结起来，不难发现，“仿似失败”其实是一种考验，考验领导者目标是否坚定、对局势的判断是否准确。简而言之，就是考验你是否有足够的定力去应对这种局面。

那么，定力从哪里来呢？十一学校总结了三条心法。

心法1：不要恐惧，而要坦然

作为变革领导者的你，不仅不能排斥这个深水区，还要认识到这恰恰是你需要的。在启动变革时，你对整个变革的趋势判断只有一个轮廓，对变革过程中的细节思考肯定不会那么周全。此时，突然出现的各种阻力意味着什么？其实就是你没有考虑周全的那些细节被表达出来了。这些漏洞本来就在，只不过原来没有具体的表现形式，你只好在脑子里进行抽象推演。现在好了，这些漏洞变成了具体的人、具体的意见、具体的事务，于是你可以去校准认知偏差，去完善变革方案。所以，这不是坏事，而是契机。

一听到内部反对的声音，可能有的领导者就会说："不换思想就换人。"的确，这样很爽，也很能显示你的权威，还能让反对声一下子全都消失。但你想过没有，这样做，问题并没有得到解决。你用统一思想的方式让大家噤若寒蝉。知道领导不想听，大家就不说了，但不同的想法依然存在。这会成为定时炸弹，在变革触及大家的利益时马上爆发。更重要的是，这样做还会让组织目标丧失发力和引领的最佳时机。

还记得第一章第三节提到的"变革微笑曲线图"（见图 5-1）吗？它描述了一场变革必然会经历的四个阶段。刚开始是"拒绝"；然后下落到谷底，就是本节讨论的"对抗"；但走出谷底后，就能到达第三阶段的"探索"；紧接着，还有上扬的第四阶段，叫"投入"。

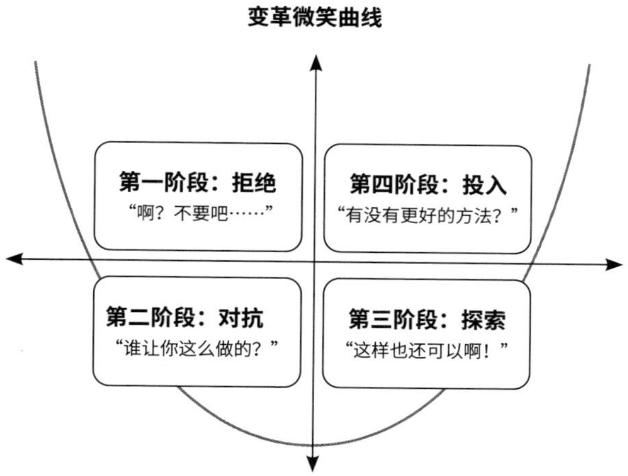

图5-1　变革微笑曲线图

请重点看谷底的"对抗"阶段。在这种状态下，你很容易恍惚：变革已经进行一段时间了，怎么没有一个人说好？我们一再说变革是利益的重新分配。在谷底，你会对这句话有深切的感受。你会发现，不仅是利益受损的人在反对变革，那些过去体制里的骨干也并不拥护变革，此外，那些已经在变革中获得利益的先行者也会保持沉默，不敢跳出来表示支持。

除了恍惚，你还会纳闷在变革之初，大家一起描绘的愿景，共同确立的使命，为什么在此刻突然失去了力量？因为当意识到变革不可改变时，大家会对未来产生莫名的恐惧。其实人们不是在对抗变革，而是在掂量损失。此时，理性与明智、逻辑与事实都会被置若罔闻，大家需要完成自我确认——如果迈出这一步，我是否还有讨价还价的余地？这种大家各自打着小算盘的状态，会让你自我怀疑。

当然，除了组织内部的力量，各种外部力量也会在此时逼近你。这种逼近有时表现为上级领导的某种“关心”，有时表现为竞争对手的一些小动作，还有时表现为来自媒体或者社会的一些小道消息。外界各种风吹草动动摇着你的信心，不管走到哪里，你都会觉得周围人在对变革指指点点。

你看，谷底是不是一个动荡、挣扎、冲突，甚至混乱的地方？的确。**在没有形成新的利益格局，或者尚未达到新平衡点时，一切看起来都像是要失败的样子。**在这种仿似失败的现象面前，很多领导者变革的雄心和行动会就此打住，他们在自己的内心宣布了放弃。

十一学校的变革同样经历过这样的谷底，但不同的是，李希贵很坦然。因为他知道，谷底是变革的必经之路，如果没有到过谷底，那你一定是绕开了些什么，说明你在做的还不是真正的变革。这些仿似失败的现象恰恰说明变革正走在健康的道路上，而且还蕴藏着发生质变的能量。

心法2：不要抽象，而要具体

仿似失败的谷底既是必须经历的，又是需要快速离开的。这个时候，领导者需要一套有效的战术打法来确保组织变革能经受住这场严峻的考验。这套打法就是**阻力管理**。

阻力，经常是一股脑儿到来的。你会感到四面楚歌，到处都是反对的声音。大部分领导者都会觉着阻力是一种负面、消极、妨碍变革进程的力量。但李希贵有不同的认识。他认为，当人们表现出对变革的抵抗时，恰恰说明他们已经在参与变革。他们投入精力进行对抗，这本身是一件好事。这个时候，一定要放下这种抽象、笼统、模糊的感受，回到具体的事实上来。

在十一学校召开的第一次教代会上，讨论到双向选聘改革方案时，没有一个人说好，完全是一片反对声。但实际上，并没有“大家都反对”这回事，每个人都有反对的具体原因。所以，这个时候，千万不要被这种假象迷惑。拿出一张纸，有一个人算一个人、有一份意见算一份意见地列出来。当这些意见真正被写到纸上，你会发现所有这些意见可以被归结为十几个原因，而它们是由哪种类型的人提出的也清晰可见。比如，意见多来自可能会落聘的人、某些爱发牢骚的意见领袖、过度关注学校的家长，甚至是反对校长本人的人，等等。别忘了，还有周边同类型的学校，因为任何一个组织都不是孤岛，当你启动变革时，同行或者竞争对手的心情是复杂的，必然会有一些声音从外面吹过来。因此，把外部同行列入其中也是非常必要的。

然后，你会发现，他们反对的原因虽然各有不同，但力度其实都没有那么大，而且都有针对性的解决方案。对抗力量中很大一部分，往往只是个别人的不满。由于这一两个人嗓门特别大，造成了很多人都在反对的错觉。你还会发现，越是只有个别人反对，他们越有可能只是在表达情绪，而不是在提出真正的问题。

再接下来，你还会发现，很多人心里其实是支持变革的，比如业务骨干和年级主任。他们这时虽然是沉默的，但只要变革继续推进，他们就会成为变革的正向力量。

在进行这个分析时，李希贵使用了力场分析工具。这个工具很有用，它是从物理学中借用来的一个概念。图 5-2 就是他在进行双向选聘变革时做的力场分析，很容易看懂。当你遇到复杂局面时，也可以采用这个工具来分析。

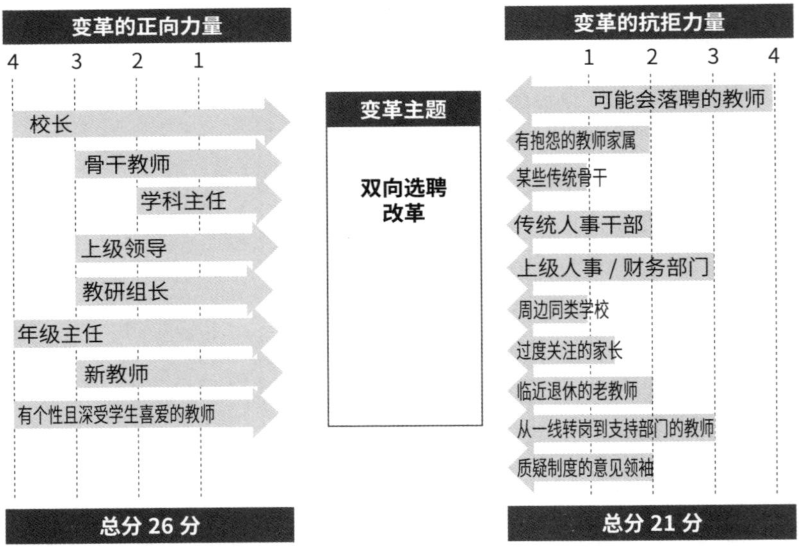

图5-2 李希贵对双向选聘变革项进行的力场分析

变革工具：力场分析

力场分析工具左侧列出的是变革过程中可以利用的、会积极支持变革的正向力量。不过，尽管都是正向力量，它们的力度也是不一样的，你需要评估出它们各自的等级。比如，校长肯定是积极投身其中的，那就是最大的4级；同样属于4级的还有年级主任，他们手里有了真正的权力，自然也是很支持变革的；而学科主任权力有限，总体上会支持变革的大方向，但他们的支持力度可能比年级主任小一点，因而处于2级。

再来看右侧的抗拒力量，也就是变革可能会损害哪些人的利益。把这些也一一列出来，并评估其影响的力度等级。

如图5-2所示，把左右两侧正向力量和抗拒力量的等级各自加总，你会看到在“双向选聘”这个变革项中，正向力量（26分）大于抗拒力量（21分）。这说明，只要有效管理好抗拒力量，这个变革项就可以取得成功。

特别需要注意的是，在做力场分析时，一定要充分考虑来自组织内外部的各方之“力”。如果只盯着组织内部，你就会发现很多阻力或是“出口转内销”的，或是直接来自同行对手或上级部门的，因为阻力的本质是惊动了利益相关方。

做完力场分析后，你心里是不是踏实了许多？谷底的混乱状态就是这样的，常常因为个别嗓门大的人的反对意见掩盖了真实的状态，让领导者误以为人人都在反对。事实上，做一下力场分析就明白了：此时，看到变革会给自己带来好处的拥护力量并没有发声。当然，更重要的是，当你通过力场分析让所有抗拒力量和正向力量都清晰呈现出来时，你就看到了整体局面，进而非常方便管理。这就像李希贵所说的：**“不要在你脑袋里想象问题，而要把所有问题都写在纸面上。一旦写出来，你就会发现一半的问题都消失了，真正需要管理的事情也就清晰了。”**

心法3：不要等待，而要行动

对，不仅要行动，而且要快速行动。

李希贵说，当变革进入谷底，变革的节奏就不宜太慢，必须想方设法让大家尽快走出，防止出现梗阻。道理也很简单，之所以出现“仿似失败”的局面，就是因为问题暴露出来了。这个时候，所有人都会默默关注领导者解决问题的速度和诚意。

2010 年 10 月，十一学校的变革进入“深水区”，各种意想不到的问题此起彼伏地出现。李希贵花了整整一个月的时间，每天找各个学科、各门课程的老师聊，了解他们遇到的困难和需求，想办法帮他们解决问题。对于有些问题，李希贵甚至会当面就提出解决方案。

这样做有一箭四雕的效果：第一，使一些问题在萌芽时期就被发现，不至于隐藏起来，成为以后的隐患；第二，使问题及时得到解决，服务及时跟上，提高了工作效率；第三，领导者在这个时候出现，本身就是一种安慰和激励，让老师知道，他们的困难和辛苦，学校都是知道的；第四，面对这样一次涉及整个组织的大变革，不可能所有人对所有事都很清楚，而通过这样的交流，对于原本有些理解不准确的问题，大家就慢慢都搞清楚了。

第 226 页的表 5-1 是当时李希贵与技术学科老师的交流记录。

从中你可以感受到，李希贵当时面对的问题之多、问题之难，以及解决问题的速度之快。

管理阻力，学会与问题和平相处

以上三个心法都是着眼于组织的良性发展，而不是把反对的声音压下去。这一节的主题是“定力”。一个变革领导者的定力从哪里来？在十一学校的变革经历中，有一种最底层的逻辑，就是对人的尊重。如果你定力不够，总想通过压服人、强迫人，甚至换人来解决问题，那你就不是在解决问题，只是在解决提出问题的人。

那么，如何才能在变革进入低谷时始终保持定力？这里再深入一步进行分析。以第二条心法为例，你通过力场分析找到了变革的正向力量和抗拒力量。接下来，如何管理那些抗拒力量，就在很大程度上考验着你的定力。

这时候，使用阻力归类工具（见图 5-3）能让你拥有足够的定力。

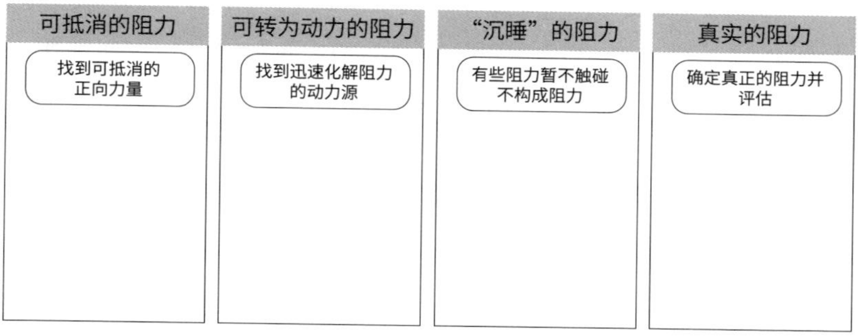

图5-3 阻力归类工具

表5-1　李希贵与技术学科老师的交流记录

学科	地间	地点	主要问题	解决办法与建设
技术	本周四（10.20）上午8：00	看台下面劳技教室2	1. 技术学科开设的课程模块还不够丰富。 2. 材料不足、设备不够，摄像机8位学生共用一台等。 3. 有些模块没有说清楚门槛，学生差异较大，有的学生没有一点基础，学起来很吃力。 4. 不同班级、年纪的学生在一个班级学习，彼此不熟悉，小组的作用发挥得还不充分；学生彼此不熟悉，相互之间不能监督、提醒。 5. 在荣光楼五层的计算机教室上课的教师没有办公地点。 6. 摄像器材等贵重物品的损坏、赔偿问题。 7. 所有老师在一个时间上课，相互之间没有办法听课。 8. 少一间技术教室。	1. 技术教室要建得像个车间，而不是普通的教室，名字叫“……设计室”；具体每个模块建设成什么样，要去一些大学、网络公司、研究所等机构看看之后，拿出一个建设方案；技术教室的建设是每个任课教师自己的事，要自己主动去做，不要等着学校给你建好；有困难，学校可以提供帮助和支持。 2. 安全操作的提示要让学生随时都能够看到。 3. 组织校内的技术作品大赛，隆重发奖。 4. 增加技术教室：科技楼五层的监控室改为教师办公室，监控室移至上面的隔间。 5. 教导处起草一个技术器材损坏、丢失的管理办法。 6. 完善选课指南，对于有些需要一定基础的课程，写清楚门槛。 7. 下一学期选课时，设立技术教室开放日，让学生充分了解课程之后再选。 8. 程度较好的学生担任助教，课程研究院发放助教聘书。

续表

下一步设想	提供的支持	学科建设指导思想
1. 电子资料的查阅、使用、建设。 2. 模块教室的进一步建设。	1. 每个教室配备一台电子触摸屏，以便教师和学生可以随时调用电子资料。 2. 打听全国在这个领域最领先的部门，去看看，学校可以帮助联系。	1. 技术学科的建设要结合世界未来发展的趋势；需要相关领域专家或实验室、企业、公司等的帮助，以引领学生的兴趣；最终形成技术学科的课程图谱，然后再分步实施。 2. 在技术学科开设的每一个模块中，要尽可能多地将国家课程的信息技术和通用技术的设计要素、设计理念和思维方式等渗透进去，要具体体现在每一节课中，老师们的备课都是创造性的工作。 3. 技术课不能再是听课作业了，不是讲知识，而是学生在老师的指导下做东西；学习方式的变化一定要坚定；谨记“大树下面不长草”“穷人的孩子早当家”。 4. 过程性评价是技术学科的生命，安全问题是要害。 5. 技术学科要慢慢走向产业化，能够面向社会，接订单，做产品。

变革工具：阻力归类工具

一般来说，阻力可以分为四种类型，分别是可抵消的阻力、可转化为动力的阻力、“沉睡”的阻力和真实的阻力。这个工具可以与力场分析工具结合在一起使用。比如，通过力场分析把所有正反向阻力拆解后，就可以看到哪一组阻力可以相互抵消，把这一对阻力列在“可抵消的阻力”一栏中。然后再重点看抗拒力量，如果相对分值较低，就说明它有转化的可能，那就将其列入“可转化的阻力”一栏，并注明转化的办法。还有一些阻力，如果你不去碰它，它就不发生作用，就可以列入“沉睡的阻力”一栏。之所以列出来，是因为你脑子里需要多长一根弦，对它进行密切关注，但不必去触碰它。这样一来，真正需要认真对待的阻力就浮出水面了，可能也就一两个。

有了这个阻力归类工具，你就不会把阻力视为坏东西，而且随着阻力被一一拆解和安置，你的内心也会踏实很多，办法也就呼之欲出了。

还是来看双向选聘这个变革项，哪些是可抵消的阻力？前面说过，变革一不小心就会惊动利益相关方，所以管理阻力时不能只分析组织内部的力量，还要眼观六路、耳听八方，充分关照到组织内外部方方面面的利益相关者。比如上级人事部门或组织中台的财务部门，这些人担心的是大家在变革过程中可能会违规，进而会给他们增加很多工作量。这时，你可以选择用正向力量中的上级领导来抵消阻力。不过千万要注意，你不能只要遇到阻力就去上级领导那里诉苦，希望他们为你撑腰，而是要利用各种可能的场合在领导面前传递赞美，赞美人事或财务等处室干部对学校工作的付出。李希贵在当任何一所学校的校长时，与上级领导构建关系的办法就是从来不去索要什么，也从不去抱怨或诉苦；相反，他是无事也要登一登三宝殿，不定期地汇报一下近期学校工作一切顺利，让领导放心；还有就是赞美一下各处室对学校工作的支持，而且赞美会具体到某一位处室干部处理某件事的细节。时间一长，大家都特别欢迎李希贵的到来，更有意愿主动去支持学校的工作。你看，这么一来，可能产生对抗的阻力就被抵消了。

什么是“沉睡”的阻力？就是有些阻力，只要不去触碰它就不会构成阻力，因此你也不需要花太多精力去消除它；不惊扰它，让它沉睡就好。对于学校组织变革来说，最典型的沉睡的阻力就是周边同类型的学校。它们构成阻力的原因往往是你太高调，一遇到媒体来采访就想出镜，一听到领导或社会的赞美声就发朋友圈，甚至周边同类型学校的优秀老师想跳槽到你这里来，你会特别得意地接受。殊不知，这样的做法很容易激发人性的弱点，制造出阻力来。

接下来，你需要花点心思在可转化为动力的阻力上。比如某些传统骨干，他们可能难以主动打破舒适圈，那么你可以让他们参与一些力所能及的项目组，发挥他们的优势，并且不断放大他们的成果，用短平快的激励方式推动他们尽快成为变革支持者。再比如临近退休的老教师，他们担心的是自己没有年轻教师那么有活力，也没有骨干教师那么有能力，又面临退休，可能会聘不上，这就需要改进制度，规定哪个年级聘任一位临近退休的老教师可以放宽两个职级数，这样一来，他们的焦虑没有了，阻力自然也就化解了。

现在，有的阻力抵消了，有的阻力沉睡着，有的阻力变成了动力，最后剩下的就是你需要真正去面对的阻力了。到此时，你不会再陷入复杂的多重矛盾之中，只需花点心思将真正的阻力管理起来就可以了。

用阻力归类工具对不同人的不同情况进行分析，你就不会陷入一堆问题无从下手，也不会处在低谷的沼泽难以自拔。李希贵常说，问题暴露出来是好事，它给了管理者机会去正视问题。在这个不确定的时代，学会与问题和平相处是领导者的必修课。

*

最后，请你记住，管理是人和人之间的事。既然是人和人之间的事，它就必然具有一种传导效应。就像学校，校长怎么对待老师，老师就会怎么对待学生。同样的道理，你可以选择换人，但你的员工也会用同样的方式对待客户和他们的工作伙伴。因此，就像李希贵所说的：**“撬动油门，而不是推轮子。”激发永远比控制重要得多，也有效得多。**

/ 第二节 /

关系：
管理学首先是关系学

领导者必须是关系构建者，善于与不同的人构建良好关系。

先从一个故事说起。

我想问问你，你的单位是怎么招聘员工的？我相信每个单位的招聘制度和流程都大同小异，设置几道关卡，对应聘者进行筛选，然后留下满意的。那没有被录用的应聘者怎么办？你肯定会说，这不属于招聘单位的职责范畴，毕竟招聘肯定是要淘汰大部分人，留下个别合适的，这是职场规则。

是的，职场招聘的确都是这样的。但十一学校多加了一个动作——对于大部分没能被录用的应聘者，学校会在他们临走前送上一份建议卡，把在应聘过程中看到他们具备的优势和个性特点描述出来，并配上一两条应聘建议；此外，还会赠予他们一本适合的书，比如《优势》《高效能人士的七个习惯》等。

2016 年，十一学校的新盟校青岛中学招募首批教师，面对千里挑一的场面，学校还专门制作了一枚创始纪念校徽，并附了一张卡片，上面写着“感谢您对青岛中学的关注，未来无论您在哪里，青岛中学都会敞开怀抱欢迎您和您的家人常回来寻梦”。那几天，前来应聘的人基本都发了朋友圈，说从来没有一家用人单位想得如此周到，即便没有应聘上，以后也可以带着家人去学校走走。

你看，同样是招聘场景，十一学校盟校除了要招到合适的人，还想着怎么让大部分没有被录用的人产生获得感，而不是只有满满的失落感。我相信，无论他们未来去了哪里，只要想到这段经历，就会有一份特别的情感。想得更远些，这些人中如果有人取得了成就，学校想邀请他们来给学生做讲座，想必也不会很难。这就是十一学校理解的“关系学”——不是把招聘做成一道道程序，而是赋予过程以教育价值。在启动变革之时，这种理解就被写入了《行动纲要》，成为大家共同遵循的核心价值观，也就是“教育学首先是关系学”。

领导变革其实就是在处理一组组关系。改变关系里的一个元素，就意味着其他元素也要跟着变。元素之间的顺序和节奏变了，整个结构也会受到重大影响。所以，李希贵说：“**其实，管理学首先是关系学。变革要取得成功，同样必须首要考虑关系学。**”

作为变革者，需要重点关注的主要有两组关系。

第一组关系：个人目标与组织目标的关系

这组关系对变革成功与否很重要，但也很容易被忽略。

领导者最希望看到的局面是，目标一确定，所有人都能克服小我，自觉朝组织目标前进。但在这种心态下，一旦有人没跟上，就会被判定为私心太重、境界不高，员工的个人目标往往会受到组织目标挤压。事实上，在很多组织里，之所以个人目标与组织目标无法达到和谐状态，甚至相互冲突，根本原因恰恰就在于领导者不自觉地把自己的个人目标演变成了组织目标。

我很理解这种“不自觉”。由于责任、使命和压力，领导者常常会不由自主地把自己放在推动组织变革最重要的位置上，因而，组织目标自然会带有领导者的个人色彩。现在点破这一层，你应该就明白了，想让员工把自己的个人目标与领导者的个人目标关联在一起，一定是很困难的。

个人目标与组织目标之间合理的关系是什么？我们在讲第三空间时集中讨论过这个话题——**只有让组织目标主动融入个人目标，把个人目标提升到组织目标的程度，变革才有可能成功。**二者具体怎么融合，此处就不再赘述了。这里重点讲述李希贵经常使用的一个思维工具——维恩图（见图 5-4），它可以用于分析每位教师个人目标和学校组织目标之间的关系。

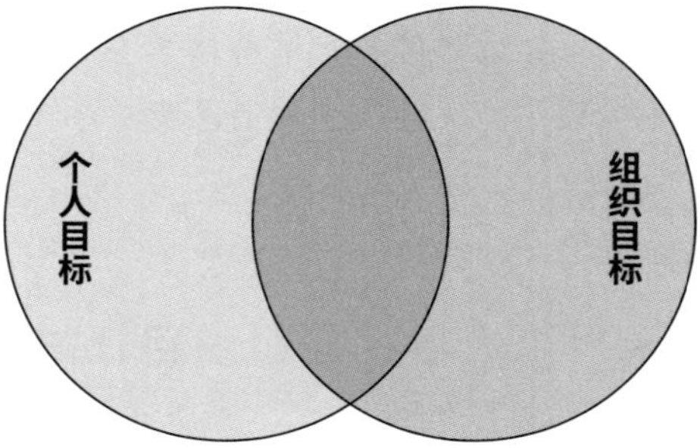

图5-4 维恩图：组织目标与个人目标关联圈

变革工具：维恩图

维恩图是一个特别经典的分析异同的工具，通常是由两个有交集的圆圈组成，还有更加复杂一点的三个圈的。想要在组织变革中寻找目标交集，我们需要先画出两个有交集的圆圈，左边的圈里放入一些关键人物可能会有的个人目标，右边的圈里则放入变革后确立的组织目标，然后通过推演，观察两者交集有多大。交集越大，意味着变革的阻力越小，变革成功的可能性就越大。

用维恩图推演，可以让领导者看见个人目标的存在，但之后更要用行动来扩大组织目标与个人目标的交集。在这方面，十一学校用了一个特别创新的做法，叫“**把学校文化股份制**”。

说到股份制，你肯定不陌生。它就是指以入股方式把分散的、属于不同人所有的生产要素集中起来合理经营、自负盈亏、按股分红。十一学校迁移了这个概念的内涵，“把学校文化股份制”就是把分散在每个人大脑中的价值观集中起来，统一使用，以此实现共谋共建学校的目的。

一般来说，组织中自以为是的人都是比较多的。而把学校文化股份制的过程，就是要让每一个人都敞开心扉，把内心深处那些所谓的宝贵财富贡献出来。当自以为是与自以为是相遇，碰撞自然会发生。这个求得最大公约数的过程，其实是每个人自我教育的过程，也是换位思考、生长出同理心的过程，更是统一目标的过程，最终获得大家普遍认可的价值观，就会成为股份制中的共同财富。

现在再看十一学校每年的教代会，是不是它每次都要持续两个月以上的意图更加鲜明了？记得变革第一年，教代会收到了 3000 多份提案。每周我们都要把这些提案汇总，然后进行讨论。经过数次反复后，已经没有办法弄清哪些内容和观点具体出自哪位老师了，但有一点确定无疑，那就是最后形成的《行动纲要》，全校每一位老师都是它的作者，每一个人都成了学校文化的股东。你看，在这个学校文化股份制的过程中，个人目标与组织目标就实现了最大化交集。

请注意，在整个学校文化股份制过程中，组织目标始终要与个人目标紧密关联，万万不可光顾着实现员工的个人目标而忘记了组织目标。比如，有一位老师的个人目标是调到重点学校去，于是你就想办法帮他实现，那就惨了。当然，这是个玩笑，你不可能这么做。但我更想说明的是，想让学校的组织目标变得更具吸引力，唯一的办法就是把每个员工的个人目标当作大事，帮助他们成为组织中受尊敬的人。只有这样，他们才会为自己能身处这个有生长性的组织而自豪。我有一次参观华为的手机工厂，看到墙上张贴着很多海报，用以展示工人改进流水线工艺的各种“发明”，而且每一项“发明”都以工人的名字命名。这就是一种简洁有效的提升个人目标的做法。

第二组关系：领导者与关键人物的关系

到底谁是关键人物呢？其实不是职位高的人，也不是资历深的人，而是那些与变革的利益高度相关的人。比如，在调整组织结构时，关键人物就是中层管理者，而不是那些在一线精耕细作的人。每一次管理部门和管理岗位的调整都会不可避免地引发“民间”的议论：这个部门是不是更加重要了？那个岗位是不是不重要了？某个管理者有没有被重用？……这些议论都会导致这些关键人物心理失衡。那么，找到关键人物后该怎么做呢？李希贵有一条重要心法：**与关键人物适时地建立适切的关系。**

所谓“适时”，就是抓住最合适的时机介入，以寻求最好的效果。对变革而言，从总结、梳理组织的历史经验入手就是最适合的时机。因为这个入口不仅不会制造紧张感，还能让更多管理者参与进来，增加你与他们互动和互相了解的机会，让你发现一些恰好需要的信息。

所谓“适切”，就是除了与关键人物建立个人情感，你还要把精力放在了解每个人不一样的优势和潜质上。因为只有这样，你才能在接下来的岗位调整中让他们各得其所，甚至称心如意，从而打破过去按岗位重要程度给员工排座次的怪圈。

在这个过程中，关切每一个关键人物的个人需求，给关键人物制作需求金字塔，是与他们建立良好关系最有效的途径。

尽管我在本书中已经多次提到需求金字塔，但当你意识到管理学首先是关系学时，你会真正发现充分利用需求金字塔的好处。你要给每一个关键人物制作一张需求金字塔图，并将它放在手边，经常拿出来研究一番。在各个层次的需求中，找到某一个关键人物最迫切、最重要或最真实的需求。

比如，当职能部门的负责人转为支持人员时，你必须表现出高度的同理心，保护好他们受尊重的需求。

怎么保护他们受尊重的需求呢？这里介绍几个十一学校的做法供你参考。

第一，因人设岗。有些人没了原来的头衔，面子上会过不去，跟家人也不好交代。这时，可以设一个新岗位、给一个新身份，让他们和周围的人有一个缓冲期。

第二，保留待遇。比如，十一学校原来有一位教导副主任，在变革中，学校撤销了这个岗位，但在三年内都给他保留了原来的待遇。三年后，他成了教学上的一把好手，也就自然平滑地进入了正常的职级薪酬轨道。

第三，非正式表扬。比如，一位老师在管理岗位上待了大半辈子，岗位调整以后，他情感上过不去。于是，李希贵请书法家题了四个字——“三朝元老”，装裱好送给这位老教师。这样一来，他一下子有了被认可的荣耀感，于是顺利转向了新岗位。

当然，这些招数只是对大家暂时性心理失衡的一种缓冲，最终的目的都是让他们重新找到专业价值。一开始，他们可能是看在校长待他们还不错的情面上硬着头皮做；做了以后，获得了一些赞美；再之后，发现自己的工作越来越被大家认可和信任。这时，他们会反思：以前发号施令没获得过这么多赞美，现在不发号施令了，获得的赞美反而多了，跟大家的关系也好了，看来新岗位真的不错。这个时候，他们就重新发现了自己的价值。

可能有人会想，我可没那么神通广大，怎么能满足那么多需求？其实，绝大多数人压根儿就没有什么苛刻的要求。你只要尽自己和组织所能，做一些可以做也能够做的就够了。但是，你必须把每个人的需求金字塔装在心里，因为许多事今天不能办或者办不了，说不定明天就能办了，可如果你忘记了，对方是永远都不会忘记的。

构建结构化的人际关系

无论是敏感地捕捉个人目标，将其提升到组织目标层面，还是与关键人物构建关系，都告诉我们，组织变革一旦开启，领导者就需要有意识地把“构建结构化的人际关系”这件事提上议程，并时刻提醒自己“管理学首先是关系学”。这样，在变革行进过程中，关系才能产生生产力。

那么，具体要怎么构建结构化的人际关系呢？

首先，领导者要确定自己的位置在哪里。李希贵校长把自己的角色定位为“首席服务官”。因为他深知所谓的领导力，就是让追随者成长为领导者的能力，而要想让别人能够成长为领导者，自己首先应该是一个服务者。这种服务很复杂，也很需要智慧。领导者既要竭尽全力解除员工的后顾之忧，让他们全情投入到组织的价值创造之中，又要为全体员工搭建思想解放和思想碰撞的平台并加以引导，最后以形成团队和取得认可的思想推动组织前行。

李希贵享受着这样的角色定位带来的绝佳体验。他说，“首席服务官”这个定位让他心态平和了许多。因为有了这样的定位，他就不必什么事都一马当先，也无须事事冲锋在前，而只需要给那些冲锋陷阵的员工“押运粮草”或“发送贺电”；更不必整天绞尽脑汁地与下属斗智斗勇，因为他的任务是以服务的精神培育并欣赏他们的智勇。

领导者乐于把自己的角色转变为首席服务官并非出于个人喜好，而是为了形成传导效应，最终影响员工，让员工成为自己客户的服务者。当所有人都在为了员工更好地发展而服务时，组织内的基本关系，也就是员工与服务对象（客户）的关系就真的变了。员工为客户做的服务是他们内心认同的，并且是从领导者的服务中深刻体验过的，这样他们才会在服务客户的过程中为组织创造持久的价值。

现在领导者的角色定位确定了，你可以拿起笔，在一张空白的纸上画一个人际关系结构图。你先大致想一想：在今后三年内，哪些人是你必须结识的？在你现有的人际网络中，哪些领域的关系是成熟、靠谱的，哪些领域的关系是一片空白的，而这些领域对未来的你来说又不可或缺？

每一次推动变革时，李希贵都会这样梳理一遍。比如，你正在建设一个新校区，那么在规划、建设、市政等部门有人脉就很重要，因为他们一些贴心的建议或善意的提醒可能会让你少走很多弯路；如果没有人脉，许多时候你就可能会事倍功半。再比如，你的学校正在开发全新的课程产品，那么，课程领域的各路专家，以及已经在这个领域崭露头角的学校，就应该成为你构建关系网络的重要对象。严格地说，你应该在开展这项工作之前，就已与他们结识，甚至已经与他们成为很好的朋友。因为只有这样，你才能在工作时左右逢源，并且让这些朋友在组织遇到变革难题时发挥作用。

不过，我并不主张你到这些相关领域结交太多朋友，因为这不仅会占用你太多时间，也会让你没有足够的精力去经营好这些关系。李希贵通常的做法是，在每一个重要领域结识一位朋友。其实这就足够了，因为朋友的人脉关系也会成为你可以依靠的人际网络。

更重要的是，在筛选谁可以成为你在某个领域最重要的朋友时，一定要审慎。比如，他的品行如何，能力如何，甚至在一定时期内的工作稳定性如何，都是你要认真研究的。一旦明确了，你就应该把这些朋友装在心里，像关心自己的员工一样关心他们。毕竟，朋友关系也是需要经营的。

*

关于关系学这个问题，还有很多可以展开的内容。但无论如何，你更需要的是在变革过程中真实地历练与体验。最后，分享一个万能公式，希望能帮助你成为构建关系的高手——**“帮助别人 = 交到朋友”**。

/ 第三节 /

平衡：创造“第三条道路”

非常理想，特别现实。

变革领导力专家约翰·科特研究过100多家大公司的变革。他发现，在变革启动阶段，就有50%的公司败下阵来，宣告放弃。为什么？因为他们都败在了“快”上。

领导者经常说一句话：“预热差不多了，赶紧推动变革吧。”但实际上，“快”常常会让组织中的人陷入失衡状态。比如，当员工的愿望还没有被唤醒、干劲儿还没起来时，领导者就开始冲锋陷阵了。结果是员工都置身事外，只有领导者忙忙碌碌，这就失衡了。再比如，看到其他部门的做法还不错，领导者就希望马上把这种做法全面铺开，结果下属怨声载道、出现内耗，于是又失衡了。还比如，有的领导者等不及组织结构调整带来变化，抓住短平快项目就上，并且急于看到变革的速效成果，于是整个组织分成了变革的和“吃瓜”的两大阵营，结果还是失衡了。

所有这些失衡，都源于领导者的变革冲动。如何管理这种冲动，是变革的一个巨大挑战。

“既要……也要……”公式

如果你是管理者，你一定会经常纠结：既要一线承担责任、产生价值，也要不违背规律、不急功近利，怎么办？既要大家协同合作，也要大家展开适度的竞争，怎么办？

如果你是家长，你也一定会经常纠结：既想要素质教育的优势，也想要应试教育的强项，怎么办？既不想让孩子参加课外辅导班，又想让孩子成绩好，怎么办？

总之，不想这些问题还好，一想就会焦虑，毕竟光想有什么用呢，都是无解的。

李希贵吸收了宜家的做法，并发展了他们的平衡公式，叫“既要……也要……”公式。什么意思呢？就是在组织中，任何策略都可能带来两方面的结果。你每施加一个正向的推动力，一定会出现一个反向的作用力，只不过这个作用力往往被忽略了（见图 5-5）。

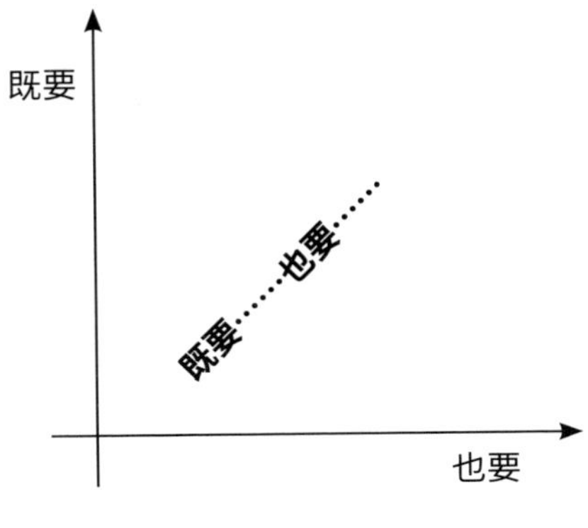

图5-5　“既要……也要……”公式

变革工具："既要……也要……"公式

"既要……也要……"是世界著名企业宜家在设计家具时遵循的原则：既要美观，也要简洁；既要时尚，也要实用；等等。李希贵校长结合了以色列"限制激发创新"的教育理念，把"既要……也要……"公式定位为确立两个限制条件或者限定两难处境。在这种限制中，夹击出第三条道路，这必然是相对合理的平衡之道。

纵轴是"既要"，横轴是"也要"。它们看起来是彼此对立的，大部分人看到这种两难局面，马上就会选择放弃。十一学校却把这种两难局面看作有意义的限制因素，并在两者的夹击中创造出第三条道路，实现了新的平衡。此时，领导者的使命就是，**在充分考虑正反两方面的作用后，为组织找到新的平衡，创造出第三条道路。**

那像前面提到的，既要一线承担责任、产生价值，又要不违背规律、不急功近利，怎么办？可以像十一学校那样实现责、权、利匹配，这样每一份责任都匹配到相应的权力和利益，一线做任何事情时都会兼顾长期和短期的利益；或者让聘任成为最大的评价，这样一旦你急功近利，违背规律去做事，就有可能没人聘任你。

一旦你把两难处境设计成"既要……也要……"，并让自己置身其中，往往就能找到"第三条道路"。同时，这也正是克制领导者"变革冲动"或是寻找借口的良药。

十一学校在启动变革之初，也走过一小段弯路。

当时，学校为了提高食堂质量，引入了三家公司来相互竞争。因为根据学校的实践经验，大规模组织中的食堂由三家公司承担是最好的竞合关系。一家独大，它就不会改进工作；两家承担，它们就会相互串通，因此三家是最佳结构。每年，学校都会根据学生的评价来对这三家公司进行末位淘汰。结果几年下来，被淘汰的总是新进来的那家公司。原因很简单，原有的两家公司拥有稳定的就餐群体，他们对学生需求、食材选择、学校文化都非常熟悉，拥有先天优势。而新进入的公司尽管不缺热情，但各方面都先天不足。等他们摸出门道，也差不多该被末位淘汰了。

末位淘汰的确可以强化竞争，但这种方式也有反作用——一次处在末位就被淘汰，不仅没给新公司进入的机会，还给了另外两家公司联手占领市场的可能性，最终受损害的还是师生的利益。

后来，十一学校改进了方式，采用限定性末位淘汰制。也就是说，一家公司的评分即使排在末位，但只要比三家公司的平均分低 3 分以内，就被视为合格；如果比平均分低 3~5 分，则予以黄牌警告并责令整改，整改不力则被淘汰；如果比平均分低 5 分以上，就会直接被末位淘汰。

这么一来，学校就找到了第三条道路，既保持了几家公司之间的竞争性，也保障了稳定性，使学校食堂的经营达到了一种新的平衡，关键是让师生膳食质量得到了保障。

不过，这里有必要提醒一下：在变革中，如果只采用单一的招数，或者只瞄准单一的方向，就会给变革埋下巨大的风险。不管做什么事情，你都要把自己置身于“既要……也要……”的双重限制之中，思考怎样才能走出平衡之路。

非常理想，特别现实

作为领导者，最容易让你陷入两难的场景，是既要实现长期的社会效益，也要满足短期的经济效益。把这个问题放到学校，就是既要让学生拥有面向未来的能力，也要赢得很现实的高考战役。那么，怎样才能创造出第三条道路呢？

我们来看十一学校的做法。它既没有搞表面上的素质教育，也没有走掐尖排名、刷题提分这种应试教育的老路，而是从组织变革开始，调结构、改制度、创机制，用十多年的努力，坚定地走出了第三条道路。本书前四章的内容其实就是这个两难问题的解决方案，也只有这样，才能最终实现“不唯高考，赢得高考”。

请你简单回忆一下前四章讲过的内容。年级主任是教育教学质量的第一责任人，一位年级主任要把学生从高一或初一带到高三，循环三年或六年，这意味着高三的教育教学质量从高一或者初一就已经被决定了；对教育教学质量直接负责的年级主任和教研组长都实现责、权、利匹配——责任很重，权力也很大。这些都是结构层面的平衡。

一个教研组带出的学生在这一学科取得优秀的高考成绩，每位老师都会获得相应的绩效工资，且这份绩效工资会在老师带完这一届高三后的下一个循环一直保持，这样协同分享的文化就出来了——每位老师都会贡献自己的教育教学秘籍，因为只有我们团队更好，才能让每个人都受益。这些是制度和机制层面的平衡。

当然，整个变革过程是异常艰难的，但十一学校有自己的取舍标尺，那就是核心价值观。在十一学校，大家压根儿不会去追求这一届非要比上一届考得好，或者这一届的成绩要赶超哪所学校之类的目标，因为学校有一条核心价值观——“认可稳定的质量以追求学生的长远利益。”它明确了学校需要的是“稳定”，将学生成绩保持在一个高水平区间就可以了。这么做的目的是什么呢？是引导老师关注“学生的长远利益”，以平和的心态，关心每一个个体的增值。这是战略层面的平衡。

确立了这个价值观标尺之后，无论外界发生什么变化，学校都可以顺势而为，推动变革持续健康发展。

2021 年，国家出台了“双减”政策，要求减轻义务教育阶段学生的作业负担和校外培训负担。这同样是“既要……也要……”——既要课业负担适度，也要保证学业质量。政策出台后，区里的教育督导首先想到的就是去十一学校找解决方案，因为他们亲眼看到，十一学校的学生课业负担减轻了，成长效益和学业质量却不减反增。

十一学校找到的“第三条道路”是课堂。为什么？学生之所以要补课、要增加作业负担，是因为课堂效益不理想。学生在课上“吃”不饱，就只能去课外“加餐”。相反，如果课堂效益足够高，学生自然也就不必去参加课外培训了。

十一学校本来就重视课堂效益，“双减”政策一出，学校又进一步借力发力，成立了作业设计中心、考试命题研制中心、学习诊断分析中心、课例研究中心这四大研发平台，专门研发提高课堂教学效益的产品。也就是说，当学校里的每一堂课、师生之间的每一次教与学互动都能达到很高的质量标准，不就可以满足“既要……也要……”了吗？而要解决课堂教学效益的问题，不也正是提高老师教学专业水平的应有之义吗？这么一来，不只是顺应，更是跨越。以前学校也想着能支持老师进一步精进课堂教学质量，但在习惯性的节奏下，调动起来可能有些难；现在“双减”政策一来，反倒给了学校一次机会，正好顺水推舟，来一次专业提升。

“非常理想，特别现实”，这八个字几乎是十一学校每位老师的行动指南。“非常理想”，指的是组织的目标追求始终不能变。就像李希贵说的，理想不是用来实现的，而是用来让今天所做的事更有意义的。在实施过程中，又要“特别现实”，认清可能存在的困难和挑战，找到问题背后的问题，直到慢慢探寻出一条能走通的道路。

用制度平衡各方利益

当然，我们再进一步思考，两难局面之所以难，是因为它需要平衡的不是问题本身，而是问题所涉及的利益相关方。因此，在用“既要……也要……”公式创造出第三条道路时，领导者还需要注意平衡各方利益的得失。

第二章讲过的十一学校校服选定机制就是一个很典型的例子。先由校方委托设计公司设计款式；同时，学生也可以提供自己喜欢或者自己设计的款式。然后，将这几十种款式汇总起来，依次通过以下几道关卡：

第一关，由学生临时组成的审定小组进行评审，他们拥有淘汰一些款式的权利；

第二关，由教师、家长组成的委员会进行审议，在第一关筛选出的款式中，剔除他们认为不合适的；

第三关，由多方人士参加的校服审定委员会决定校服的最终款式。

这个制度设计，就是平衡各方利益得失的产物，既尊重了学生的审美和喜好，优先给予他们话语权，也尊重了教师和家长的感受，让他们对学生这个未成年群体的着装问题进行适度的把关。

因此，制度设计是实现平衡的有效杠杆，可以让人们的行为越来越朝组织期望的方向发展。

但在现实中，很多组织往往做不到这一点。因为大部分组织虽然都有厚厚的制度手册，但这些制度基本都是在限制甚至是禁止员工的某些行为。这样，组织就会慢慢变成高控制型组织，员工的利他行为也会越来越少。想要扭转这种局面，一个有效的办法是**重视补偿性制度的设计**。这也是平衡原则的重要体现。

就拿师父带徒弟这件事来说，在管理者的潜意识里，老员工负责培养新人是天经地义的事，没什么可商量的。但实际上，师父如果培养出一个优秀的徒弟，就是给自己培养了一个竞争对手，所以他自然不会那么尽心尽力。此时，想要将一方受损一方受益的局面平衡为双方都受益，补偿性制度就起着关键作用。十一学校的实践表明，这类制度应该以物质补偿为第一选择。比如，师父带徒弟是要付出时间成本的。因此，组织理应考虑他们的工作量并给予相应的薪酬补贴。此外，再设置一些荣誉方面的激励，效果会更好。

*

在组织变革的过程中，领导者如何才能看到变革的全景，及时掌握平衡利益的尺度和调节节奏的火候，确保自己理性面对两难局面？这里有必要重申一下李希贵常说的一句话：**“领导者要走在变革队伍的中间。”**

只有走在变革队伍中间，你才能学会对更多的人、更重要的事投注更多的关注。组织变革需要系统的顶层设计，但实施上一定要分步走、小步推，而且推进的方向一定要明确，不能因为走得慢就改变了方向。这些都需要领导者来把控，也只有领导者才能平衡。

在十一学校变革的过程中，大部分时候都是一线老师在策动。当校长出现在老师中间时，他说得最多的就是“不要着急”；或者在风和日丽时，提醒大家不要丢掉雨伞。如此一来，变革便清醒了许多，也安全了许多。这就是一种平衡的智慧。

/ 第四节 /

人性：
让天使跳舞，让魔鬼睡觉

魔鬼随时都会醒来，而唤醒天使的任务却需要精心设计。

作为领导者，你肯定希望组织内部能形成公开、公平的氛围，于是每年年终，很多组织都要求人人述职，要求主管给下属打分。这样一来，每个人都要在部门主管面前展示一下自己，把很多精力都花在了做 PPT 上，甚至还会滋生各种示好行为。殊不知，让员工在不熟悉自己的主管面前述职，只能诱发人性中魔鬼的一面，而且自我标榜也会蔚然成风。

每次去美国考察，我都不喜欢乘坐美国西南航空公司的航班，因为西南航空公司既不让旅客提前选座，也不会在办理登机手续时询问旅客的座位需求，所有人只能上飞机后先到先得。这就意味着候机时你要尽量排在前面，这样上飞机后才能有更大的选择余地。我们每次都被安排在第四批登机，结果上飞机后发现剩下的全都是中间的座椅，靠窗和靠过道的已经被先到的人占了。尽管西南航空被认为是美国近年最成功的航空公司，但是，我仍然不能赞同这种方式。为了敦促乘客尽快登机，减少停留时间，提高周转率，诱使旅客提前排队以便抢到舒心的位置，这将大大释放人性的魔鬼。

十一学校在进行组织变革时，始终从人性的角度出发。无论是结构调整、制度设计，还是产品研发，十一学校首先思考的都是如何唤醒人性中的天使。德鲁克有一句话对十一学校的变革影响很大，那就是**“管理的本质是激发善意”。**

你可能会说，道理都对，但人性太不可捉摸了，每个人都不一样，变革过程中该如何管理人性呢？李希贵认为，**最重要的前提就是不要把人一分为二，不要认为一个人不是好人就是坏人。**这种想法听上去可能有点像小孩子过家家，但在现实中是很普遍的。举个例子。假设公司总部派你去一家子公司领导组织变革，你会不会想，我要是能从总部带几个得力干将过去就好了？事实上，如果你真的带着亲信上任，在那家子公司的人看来，你就是把人分出了亲疏远近，分成了管理者和被管理者、变革者和被变革者。

前面多次提到，变革要改变的不是“事”，而是“人”。人们从来都不是反对变革，而是反对被变革。如果你一来就把大家分成两大阵营，好端端地搞出对立面，大家都在防备、猜疑中看看你这边、想想我这里，实际上是从一开始就给变革埋下了失败的种子。

正确的做法是什么？以十一学校为例，现在十一学校在全国有30多所盟校，不管是承接哪类学校的变革，十一学校都坚持，除了管理体系和课程体系的输出，只派出一位校长。这就是为了让这位单枪匹马去赴任的校长能和学校里的教职工打成一片。这样，大家要应对的就是变革和挑战，而不是新同事。

我们不能简单地把人分为好人和坏人，而要看到人性的两面性。其实，每个人心里都同时住着一个魔鬼和一个天使。魔鬼睡觉，个人的行为就像天使；天使打盹，个人的行为就像魔鬼。

不要刺激人性中的魔鬼

十一学校在进行组织变革时，首先思考的就是如何让人性中的天使跳舞，让人性中的魔鬼睡觉。但是，魔鬼不会主动睡觉。你稍微给它一点刺激，它就会随时醒来。在这方面，李希贵有过多次教训。

1995 年，李希贵到高密一中当校长。为了调动教师的积极性，他采取了按劳取酬的办法，老师上的课多，工资就高。结果是，几乎所有学科的老师都找教导主任抢课时，每个学科的老师都想占用学生更多的时间。表面上，大家都说是因为教学任务完不成。实际上，都是为了多上课、多拿钱。那段日子，教导处几乎成了天天吵架的地方。学生们呢？因为各科老师都要占用更多时间，学生们自主学习的时间减少了，作业量增加了，都感到苦不堪言。

这就是刺激魔鬼的结果。它直接损害的是学生的利益。

后来，高密一中改变了机制，不管你实际上多少课时，也不管你索要多少课时，一律以国家课程方案中规定的课时量为依据来计算工作量工资。也就是说，各学科老师的工作量工资与实际上的课时数无关，只与国家规定的课时有关。机制一变，立刻没有人争抢课时了，教导处也恢复了平静。更关键的是，因为不能靠加课时涨工资，加了课时对自己也没什么好处，反而暴露了老师课堂效益不高的问题，进而将大家的精力都引向了如何提高课堂教学效益上。这么一来，最大的受益者又成了学生。

李希贵从这个事件中体会到，只有学校不和老师斤斤计较，老师才不会斤斤计较。

有人说，人性中的魔鬼总是半睡半醒，他们绝顶聪明，对利益高度敏感。的确如此。十一学校在 2015 年经历的一次教训就很能说明这一点。当时，为了给那些因为工作时间长而在食堂就餐次数多的教职工减轻一些餐费负担，十一学校定了个制度，按照就餐人次，给食堂每人每餐补贴 10 元。你猜怎么着？结果大量不该来的教师家属成群结队来食堂就餐，有些老人为了这增加的 10 元人头补贴，甚至不怕路途遥远，坐免费公交来学校。最后，餐厅排队时长增加，座位紧缺，很多老师还没等吃上饭就得去上课。

你看，一个补贴制度就把人性中魔鬼的一面唤醒了，让人们开始斤斤计较，天天去占小便宜。于是，十一学校赶紧调整，将原来补贴餐厅钱改为直接将钱打到每个教职工的饭卡上，吃不吃都有份。这一改变马上遏制了就餐大军。

这样的事情，不仅会在学校发生，在公司里也随时会发生。比如，有一天客户给你手下某个部门送来了一面锦旗，你非常高兴。那么请问，你是口头简单表扬一下，还是大张旗鼓地向全公司通报表扬呢？如果选择了后者，你就要小心了。因为你这个行动立刻会刺激人性中魔鬼的一面，诱发各部门之间的“锦旗攀比症”，客户也可能会被逼得不得不送锦旗。

像这样的小插曲，在变革过程中可能会经常发生。毕竟变革本质上就是利益的重新分配，而人性中的魔鬼又对利益高度敏感。有了对人性的基本理解，你在调整组织结构和设计制度时，就会有一定的前瞻性。不仅要避免刺激魔鬼、考验人性，还要让人性中魔鬼的一面不好意思醒来、不好意思表现，从而使组织变得健康起来。

鼓励个体和自己竞争

理解了“让人性中的天使跳舞，让人性中的魔鬼睡觉”这个基本逻辑之后，我还想根据十一学校的变革经验，做两点重要提示。

第一，要谨慎处理“适度竞争”与“主动合作”之间的关系。有关竞合关系的相关制度，设计得稍有不妥就会刺激人性中的魔鬼。绝大部分领导者都喜欢看到下属之间相互竞争，而且认为下属之间有竞争更利于自己掌控局面。因此，组织中偏向竞争的制度往往多于追求合作的制度。

学校也是这样。谁都清楚，每个学生的成长都是多位教师合作的结果。但不幸的是，许多学校在评价教师业绩时，不仅只关注学生的成绩，还要根据学生的成绩进行排名；不仅排名，还将名次与个人奖金挂钩。这必然会让人性中魔鬼的一面不断被唤醒，引发教师之间的恶性竞争。虽然你嘴上喊着在学生成长面前，我们要分工不分家，实际的评价方式却让教师互相设防，资源封闭，甚至彼此拆台。这样的生态不仅让教师职业生涯变得无趣，更要命的是会给学生带来负面影响。

那十一学校是怎么做的？前文提到过，十一学校有一条基本原则——“评价团队才能形成团队。”所以，十一学校根本不在教师之间搞什么评比、排名，都是用评价团队来取代评价个人。比如，与中高考成绩有关的绩效奖励，一旦评价的是团队，情况就不一样了。因为只有团队整体水平高，大家才能获得高绩效，所以教研组内部的教师会相互取长补短，把自己好的经验随时拿出来分享。此外，每年高考结束，这一届高三教师团队就会自发组织与下一届高三团队进行经验交接，因为双向选聘机制会让教师进入新的团队，而只有主动分享经验，下一站进入的团队才能越好，教师自己也才能越受益。因此，评价团队就把人性中的合作天使激发出来了。

可是，教师群体就不需要竞争吗？当然需要，但关键是要明确和什么竞争。**十一学校始终避免的是个体与个体之间的高利害竞争，取而代之的是个体和自己的竞争。**

还记得第三章提到的十一学校教师职级吗？我们再来看看这张图（见图 5-6）。

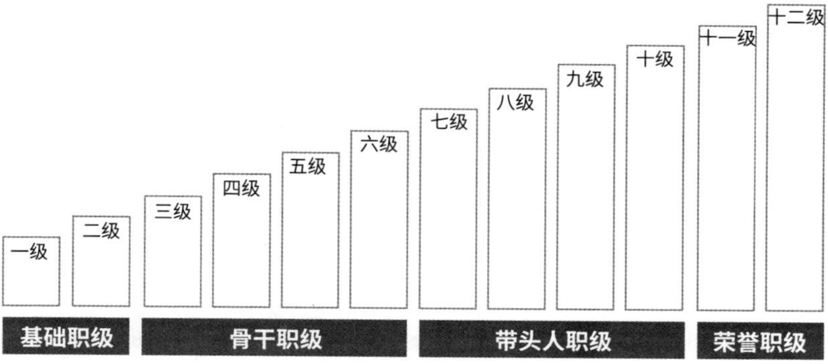

图5-6　十一学校的教师职级

这张图把十一学校教师成长应该经历的每一个台阶都画出来了。因此，每一位教师心里都清楚，自己面临的竞争只有一种，那就是自己的现状和自己追求的向上一个职级的目标之间的竞争。这样一来，怂恿个体和个体进行高利害竞争的魔鬼是不是只能乖乖睡觉了？

西方一位管理学家说过一句话，如果把一群好人放到一个有缺陷的组织里，很快他们就会成为一群互相指责的坏家伙。你看，魔鬼随时都会醒来，而唤醒天使的任务却需要我们精心设计。

第二，既要在不同层次唤醒天使，又要在各个层次防止魔鬼醒来。这里说的层次是指马斯洛需求层次理论中的人类需求六大层次。

还记得上任之初，李希贵做的第一件事是什么吗？是亮明自己的身份。他称自己为“首席服务官”，甚至经常开玩笑说，“为老师们服务的事儿，你们可都别跟我抢”。这个首席服务官所做的事就是解除老师们的后顾之忧。家人生病了，他帮着找医生；孩子要工作了，他帮着找单位；还有交通救援队、校内幼儿园；等等，都在他的服务范围之内。你看，这些动作是不是在生理和安全层次满足了老师们的需求？如果你是老师，肯定会想，这个校长挺靠谱，能实实在在地为我们做实事。

第一章第一节还说过，启动变革时，李希贵带领大家提取了学校 60 多年来的关键成功因素。你看，他没有另起炉灶去树一面变革大旗，或者振臂一呼说“我们要变革了”，而是尊重学校的传统，把变革设计成“成功之上的成功”。这是在满足人被尊重的需求。

此外，把薪酬体系设计成成长全景图，将应得的福利转化为激励因素，这些是更巧妙地通过社交和自我实现等高阶需求的实现带动了安全等低价需求的满足。

除了基本需求的满足，李希贵还从人性出发，进行高层次制度设计。最典型的就是上一章第四节介绍过的教师学术年会。每位老师可以把自己一年来最成功的教育智慧、教学策略，甚至工具箱、脚手架等产品拿出来交易，他们也会收到学校配发的虚拟校园币，自主购买自己认为有价值的产品。当然，谁的产品被购买的多，谁就有较高的销售收入。这其实是在满足老师们超越自我的需求。

当学校把老师们的后顾之忧都解决了，人性中的天使又会开始跳舞，整个学校就会呈现出领导者梦寐以求的“奉献的境界”：现在，如果你每天下午四点半走进十一学校，你一定会看到，所有老师都在对学生进行个别化辅导，把所有精力都投注到学生身上，没有人会因为加班加点工作而斤斤计较。下午六七点，老师们又会自发组织各种专业发展工作坊，比如每周一的教学沙龙，每周二的管理沙龙，每周三的读书沙龙，每周四的技术助力教学沙龙，等等。这些并非根据行政指令展开的组织，都代表了老师们希望在专业上不断精进的自我追求。

*

最后，我还想推荐两本书，也是李希贵校长推荐给很多老师的两本书。

一本是玛丽凯的《掌握人性的管理》。十一学校的司机张明明有一次跟我说："我已经读完了这本书，发现这本书传递出来的最重要的理念是，**让每个人感觉自己很重要。**看来我以后还得从这方面多思考一下怎么改进自己的工作。"

另一本是卡耐基的《人性的弱点》。十一学校教导主任刘笑老师的案头有 5 个版本的这本书，是李希贵在十一学校组织变革的不同阶段送给他的。刘老师说："这本书改变了我的思维习惯。它告诉我，**当我看到一个人的人性弱点时，不要急于去放大；相反，要立刻在他身上找到一个人性优点去发扬，**这样才能激发善意。换句话说，这也是一个组织最应该去做的事。"

/ 第五节 /

核心价值观：在变革中塑造组织的品格

核心价值观是高管给自己戴的“紧箍咒”。

行文至此，一直是组织的领导者在推动着变革。但变革成功的标志，其实是离开了你这个推动者，组织还能持续成长，还能继续向前、基业长青。要想看到这样的局面，组织就要有自己的灵魂。**组织要想有自己的灵魂，就必须有核心价值观。**

李希贵认为，一个组织的领导者不应该把自己定位为组织生命的抢救者，让自己长期顶替组织的某些器官。而变革，实质上是在塑造一个组织的品格，也就是核心价值观，让组织形成可以自我调节和自我生长的生命体。

借助核心价值观找到正确方向

十一学校的核心价值观共有四条，前文均已提到，这里再汇总一下。

第一条，竭尽全力帮助教师，以便教师竭尽全力帮助学生；

第二条，教育学首先是关系学，润滑关系以奠定教育的基础；

第三条，把钱花在离学生最近的地方；

第四条，认可稳定的质量以追求学生的长远利益。

确立这四条核心价值观一个最直接的好处是，组织中的每个人都有了“有所为，有所不为”的判断标尺。在选择的关头，大家都知道该怎么选。

举个例子。我们提到过十一学校有一个交通救援队，老师如果在通勤途中遇到了交通事故，可以给救援队打电话，救援队会派人去处理。在制定交通救援队的职责时，有人提出，要对老师遇到的交通事故区别对待，有些事故明显是老师自己违规造成的，那就不该救援。

这听起来是不是有点道理？但如果用核心价值观来衡量一下，就会发现不是这样的。十一学校的第一条价值观就是“竭尽全力帮助教师，以便教师竭尽全力帮助学生”。学校设置交通救援队的目的是帮老师解除后顾之忧，让老师能尽快回到工作岗位上，从而保护学生的利益。因此，学校不负责评价老师在交通事故中的是非对错。你看，有了核心价值观的指引，在选择的十字路口，就不难做决定了。

核心价值观最能派上用场的，往往是冲突经常发生的地方。《基业长青》的作者柯林斯说过：**“在艰难的决策、充满挑战、发生矛盾冲突的情况下，核心价值观可以成为北极星，帮助你找出正确的做法或正确的行动方式。”**

十一学校就发生过这么一件事：一名高二学生因为犯错受到了年级处分。这名学生接受处分，但他向老师提出了一个请求，就是他母亲正在住院，他希望学校能等母亲康复出院后再对他启动处分。原来他有一个脾气暴躁的父亲，如果没有母亲在，他担心父亲会对他拳脚相加。

围绕这件事，年级展开了激烈的争论。最后，学校答应了这名学生的请求。这其中又是核心价值观在起作用，就是“教育学首先是关系学，润滑关系以奠定教育的基础”。老师们认为，任何时候都不能破坏师生关系。相反，老师要对学生富有同理心，哪怕学生受到了处分。

事实证明，这样的处理方式让师生之间的信任度得到了提升，彼此之间的关系也更好了。这名学生后来考取了一所“211”大学，而且每年都会回来看望老师。也正是因为这个事件，学校形成了一条制度——用学生可以接受的方式处分学生。

核心价值观是给高管的“紧箍咒”

说到这儿，你可能会说，我也知道核心价值观很重要，在启动变革时就确立了核心价值观。但是，这些价值观好像很难落地，员工不太能执行。这是为什么呢？领导者通常认为，价值观是给下属制定的。错了，**李希贵说，核心价值观是高管给自己的“紧箍咒”**。比如，华为的核心价值观“以奋斗者为本”，这是要求员工的吗？不是，这是提醒高管的。

《哈佛商业评论》有一期封面文章写得非常好，十一学校曾将它发给所有盟校校长学习。其中有一段话特别中肯，说的是：核心价值观的确立与形成共识无关。它是高管们花了较长时间慎重确定下的一系列战略上合理的坚定信念，并且自己身体力行地“推广”给员工。它不是说教，而是需要高管们将其整合到与员工相关的每一件事务中，包括雇用方法、绩效管理系统、晋升和奖励标准，甚至是解雇政策。也就是说，要将核心价值观融入员工从第一次面试到离开组织的最后一天的所有事务中。

请注意这段话中的关键词——**“与共识无关”**。对，一个组织的核心价值观不是上下都认同的观念，而是领导者率先垂范的观念。领导者严格遵循，慢慢影响到身边的人，最终融入组织，成为文化。

十一学校“竭尽全力帮助老师，以便老师竭尽全力帮助学生”这条核心价值观是怎么发挥作用的？就是李希贵先亮明自己“首席服务官”的身份，然后身体力行，帮助每一位老师解除后顾之忧，这之后它才成为组织认同的文化，并影响到了每一个人。同样，“教育学首先是关系学，润滑关系以奠定教育的基础”这条价值观，是怎么帮助构建良好的师生关系、生生关系、家校关系和干群关系的？是学校先制定了关于评优、晋级、工资等的制度，而这决定了大家不会你争我夺、斤斤计较。在这个过程中，又是谁在起决定性作用呢？还是校长。

核心价值观就是“领导力影子”，职位越高，投射的影子越长。当你转变到这个视角，就不会轻易责怪员工怎么不去践行核心价值观了。相反，遇到任何问题，你首先会内归因，把解决问题的变量放在自己身上，你改变了，别人才会改变。

比如，位于北京昌平的未来城学校，成为十一学校盟校后确立了一条核心价值观——“让学校所有的场所都承载学生的学习。”这条价值观一确立，学校里的校长办公室居然没了——校长走动式办公，或者在教师协作区现场办公。因为所有场所都以先确保学生学习为重，也就是说学校里任何一个空间，学生都可以预约使用。

很多知名企业也会用核心价值观来锁定行为。比如，有一家著名奶制品连锁商店，它公司门前的石头上刻着两条核心价值观，这两句话影响了全世界的商业逻辑：第一条，客户永远是对的；第二条，如果客户错了，请重读第一条。

这说明什么？如果你始终认为客户是对的，你就会内归因，会把解决问题的变量放在自己身上。这样一来，你就要研究怎么继续和客户构建关系，怎么在不发生冲突的情况下解决矛盾。

圆桌集团（The Table Group）创始人兰西奥尼说过，如果你不愿意接受价值观承诺带来的内心冲撞与痛苦抉择，那请不要费心去编写和声明核心价值观，因为这会带来负面效应，你身边的人都会对此嗤之以鼻。所以，一旦确定了核心价值观，你就必须坚守。

确立核心价值观的三大关键点

在确立核心价值观时，泛泛而谈什么坚持创新、用户至上、以人为本等，肯定是不行的，那充其量是一般价值观。而“核心”价值观长什么样呢？打个比方，**核心价值观犹如职业装，像消防员、空姐、医生等，让人一眼就能够识别出你这个组织与众不同的地方。**说白了，一个组织的核心价值观，必须是量身定制的。

我和李希贵在帮助 30 多所十一学校盟校确立核心价值观的过程中，形成了一套方法论，其中有三大关键点你可以试试。

第一个关键点，把握住行业命脉。

流媒体巨头奈飞，之所以能在短短几年内迅速发展，就得益于其核心价值观：人才重于流程，创新高于效率，自由多于管控。

大家都懂得，对这类公司而言，人才第一，没有创新就没有生命。但人才都是需要自由的，他们可能五年都没有做出什么产品，但只要做出一个产品就能一鸣惊人。所以，奈飞的核心价值观能够吸引大批优秀人才。

十一学校开办幼儿园时，也组织老师们探讨过一个问题：怎样才能让一个孩子的潜能被发现、被激发？最重要的一条就是要让他有安全感。如果没有获得安全感，他来到这个地方感觉自己是外人，感觉是到了老师的教室，他就不可能把天性释放出来。于是，“安全感高于一切”就成了十一学校幼儿园的一条核心价值观。

还有，孩子的天性是亲近大自然，而现在的幼儿园户外活动太少。所以，“能户外不室内”又成了十一学校幼儿园的一条核心价值观。幼儿园要最大限度创造户外课程，排课的时候把园外排满，没有办法了才把课排到室内。这就是从行业规律出发，确立价值观。

第二个关键点，在容易出问题的领域亮明态度。

一家著名战略咨询公司确立的核心价值观是，“始终控制进展的动力”。为什么这么定呢？咨询公司介入一个机构就是要策动一场变革，期望变革的高管往往希望快：快推进、快实施、快出成果。但是，好多变革就栽在“快”上，所以这个原动力能不能为咨询公司所控制，是评估咨询公司是否成熟的重要依据。

同时，这家公司还有一个核心价值观——“道不同不相为谋。”也就是说，假设你正在跟一个单位谈合作，中间发现对方和你的价值观相去甚远，那就不要继续谈下去了。否则，就算将就合作了，后面也一定会屡屡出现问题。

正是借助这两条核心价值观，这家公司在容易出问题的领域亮明了态度，进而将起初看起来有赚钱潜力，最终却会导致灾难的“机会”消灭在萌芽状态，同时也能抵住诱惑不与错误的对象合作。发展到现在，这家公司已成为行业标杆。

再来看学校。为了提高升学率，能不能根据班级的高考成绩给老师排名？十一学校的答案是不能。

首先，十一学校的第四条核心价值观就是“认可稳定的质量以追求学生的长远利益”。有了这一条，你就不能把升学率年年攀升作为目标，因为这一定会违背教育规律，让学校走捷径，突破底线。

其次，第二条核心价值观是“教育学首先是关系学，润滑关系以奠定教育的基础”。有了这一条，你就不能根据高考成绩对高三的多位老师进行排名，否则就会引发竞争，甚至是不正当竞争。没有好的同事关系，能有好的学生关系吗？也是不可能的。

正是这两条核心价值观，让十一学校在容易出问题的领域亮明了态度，于是大家就会判断自己的日常行为如何指向学生成长。那些急躁冒进、追求短期成绩的行为，自然就被遏制了。

第三个关键点，在模糊地带设置是非边界。

比如“把钱花在离学生最近的地方”这条核心价值观中，“最近的地方”是什么，又不是什么呢？

十一学校认为，不是非要把钱直接花在学生身上，更不是为学生当保姆，提供过度的资源，而是要看所花的钱带来的效益是否最终体现在学生成长上。

与学生成长关联最大的是教师。所以，你到十一学校参观就会发现，教室里的教师座椅是所有家具里最好的。为什么会这样呢？因为教师要长时间和学生交流，对学生进行个别化辅导，所以坐的椅子必须舒服。

还有前文提到的，十一学校会在下午四点多，安排志愿者帮老师接孩子，因为老师这时正在辅导学生。

你看，虽然这些钱没有直接花在学生身上，但最终能让学生受益。

在十一学校，200 多个预算单位都非常清楚，自己的每一笔花销到底与学生的成长有怎样的关联。当核心价值观在模糊地带确定起清晰的边界，就比较容易落地。

当然，核心价值观也并非所有人都认同的东西。如果每个人都同意 CEO 的意见，说明它还不是让你这个组织与众不同的决定性因素。也就是说，它还不是你的“职业装”。

最典型的案例就是乔布斯提出的核心价值观“要给梳妆台的背面上漆”，意思是即使客户看不到的地方也要精益求精。这条价值观提出来之后，有些人大加赞赏，也有些人认为这是低效而昂贵的，但乔布斯始终坚持，并身体力行地在公司慢慢推广，最终让它成了苹果公司的品格和文化基因。

价值观是易碎品。当一个组织允许领导者因为遵守价值观而暂时受到损失，当一个组织接受员工在实践这些价值观时可能会做过头，或许这个组织就找到了真正的核心价值观。接下来，变革就可能在组织内部扎下根，组织也能在自身品格的塑造中焕发出持续健康的生命力。

*

正如变革大师约翰·科特所说：“变革是一套按照正确顺序进行的连贯动作。”

在本书中，我们深入解剖了北京十一学校的组织变革案例。先是用前四章讲了怎么按照科学规律一步步展开变革，最后这一章又讲了贯穿变革始终的五个底层逻辑。十一学校用自己的变革经验证明，如果按照这套方法做，你将会看到一幅人人被赋能、人人被激发的美好图景。

北京十一学校的“不为”与“有为”清单

一个长期主义的走向卓越的组织一定是以核心价值观为北极星指引自己行为的。十一学校认为只有“有所不为”才能确保“有所作为”，不为的内容就是价值观的体现。因此，学校以核心价值观为引领，梳理了一份“不为清单”。其中“不为”是一种价值观在是非地带的亮剑；而“有为”则是确立了不为边界后的解决方案。

不为	有为
不接受家长送礼。	· 取消行政班，没有班主任；选课走班，让孩子在大大小小的集体中成长，家长想送礼也不知道该送给谁。 · 家长一入校就会有摄像头摄录，凡是手提礼品袋的都会被重点跟踪，直到礼品被放回车里或拿走。
不挖任何一所京内学校的成熟教师。	· 按照教师成长全景图自培教师。 · 与国内学校等距离交往，赢得友校的尊重。
不在校长办公室接待家长或访客。	· 访客一律在公共接待室或会见室见面。

续表

不为	有为
不参加下属的任何圈子聚会（如来了共同的朋友吃饭；鼓励竞赛、高考小团队等）。	· 与每一位下属等距离交往。 · 安排与来访者关系最近的管理者接待。 · 采用多样化的激励方式。
不在朋友圈转发为下属个人 / 团队点赞的链接。	· 公平对待每一位教职员工，让员工有安全感。 · 通过自我管理，限制个人爱好倾向，不刺激人性中的魔鬼。
不利用学校公众号、海报等传播媒体“自嗨”。	· 多宣传老师和学生，不宣传学校和校长。 · 使用减法工具，尽可能替代容易产生“自嗨”行为的公众号等传播途径，促进老师把最主要的精力集中在具体学生身上。
不为社团安排专业技术指导教师，不提供固定的活动场地和活动资金。	· 保持平等融洽的师生关系，当学生需要帮助时，可以主动向老师寻求帮助，提升学生的沟通、协商能力。 · 开放学校的公共空间，学生社团可以结合实际需求，在老师的协助下预约使用会议区和报告厅，通过先到先得的方式使用其他校内公共区域，充分利用校内场地资源。 · 在校内搭建学生学习产品的交易平台（如红窗汇和狂欢节），支持学生社团的日常售卖活动，让学生社团有机会通过提供创造性的产品和服务获得社团资金。每学期组织社团星级评价，根据社团的运营情况，为四星级及以上社团发放一定的社团奖学金，让社团运营成为学生的真实挑战和锻炼平台。 · 鼓励社团承办校级活动，获得来自学校在宣传、场地和活动物料等方面的支持，鼓励学生自主学习探索未知领域，提升学生解决真实问题的能力。

续表

不为	有为
不规定校内空间的具体功能和使用人群。	· 年级区域内学科教室在上课时段作为教学和自习空间，课后由学科教室老师安排，用于答疑、教研和社团活动等，特殊时段（如诊断周等）年级统筹安排，提高教室利用率。 · 学校公共空间使用师生平等，分为可预约和先到先得两类，可预约的空间提前一个月开放预约，预约人对场地负责；先到先得的公共空间由师生自主使用；课后时段有教导处值班老师在公共区域巡查保证基本行为规范。 · 体育运动类场地在优先满足校队训练和比赛的前提下，遵循先到先得的原则，尽量充分利用。课后时段场地区域内有体育老师关注学生使用情况，及时发现并协助解决可能出现的场地使用冲突问题。
不以一刀切的方式要求学生。	· 能助力一部分学生成长的要求，也许对另一部分学生是不合理的约束。在基本的校纪校规得到尊重的前提下，尽量不设立过多规则，而是通过相关群体共同协商、制订公约的方式，保证校园生活各领域行为规范的有效落实，通过让学生充分参与来提升学生的规则意识。 · 支持并推动学生会权益部和学生代表大会代表发现真实问题，提出可行的建议，并监督推动落实。这样根据个体情况提出的建议和要求才能真正起到作用，同时也提升学生的责任感和行动力。

续表

不为	有为
不组织统一的集体跑步。	· 培育学生社团、体育俱乐部等学生自组织，鼓励学生团体自主协商，灵活选择运动时间。 · 建设并完善学校体育运动场馆和设施，为学生体育运动创造条件。 · 开发丰富多样的体育选修课程，提供体育达标的多种途径，以培养学生的运动兴趣和运动习惯。 · 在校级和年级层面组织体育季，包括专业竞技类和群体趣味类体育比赛，让学生为自己奔跑，为同伴喝彩。
不组织统一的午睡。	· 全校的作息时间表中，在中午预留 1~2 节课的时间，供学生自主安排，用于午饭、午休以及其他午间活动。午饭后不需要午休的同学可以选择阅读、运动、办理日常事务等，以尊重个体生理差异，提高学生的规划能力。 · 中午时段，在年级区域开放午间休息区，保证安静的外部环境，供学生自主选择。
不包办、不代替成长，不占用学生的自主时间。	· 在各学科的课程中，培养学生自主学习能力和独立思考能力，帮助学生学会做规划、做选择。 · 帮助学生学会管理自己的学习，有意识研究学习规律，逐步形成适合自己的学习方式，引导学生在各种活动中不断认识自我，发现自我。 · 搭建多元成长平台，每天课后在自主规划时段提供丰富多样的选择，包括各类综合实践课程、体育运动、学科答疑、社团活动等，让学生在经历和体验中体会自主规划的过程。 · 树立学生榜样，分享成长故事，让学生收获自主规划提升后的成就感，正向引领，让更多学生学会自主规划，为自己负责。

续表

不为	有为
不要求学生选择统一的“特色课程”。	· 在学生自主时间，提供丰富、多样、可选择的综合实践课程和活动，老师在年级区域等待学生约见答疑，社团活动集中在这一时段，学生可以结合自己的实际需求选择适合自己的活动或课程。 · 充分利用学校资源，通过邀请各行业专家、设计各类高端体验类活动，让对不同领域感兴趣的同学都有在学校获得优质学习资源的机会，适合的才是最好的。 · 对于某一类特别优质的学习资源，可以通过学科、年级或社团，定点邀请相关的学生团队深度参与，提高课程的参与度和资源的利用率。
不通过“全体关注”给学生的表彰类活动增加仪式感。	· 通过提升个体的参与体验保证仪式感，让学生的名字被记住，高光时刻被看见。例如，每学期校级奖学金颁奖典礼不组织全校参与的颁奖活动，只邀请获奖者及家人和自己熟悉的老师参加，见证获奖同学的高光时刻。 · 提升表彰类活动中在场师生的参与感，让所有参与者都有收获，而不只是自己得到颁奖和看别人颁奖，让学生有记得住的故事、有能带走的经验、有印象深刻的互动环节。
不帮学生违规修改成绩。	· 课程开始时充分告知课程的评价标准，严格按照标准执行，提升学生的规则意识和诚信品质。 · 对待学生一视同仁，不因为部分学生的需求破坏规则，为学生提供公平的校园环境。
不迫于家长压力违背教育规律。	· 通过有效的家校协作，确保家长与年级老师能够及时高效沟通。 · 坚持开办家长课堂，一切从有利于学生长期发展的角度出发，让家长与学校协同面对具体的学生。 · 明确学校和家庭在学生成长过程中的权责，互相尊重。

续表

不为	有为
不把成绩作为评价学生成长、成才的唯一标准。	· 提供多元的评价体系，多把尺子评价学生。例如在奖学金体系中，校级奖学金与成绩无关，关注学生在某些方面特别的贡献或突出的表现；在日常评价体系中，每月百星由年级确定主题，关注学生在各方面的点滴进步；荣誉称号方面，除学习成绩外，同时考察综合实践课程、技能测试水平和行为规范等方面。 · 打通多元成长路径，形成能支持不同学生潜能发展的成长系统，搭建各类平台和机会榜，让学生在校园生活中找到成就感和认同感。 · 对学生的学习过程（包括学习策略和落实投入）进行观察分析，从培养人本身的角度寻找教育策略和方案，让学生能够意识到，分数只是最后的一个结果，重要的是过程，更重要的是人本身。 · 年级层面，无论是每学段的表彰会，还是其他非正式的表彰方式，都坚持多元角度，让学生得到关注和赞美。
不推行统一的教学模式。	· 面对差异化的学生，构建分层分类的课程体系，以丰富、多样、可选择为课程设计的基本原则。 · 建立课程研发平台和优秀教学资源分享平台，为教师的分层分类教学提供资源支持。 · 以作业设计、学科考试命题、课例研究、学习诊断分析为切入口，有针对性地对学生差异化的学习过程予以适切的支持。 · 在课程实施过程中，研发适切的工具、脚手架，以支持差异化的学习过程。 · 在课程改革的过程中，鼓励先进，允许落后，搭建优秀成果分享平台，通过正向引领的方式，让更多老师主动加入，敢于尝试。

续表

不为	有为
节假日不静校。	· 图书馆、体育馆和食堂等服务部门假期正常开放，学生可以刷卡进入自己年级区域的学科教室自主学习。 · 保卫处监控室关注校内各区域的情况，发现安全隐患及时到场，发现违纪行为及时反馈到教导处或年级。
不要求老师坐班、签到打卡，不检查老师的教案。	· 聘任是最好的评价，实行双向选聘，不通过考勤等类似方式评价老师。 · 通过工会的各种服务支持工作（如教职工子女课后兴趣班），解决老师的后顾之忧，让老师有更多的时间可以留在教室研发课程、陪伴学生。 · 维护融洽和谐的师生关系，创造更多增进师生感情的机会，鼓励校友返校，让老师在日常生活中总是能找到幸福感和成就感。 · 为老师提供职业发展的更多可能性（如项目研究、兼职岗位等），让老师的日常工作自带动力。
不通过组织会议的方式解决简单的通知类问题。	· 充分利用企业微信等各类线上平台和工具进行协作，通过技术方式解决点对点通知、信息收集反馈、逐级审批等流程性工作。 · 需要定期或周期完成的工作，形成基本的工作流程和工作机制，每次结束后复盘内容写入工作清单，借助服务支持部门稳定传承工作经验。

续表

不为	有为
不请校长在开学典礼、全校升旗仪式等全校学生集会的场合讲话。	· 请校长在成人仪式、毕业典礼、学代会闭幕式以及奖学金颁奖典礼现场发言，面向的学生群体在年龄或类别上相对集中，可以通过发言的形式，更有效地实现教育目标。 · 校长通过狂欢节、红窗汇等活动，与学生建立联系，通过校长有约、学生会沟通等方式听取学生意见反馈，了解学生真实感受和实际需求，保持与学生的紧密联系。 · 明确全校学生集会活动的教育主题和教育目标，通过更生动的事例和典型的师生分享来实现教育目标。
不举办全校性、综合性运动会。	· 鼓励举办单项赛事。 · 鼓励以运动俱乐部为单位的活动。 · 鼓励学生之间结成运动伙伴，学会在无人关注、无人喝彩的时候为自己而奔跑。

后记

到这里，我已经把变革的一套完整方法都呈现给你了。其实，这本书也可以帮你解开另一个迷惑：怎么区分管理者和领导者？变革领导力就是区分管理者和领导者最重要的特质。

变革领导力是每一个处于高层位置的人的核心能力，是校准组织战略、平衡相关利益、调节发展节奏，进而推进组织自身不断响应、适应新情况并且不断优化的能力。在变革过程中，你必须和团队一起重新确立愿景、使命、核心价值观和战略目标，让关键人物主动投入到变革的滚滚洪流中。尤其是当变革遇到绕不过去的难题甚至陷入困境时，你仍然要能够凝聚人心，带领心态、利益各不相同的人循着变革的道路前行。而且，这一切都不能损害眼下组织的运行，因为在愿景成真之前，人们更关心的是目前的境遇。这是一种无孔不入的全方位挑战。

这时，领导力已经不是书本上苍白的文字，而是活生生、热辣辣的现实。你面对的每一个人、每一件事，都将成为你和团队的一次洗礼。犹豫、彷徨、纠结、不安，可以有，但不可以主宰你的内心；苦恼、沮丧、愤怒、不解，可以有，但不可以影响团队的士气。

诚如李希贵校长所说，“变革就像和平时期的将军突然来到血腥的战场，丝毫没有回避的可能，尽管你可以随时转身，但却绝不可以后退”。

我还想告诉你，如果不曾亲身投入一场变革，你永远不可能知道自己的潜能有多大——变革会让你打破自己的舒适区，接受全新的挑战，而这往往会孕育无限的可能。这也是我的切身体会。原本，我只是抱着变革记录者的身份和心态走进北京市十一学校的，但在静水深流的变革过程中，我学会了读懂课堂、读懂师生的内心世界；我不再只是每次约几位亲历者做访谈，而是走进他们每天的生活，甚至与他们一起探讨改进的可行性方案；我逐渐成长为十一学校盟校的战略咨询专家、李希贵校长最重要的助手之一，并在他的引领和指导下推动了一所所学校完成变革，甚至还研发出了面向领导者的变革实践课程。

因此，在这里我最想感谢的人就是李希贵校长。他改变了我的人生轨迹，让我明确了自己的人生目标。更重要的是，他让我亲眼看到了一位卓越领导者的可贵品质：竭尽全力成就他人，善于激发他人的潜能，持续的成长性与学习力，谦逊而坚定……他对人性的洞察、对关系的理解、对平衡的把握，都让我受益良多。

我还想感谢罗振宇老师和脱不花老师。2019 年起，他们就开始对李希贵校长进行每月两次的深度访谈。通过他们犀利而深入的提问，李希贵校长的变革实践经验被萃取出来，并被转化成更加适用于不同特质组织的知识和智慧。2021 年，在罗老师手把手的指导下，我又完成了音频版课程《沈祖芸·组织变革 20 讲》。这本《变革的方法》，就是在课程的基础上进行的大迭代。

说到这次大迭代，我还要诚挚感谢定力十足的白丽丽老师，耐心细致的王青青老师、翁慕涵老师和吴婕老师。没有这个强大的策划、编辑团队的全方位关照和一次次激励，我难以想象自己能完成这个创作工程。

最后，我想隆重感谢我的母亲顾爱玉老师。她是一位从事特殊教育的工作者，从教师到校长，再到上海特殊教育研究所所长，她把毕生精力都献给了特殊教育事业。应该说，我对学校的理解、对组织里各种关系的洞察、对变革样子的最初构建，都是在母亲的耳濡目染中建立起来的。2014 年以来，我开启了长期的“京沪两地”工作模式，尤其是随着十一学校的变革不断深化，我回上海的时间越来越少，母亲一个人忍受着孤独、等待、盼望。但是，她始终用祝福的笑脸激励我“加油，不要让给你机会的人失望”，她让我相信自己始终走在一条正确的道路上。

期待看完这本书的你，能和我一样发现并走进一个全新的世界。

沈祖芸

2022 年 11 月 12 日于北京

附录1：

北京市十一学校行动纲要

（2022年1月10日第十三届二次教代会通过）

《行动纲要》在继承学校文化与价值观的基础上，在学校运行的主要领域明确师生员工的行为准则，为构建学校治理体系、开展教育教学工作、落实立德树人、培养社会主义建设者和接班人等提供引领。

《行动纲要》是学校办学的纲领性文件，是学校今后六年工作的总纲。每三年一次教代会审议和修订，每次修订都是面向以后六年的行动纲要。

第一章　愿景、使命和办学准则

第1条　愿景

我们的愿景是：把十一学校建设成为一所受人尊敬的伟大的学校。

伟大的学校应该是一所师生品格崇高、才识卓越并具有谦虚品质的学校。

第 2 条 使命

我们的使命是：创造适合每一位学生发展的教育，将“十一学生”塑造成为一个值得信任的卓越的品牌。

第 3 条 办学准则

我们的办学准则是：

1. 与共和国一同成长，共和国的利益高于一切；

2. 认可稳定的教学质量以追求学生长远利益；

3. 竭尽全力帮助教师，以方便教师竭尽全力帮助学生；

4. 教育学首先是关系学，润滑关系以奠定教育的基础；

5. 把钱花在离学生最近的地方。

第二章 战略目标

第 4 条 战略目标

我们的战略目标是：

1. 初步完成从教到学的转型，让学校成为学生学会学习的地方；

2. 学生多元综合发展得到广泛认可，形成能支持不同潜能学生的成长系统；

3. 建设一支能领导学生学习的教师队伍；

4. 创造能够满足教职员工多元需求的好工作。

第三章 培养目标

第 5 条 学校着力于培养志远意诚、思方行圆，即志存高远、诚信笃行、思想活跃、言行规范的社会栋梁和民族脊梁。

通过引导学生进行职业与生涯规划，确立远大目标，启发学生立志成为某一领域的领军人物或杰出人才；诚信做人，让每一位十一学生成为值得信任的人；强化学生自律意识，培养学生自主管理能力；鼓励独立思考，培养有自己想法的学生。

第四章　治理体系

第 6 条　学校治理体系包含治理结构和运行机制两个方面，以实现能用结构解决的就不用制度，能用制度解决的就不靠开会。

第 7 条　学生成长责任中心。年级是师生相处最频繁的地方，也是学校产生价值的教育教学一线。每一位教师都要对学生起到立德树人的育人作用。年级形成围绕每一位学生的成长责任中心，发挥全员、全程、全方位育人的作用。

第 8 条　战略高层。学校由六大治理主体共同组成战略高层。包括学校党组织、教职工代表大会、校务委员会、学术委员会、学生代表大会和家长代表大会。

党组织是学校的政治核心和战斗堡垒，保障正确的办学方向。

第 9 条　坚持“决策发生在信息最充分的地方”原则，让听见炮火的人指挥战斗。

第 10 条　分布式领导。学部、年级和各部门要依据不同的任务特点和成员能力，确定不同岗位的领导职责，根据实际需求和实施效果动态更替，逐步实现由管理走向领导。

第 11 条　支持人员。每一位支持人员要通过服务内部客户来明确各自的岗位职责，倾听客户的声音，设身处地为基层师生服务，在服务一线的过程中体现并提升自己的专业价值。

第12条　研发平台。研发平台决定着一个组织的创新能力和变革节奏。不为研发平台单独设置岗位，通过项目组、招投标等机制进行产品研发，以持续满足教育教学一线的需求。

第13条　双向选聘。聘任是最好的评价。学校实行教职员工与学部、部门双向选择的聘任机制，以实现人力资源的优化组合，尽可能让教职员工找到适合自己的岗位。

第14条　薪酬、荣誉和福利体系。学校坚持按劳分配、按岗取酬、绩优酬高、薪随岗变的薪酬分配原则。把薪酬体系设计成员工成长全景图，确保合理的晋升通道；让荣誉体系成为自我实现的入口；赋予福利体系集体荣誉感。

第15条　权力链切分。根据承担责任的需要，让处在不同岗位的人拥有相应的权力。能给下一级的权力，不要留在上一级；能在下一级组织的活动，就不要放在上一级；能在上一级处理的麻烦，就不布置给下一级。任何权力都要有相应的监督，对每一个岗位都要建立相应的监督机制，以确保责任的落实，防止渎职和腐败现象的发生。

第16条　责权利匹配。学校与各学部、各预算单位实行责权利匹配的管理机制，在人事、财务、教育教学诸方面明确不同层级的责任，同时赋予相应的权力。确保每担起一份责任，就能获得一份权力，还应当拿到一份利益。

第五章　教师

第17条　教师肩负着培育学生精神生命的神圣职责，教师从事着世间最复杂的高级劳动，教师的职业不仅是传承过去，更是创造未来。教师的职业定位是，在学生未来对社会的贡献里发现自己的人生价值，在学生今日之爱戴与未来的回忆中，享受富有乐趣的教育人生。

第 18 条 优秀教师应该是师德的表率、育人的模范、领导学生学习的专家。

第 19 条 教风决定学风，教师对待职业的态度影响学生对待学业的态度。教师必须以高尚的人格影响学生，通过优良的教风，影响和带动学生良好的学风。

第 20 条 学生在你心目中的地位有多高，你在学校中的价值就有多大。任何一位老师都可以有自己的个性甚至缺憾，但都不可以轻慢学生、忽视教学；我们可以原谅许多，但永远不能原谅的是对学生和教学的轻慢态度。

第 21 条 树立正确的学生观。在老师的心目中，不应该有坏学生，只可能有心智发展不成熟的学生；学生成长道路上的错误，就像学习走路的幼儿跌跟头，绝大部分跟道德品质没有多大关系，每个错误都意味着成长，教师要有"祝贺失败"的修养；不要埋怨学生，当教育教学效果不如意时，先检视自己；关注每一位学生，学生对公平的期待远远超出我们的想象，每一位学生都是一个世界，要十分小心地呵护每一位孩子的世界，即使她是不完整的。

第 22 条 自我反思与终身学习。善于分析自己劳动的教师，才能成为一名优秀的有经验的教师（苏霍姆林斯基）；我们的"本来"在不断折旧，必须通过持续学习以实现自我保值和升值；要注意职业规划，不断更新自我。

第六章 学生

第 23 条 勇于担当。十一学生应该胸怀天下，具有民族责任感和历史使命感；应该勇于担当责任，自觉为国家、为团队、为家庭、为朋友排忧解难；自觉奉献社会，主动服务他人。志远行近，既胸怀天下，又脚踏实地，具有强烈的自我发展动力。

第 24 条 诚实守信。慎独自律，信守承诺，成为值得信任的人。

第 25 条 懂规划，会选择，善学习。学会自主学习，重视学术成就，有意识地研究学习规律，逐渐形成自己的学习方式。不断认识自我，发现自我，并按照自己的职业规划学会选择。

第 26 条 懂得尊重。尊重自己，悦纳自我；尊重规则和秩序，不随意侵犯他人的自由权利；要尊重父母家人，尊重老师长者，友善同学，学会用谦恭的态度与人交往。

第 27 条 拥有感恩之心。别人的帮助让我们获取幸福，帮助他人让我们传递幸福；懂得随时回报他人，并以感恩的态度回报社会。

第 28 条 克己让人。具有良好的沟通能力，坚持平等对话，学会换位思考，培养协商与妥协的能力。

第 29 条 领袖气质与谦虚品格。独立思考，具有自己的想法，勇于挑战自我，严于责己，归功他人。关注社会，关心他人，乐于参与，善于决策。主动锻造自己的领导能力。谦逊而有韧性，质朴而无畏，能在不同的团队中找到自己的位置，承担相应的责任。

第 30 条 全面发展，学有特长。在追求学业好成绩的同时，提升自己的道德素养、审美情趣、艺体技能和劳动技能，有一两项让自己终身受益的兴趣爱好并形成习惯。

第七章　师生关系

第 31 条　良好的师生关系应该亲情如父母子女，友情如同伴朋友，严而有格，爱而不纵。

第 32 条　师生关系是教育教学质量的基础；亲其师，才会信其道；如果你讨厌你的学生，那么你的教育还没有开始，实际就已经结束了。

第 33 条　师生关系的主导方在教师，判定方在学生。教师应该主动承担起建立良好师生关系的责任。真正健康的师生关系必须靠人格与学识赢得。

第 34 条　良好的师生关系形成需要一定的相处时间，只有在师生相处中才能更好地实现有效的教育。

第 35 条　热爱是境界，热爱是胸怀，热爱也是有技能和技巧的，在严格要求的同时，必须通过恰当的方式让学生感受到老师对他的关爱。

第八章　课程

第 36 条　课程是学校最为重要的产品，也是学校的核心竞争力。课程建设应与学校培养目标相一致；课程建设应立足每一位学生的成长需求，符合学生认知规律和学科学习规律，能支持因材施教和个别化教育，帮助学生科学规划职业生涯，确立人生目标。

第 37 条　课程是经典社会生活的浓缩，让学生在走上社会之前，“把人生先活一遍”。学生通过课程的学习来认识世界，并且通过学习过程中培育出来的关键能力与必备品格去改造世界。确立系统的课程观，对课程目标、课程内容、课程实施、课程评价与诊断进行系统思考，增强课程实施的整体效益。

第 38 条 丰富、多样、可选择是课程顶层设计的基本原则。丰富即对社会领域的覆盖面；多样即与学生认知特点、学习方式和学习节奏的契合度；可选择即能为学生提供适合自己的课程组合和适合自己的学习时段选择，并且实现无论怎样的组合都能达到国家标准和实现育人目标。

第 39 条 树立处处是课程、时时有课程的意识。学校所有的教育教学活动和管理工作都要作为课程进行系统设计、深度开发。

第 40 条 让课程本身成为学生爱上学习的理由。课堂是课程实施的主阵地，要充分考虑从教学目标到学习目标的转化，通过设计有意思、有意义、有可能的学习任务，激发学生的内动力，用工具、脚手架支持差异化的学习过程，生成深度体验，并将一致性评估贯穿始终。

第 41 条 课程实施要多元化、个性化，反对一刀切的教学模式，要以学生的学习为中心。

第 42 条 借鉴国际优质课程，优化十一课程体系，拓宽国际视野，塑造中国灵魂。

第九章 教育教学

第 43 条 学校全面贯彻党的教育方针，始终将党建工作与教育教学工作紧密结合，不搞“两张皮”，在教育教学一线落实立德树人的根本任务。

第 44 条 发现、唤醒和帮助是教育的重要任务，发现学生潜能比发现学生的问题更加重要。实施全人教育，要将每一位学生作为一个完整的人来对待，关注每一位学生的全面发展，给学生装上自我成长的发动机。

第 45 条 从学科教学走向学科教育，树立全员育人的观念，自觉肩负起立德树人的神圣使命，关注学生的内心，为学生的成长提供帮助和指导。

第 46 条 坚持主体教育，学生能做的，教师不要包办。构建每一位学生为自己的成长负责的教育机制。

第 47 条 重视日常行为规范落实。重视起始年级和学科学生习惯养成的战略作用，梳理不同年级应该强化的不同习惯，逐一养成，引导学生学会在什么时间干什么事，在什么地方干什么事，干什么事就要干好什么事。关注学生学习与生活细节。

第 48 条 成功是成功之母。给学生创造更多成功的机会，发现和成就学生的亮点，用成功酿造成功与自信。

第 49 条 实施不被拒绝的教育。兴趣是最好的老师，学校的重大教育活动都尽可能办成学生的节日，并使学生终生难忘，学科学习活动设计应该充分考虑学生的兴趣。创造条件努力让教室成为学生最喜欢的地方之一，让课堂学习成为学生最喜欢的活动之一。

第 50 条 坚持多元评价。多一把评价的尺子，就多出一批好学生；多一些评价的尺子，学生都有可能成为好学生。

第 51 条 惩罚也是一种教育。惩罚要就事论事，立足学生成长，要以学生可以接受的方式实施。

第 52 条 重视学生职业与生涯规划。从初中、高中起始年级开始进行职业与生涯规划，鼓励学生通过各种方式了解社会，认识自我，明确自己的职业目标与生涯规划，激发学生内在成长动力。

第 53 条　重视学生情感培养和心理健康，特别重视学生积极人生态度的培养，重视团队精神、合作意识、良好同伴关系的培养，让学生学会负责任地决策。

第 54 条　重视校园欺负现象的解决，通过“同伴关系日”等各项措施，营造良好的同伴关系。

第 55 条　重视教学班建设，帮助学生在各个教学班和不同的团队中找到自己的位置，发挥相应的作用。

第 56 条　尊重并珍惜学生的差异。与天性合作，探索实施个别化教育的途径和方法。以作业设计、学科考试命题、课例研究、学习诊断分析等为切入口，有针对性地对学生差异化的学习过程予以适切的支持，让个性化学习成为可能。

第 57 条　敬畏教学规律。学校将主要通过学科教学改革，贴近学科学习规律和学生认知规律，以培养学生兴趣和成就感为基础，提高教学质量；学校将通过课程开发、资源整合、教学方式与学习方式更新使教育教学不断贴近学生认知规律。

第 58 条　调整教学关系，建设新的学习文化。课堂是学生学会学习的地方，是学生的舞台，并非老师展示自我的地方；减少讲和听，增加说与做。学生已经会的不讲，学生自己能够学会的不讲，讲了学生也不会的不讲。从来不提问的学生不一定是没有问题的学生；让每一个问题在学生自己的手底下得到解决；不占用学生自主学习和休息的时间，是对学生的基本尊重。

第 59 条　帮助学生学会管理自己的学习，通过师生共同明确的学习目标，引导学生自主规划、自我调节、自我建构，培养学生的元认知能力。

第 60 条　将落实进行到底。狠抓落实才能提高质量，学了要会，会了要对；在没有射中的靶子上再射一箭。

第 61 条 教学诊断与评价。诊断出问题与考出好成绩同等重要；及时的教学反馈是调整教学的重要依据；理想的学习是及时知道结果的学习；将评价贯穿教育教学全过程，重视过程评价的即时性和对评价结果的使用。

第十章 研发平台

第 62 条 研发平台决定了组织的创新能力和变革节奏，始终锚定学校的战略目标和战略性行动。研发平台应是始终坚持“顶天立地”，既要把握国家和世界教育改革的大势，也要以问题为导向，满足一线师生的实际需求。

第 63 条 研发平台以多主体发起为原则，产品类型多样。既有相对固定、并在较长的一段时间里相对稳定的常设机构，如课程研究院、教育家书院、评价与诊断中心、作业与考试研究中心等，又有战略高层指定的项目组；还有通过招投标方式展开的各种研发工作。

第 64 条 研发平台的工作重点为集中解决学校教育教学中量大面广的共性问题。充分理解矛盾点正是创新处，要从“痛点”开始，从“困惑”和“抱怨”中，从学生最不满意、最困难之处寻找研发内容；选择切口小、研究周期短，能够在一学期、一年内见效的项目。对一些需要长期研究解决的问题，需要将其拆分为几个相关的问题，分别展开研究。

第 65 条 研发工作不能脱离教育教学主体工作，防止为科研而科研；立足学生成长需求，一般不承接外部课题。

第 66 条　创造条件让学生参与研发工作，自主申报立项与参与教师的项目研究相结合，使研发工作更加贴近学生，提高学生的学习能力与研究能力。

第 67 条　评价产品不评价人。鼓励各种研发类型的立项，敏捷响应师生需求，重在师生对产品交付后的质量评价。

第 68 条　重视研发资金的投入，确保研发工作紧扣战略目标；重视内部分配制度的研究，培育各研发团队健康文化。

第 69 条　设立首席知识官，敏锐发现个体实践经验，并将其转化并萃取为可供分享的组织知识。

第十一章　管理

第 70 条　先人后事。合理地调节和设定教职员工事业、情感、待遇和健康之间的平衡；将组织目标主动融入个人目标，把个人目标提升到组织目标，形成尽可能大的交集；让每一个人都感到自己很重要。

第 71 条　要事第一。以战略目标和战略性行动为依据，区分核心工作与一般性工作；要选择在产生最大价值的环节投入时间、精力和资源；不仅仅是正确地做事，重要的是做正确的事。

第 72 条　组织才华与塑造才华。管理者应该充分发挥各方积极性与每个人的优势，动员各方实现团队共同的想法；管理者肩负着传递赞美的重要任务，传递赞美也是最重要的管理活动之一；要创造更多的机会，把追随者培养成为管理者。

第 73 条　防止“路径依赖”。过去的经验解决不了新的问题。必须用改革的方式，而不是用倒退的方式，解决改革中遇到的问题。

第 74 条 让更多的优秀教师参与学校管理，让更多的事情通过协商、协调和协作的方式解决。

第 75 条 养成使用工具或模型思维的习惯。当面对一个新问题或新挑战时，不要简单行事，相反要学会使用工具、脚手架，甚至用模型思维从现象看本质，并在充分考虑限制因素中改变可以改变的，力争系统结构化解决问题。

第 76 条 学校党组织、行政、工会及群团组织要及时沟通，学部、学科和教学班、教研组的教育、管理思路必须与学校一贯的文化相一致；在各个领域确保学校长期形成文化的延续、深化与创新。

第 77 条 沟通与协作。“你是天下第一也要由天下第二来帮你”。要通过明确边界，理清流程，细化常规，为沟通与协作打好基础；注意“回报”，及时通报反馈，不断沟通过程性信息，及时通报工作结果，以求得各方了解、理解与支持。

第 78 条 公平与民主。世间没有绝对的公平，但管理者的行为应该是公平的；民主的程序必须公平；坚持“五湖四海”，绝不允许任何人把亲疏带到十一校园；想拥有一个好主意的最好方法是拥有许多主意；创造“看得见的平等”与“看得见的民主”的校园文化。

第 79 条 要居安思危，始终具有忧患意识。要不断创造学校发展机遇，不断提升学校发展水平。

第 80 条 风险管理。管理风险而不是回避风险，定期排查安全隐患与定期梳理学校面临的风险，确保学校发展的平稳健康。构建完善的应急机制，努力把学校建设成为一个安全的地方。

第 81 条 管理情绪。当过于情绪化时，控制与矛盾方的正面接触，延迟决策，尽量“忍过一个晚上”。

第十二章　领导者素养

第 82 条　“公、勤、谦、坦”是对十一管理者的基本要求，较高的人生境界、积极的心态、乐于成就他人的精神是十一管理者的基本素养，也是学校选拔任用管理者的基本条件。管理者远离学校经营、经济利益。

第 83 条　从管理走向领导。每一个管理者都要尽快成长为领导者。在你成为领导者之前，成功同自己的成长有关，在你成为领导者之后，成功只同别人的成长有关。从管理走向领导的关键任务就是，明确目标，确立原则，提供成功标准，赋能组织中的每个人，百花齐放。

第 84 条　温和而坚定地坚守办学准则。办学准则是核心价值观的表达，它是“领导力影子”，职位越高，投射的影子就越长。领导者要身体力行将办学准则“推广”给组织中的每个人。如果某件事情违反了办学准则，不管有多大诱惑，坚定拒绝，这样才能在不确定的世界里给组织以确定的品格。

第 85 条　对齐目标。做任何事情，都要首先明确目标，然后不断回到目标来校准行动。无论面对什么样的挑战，处理什么样的矛盾冲突，都要善于寻找共同利益 ，即要用目标而不是用手段来维护关系。

第 86 条　内归因。不要埋怨队伍不行，其实同事往往认为是管理水平不行。领导者要用“瓶颈总是在瓶子的顶部”来提醒自己，从自己身上找原因，一想就通了；从别人身上找原因，一想就疯了。

第 87 条　问题与问题解决。领导者要感谢问题带来管理的机会。善于在现实状态与目标状态的差距中分析现象，并能透过现象找到背后的问题，厘清可变和不可变的影响因素，以改变可以改变的为入口形成解决方案。对于暂时不能改变的问题，要学会与问题和平相处。

第 88 条 反思能力。人和组织是否在始终成长的标志就是反思能力。领导者要不断扩大认知半径，矫正和突破原有经验；要不断寻找制高点，发现自身盲区和盲维；要在“如果下次再来，我会改进些什么”中梳理关键成功要素；要从我不同意的观点和做法中思考有没有值得借鉴吸收的部分。用思维方式成就组织关键能力，谨防“优秀成为卓越的大敌”。

第 89 条 教育家办学。当一所学校的绝大部分教师以教育家的情怀、教育家的心态、教育家的智慧帮助学生成长、推动学校发展的时候，我们可以说，这样的学校实现了教育家办学。因此，管理的用力必须很轻，领导者只有让教师成为自己的 CEO，教育的生态才会形成。

第十三章 评价

第 90 条 评价最重要的目的是促进评价对象的进步。

第 91 条 在强化过程管理的基础上，评价要以结果为导向，注重业绩；教师的业绩，就是表现在学生身上的成长；团体必须通过评价鞭策那些穿着闪亮鞋子，却怎么也走不快的人。

第 92 条 评价什么就会拥有什么。评价那些我们真正想要的东西；当我们选择评价那些我们真正想要的东西时，我们可以忽略其他事情的评价。

第 93 条 寻找正确的而不一定是精确的评价。

第 94 条 评价必须立足于评价团队。优秀的评价体系是最佳的整合机制，没有评价的综合，团体就不可能综合起来。

第 95 条 运用非正式表扬。创造各种机会，运用多种方式，发现并展示每个人的闪光点。

第十四章 资源

第 96 条 重视学习任务库等教育教学资源的开发、积累与分享，搭建线上线下分享交流平台。

第 97 条 让最需要资源的人员能够及时方便地获取资源，尽量让使用资源的人有权利合理管理资源。

第 98 条 重视社会资源的开发与利用，整合不同层面、不同行业、不同地区的资源，推动学校稳步发展。

第 99 条 学校建筑、设备、设施建设要简约、大气、高品质、体现十一学校独特文化，反对豪华、铺张、攀比。

第 100 条 为确保学校战略目标的实现，必须根据战略目标的实施需要，坚持量出为入的财务预算原则。财务支出要坚持厉行节约、精打细算。

第十五章 家校协作与社会责任

第 101 条 构建学校、家庭、社区协同机制，成为教育生态领导者。

第 102 条 挖掘、开发和利用家长资源，丰富综合实践课程，完善家校协同机制，为学生的成长服务。

第 103 条 重视家校互动，提升家庭教育水平，尽可能地帮助孩子改善家庭成长环境。

第 104 条 完善学生社会实践与社区服务的基地建设。

第 105 条 立足社区、融于社区、引导社区、服务社区，承担学校的社会责任。

附件：战略目标、关键结果与战略性行动

战略目标、关键结果、战略性行动三要素构成了相互校准、互为因果的闭环系统。关键结果与战略性行动共同确保了战略目标的真正落地。每一条战略目标必须拆解成配套的关键结果和战略性行动。

战略目标一：初步完成从教到学的转型，让学校成为学生学会学习的地方。

关键结果：

1. 学生普遍基础扎实，思维敏捷，具备举一反三的解题能力，面对考试中的综合性试题有方法有策略，在解题水平方面拥有明显优势。

2. 学生在日常学习中能设定清晰的目标，并有较强的自我规划能力，大部分学生拥有自我评估能力并掌握自我调节学习的有效方法。

3. 学生普遍具有真实问题解决能力，在独立与合作中善于调用已知经验和可及资源展开学习，表现出强劲的适应性和核心竞争力。

战略性行动：

1. 聚焦各个学科的重点领域或教学难点，支持研发目标清晰、资源多样、工具脚手架丰富并贯穿一致性评估的学习任务库。

2. 重点支持以能力素养为导向的考试命题研究，培养一批擅长学习诊断与考试评价的专家型教师，建立从入学到毕业的学业成就增值检测与评估系统，使得学生的能力素养既能经得起考试检验，也能赢得未来挑战。

3. 分批改造学习空间，建设以体验为特征的学习社区，满足多样的学习需求、支持多元的学习路径，逐步实现空间自定义。

战略目标二：学生多元综合发展得到广泛认可，形成能支持不同潜能学生的成长系统。

关键结果：

1. 中高考整体成绩保持稳定，升入清北和国际顶尖高校人数、竞赛成绩等始终保持区域高水平，每一位学生都能获得基本成就感。

2. 拔尖创新人才涌现，并拥有持续摸高的各种机会，学生参加全国乃至全球知名创新大赛方面的表现有突破性进展。

3. 语言、艺术、技术、体育、实践、创意等各领域高手脱颖而出，并为其畅通多元成长通道创造可能性。

4. 每位学生都能获得关键期的关键帮助，尤其是帮助潜能埋藏很深、貌似平淡无奇的学生找到“成为自己”的跑道；帮助学习能力偏弱、成长问题居多的学生找到动力系统。

战略性行动：

1. 全球范围内，不遗余力地找到卓越教师、顶尖专家，用他们的专业热情和学术造诣引领学生打开志趣之门；设立“驻校机制”

吸引行业领军人物成为“驻校艺术家”“驻校科学家”等。

2. 以自带动力为特征，进一步迭代丰富多样可选择的课程体系，并构建与课程体系相配套的资源、空间，创设一批可满足多元学习需求的校外创新实践基地。

3. 打通出口，与高水平大学、高水平专业、高水平教授建立长期合作，系统构建从入校到毕业贯通成长节点的助力机制。

战略目标三：建设一支能领导学生学习的教师队伍。

关键结果：

1. 学生拥有较强的目标感，通过每堂课、每个单元、每个学期拾级而上，养成设定目标的好习惯，并能因目标的足够坚定找到未来发展与眼前学业之间的平衡点。

2. 学生拥有强劲的自驱力，不同潜能的学生都能与不同的动力系统相匹配，学会为自己的学习负责。

3. 学生能够找到多位人生导师，并能在师生相长的过程中，敢于质疑，不迷信权威，实现自我发展。

4. 学生升入高中和大学不仅能迅速适应与融入，而且善于捕捉机遇崭露头角，同时富有同理心和合作精神，受到学校各方面的欢迎。

战略性行动：

1. 重点扶持一批项目组，广泛收集实践案例，从中摸索规律、设计标准框架，用知识产品提升教师将教学目标转化为学习目标的能力，实现每堂课、每个单元都有清晰、适切、可评估的学习目标。

2. 加大骨干教师培养的投入比重，形成有梯度的优秀教师奖励机制，培育会设计学习任务、会装配动力系统、会评估学习品质的

“课堂中走出来的教育家”。

3. 重点规划并研发贯通中学 3 年甚至 6 年的大学准备课程，放大校友的功能，全方位连接大学资源，不仅帮助学生选报专业目标清晰，而且让大学生活成为一套有效的动力系统。

战略目标四：创造能够满足教职员工多元需求的好工作。

关键结果：

1. 教师的薪酬水平在同类同级别学校中处于前列，福利待遇处于一流水平。

2. 提供满足教职员工子女十五年一贯教育需求的运行机制。

3. 教师的后顾之忧都能得到敏捷响应，青年教师把能在十一学校任职视为一份令人羡慕的好工作。

4. 每一位教职员工都能获得自我实现的机会，并有机会不断自我超越。

战略性行动：

1. 形成以教职员工成长全景图为特征的薪酬体系，让每一位教职员工的成长可见、可感、可自我规划。

2. 办高品质的附属幼儿园和小学，为教职员工子女学习和成长提供更精细、专业的支持。

3. 设计支持每一位教职员工自我实现的荣誉体系。

附录2

北京市十一学校章程

（2021年5月21日第十三届教代会主席团审议修订）

北京市十一学校建校于1952年，原为中央军委干部子弟学校，在周恩来、罗荣桓等老一辈革命家的亲切关怀下建立，聂荣臻元帅用新中国的诞生日为学校命名。

学校于1964年划归北京市海淀区管理，1968年开始招收地方子女。1992年提出并实行“国有民办”办学体制改革，2004年被评为北京市示范性普通高中。2009年底，学校回归公办，2010年被批准为北京市综合教育改革实验学校，2011年被批准为国家级教育体制改革试点项目“深化基础教育学校办学体制改革试验项目学校”，现为海淀区属全日制完全中学。

学校以习近平新时代中国特色社会主义思想为指导，深入学习贯彻习近平总书记关于教育的重要论述，全面贯彻党的教育方针，坚持社会主义办学方向，加强党对教育的全面领导，落实立德树人根本任务，培养德智体美劳全面发展的社会主义建设者和接班人。

第一章　总　则

第一条　为贯彻国家教育方针，适应学校发展需要，保障学校依法自主管理，保障学生与教职工合法权益，全面提高办学品质，根据《中华人民共和国教育法》《中华人民共和国义务教育法》《中华人民共和国教师法》《中华人民共和国未成年人保护法》等法律法规，制定本章程。

学校严格执行党和国家法律法规中与学生和教职工权益相关的所有规定，充分保障学生与教职工的合法权益。

第二条　学校全称为北京市十一学校，英文名称为 Beijing National Day School，简称 BNDS。校址为北京市海淀区玉泉路 66 号。

第三条　学校由北京市海淀区政府举办，经北京市海淀区事业单位登记管理局登记，属公益一类事业单位。学校为实施六年制完全中学教育的全日制公办教育机构，具有法人资格，独立承担民事责任。经北京市教育委员会批准，学校举办中英合作办学、中美合作办学和国际文凭高中课程三个中外合作办学项目。

第四条　牢固树立依法办事、尊重章程、法律面前人人平等的理念，形成学校依法办学，教师依法执教，社会依法支持和参与学校管理的格局；要增强运用法治思维和法律手段解决学校改革发展中突出矛盾和问题的能力，全面提高学校依法管理的能力和水平。

第二章　治理结构

第五条　学校实行分权制治理结构。党委、教职工代表大会、校务委员会、学术委员会、学生会、家长教师委员会等组织，共同组成学校权力机构，分别决策相应事项。各治理主体互相制约，防止决策失误或某一方权力过度膨胀。

第六条 学校党委要保障国家的教育方针在学校贯彻落实，保证正确的办学方向；全面负责学校党的思想、组织、作风、廉洁和制度建设；领导学校德育和思想政治工作，培育和践行社会主义核心价值观；领导教职工代表大会和工会、共青团、少年先锋队等群团组织。

学校坚持党管干部原则，在选人用人中发挥党组织主导作用；坚持党管人才原则，党组织参与讨论决定学校人才工作政策、措施。

第七条 学校坚持教代会讨论审定学校重大方针政策的民主决策机制。对关系到学校发展和教职工权益的重大问题，包括学校行动纲要、战略规划、人事聘任方案、工资分配制度、职称推荐方案、学术工作管理办法等，必须经教代会审议通过后方能实施。投票结果必须当场公布。任何组织和个人均无权改变教代会通过的方案。教代会审议采取无记名投票制度，除会议议程等有关程序性事项外，所有方案不得采取举手表决或鼓掌通过方式。

第八条 教代会每年八月底对校长进行信任投票，采取无记名投票，并当场公布投票结果，达不到 60% 的信任票，校长必须向上级党委提出辞职；达到 60% 但连续三年未达 80% 时，校长也必须向上级党委提出辞职。

第九条 教代会代表 20 人及以上提议，可临时召开教职工代表大会，提请对校长的弹劾或对有关政策方案修改的建议议程，经全体代表 60% 以上同意后，方可启动弹劾校长或修订政策方案的程序。

第十条　教代会每年八月底听取中层及以上干部述职，并进行无记名满意度测评，测评结果提交校长作为聘任干部的依据，对未达 60% 或达到 60% 但连续三年低于 80% 满意度的人选，新年度不得聘任为中层及以上干部。

第十一条　为防止教代会决策因时间变化、上级政策调整等各种原因带来的失误，特殊情况下，校长有权对教代会通过的方案提出暂缓实施的建议，提交教代会主席团同意后，可对有明显问题的方案实施冻结，待下一次教代会审议修改后实施。如有必要，也可经主席团同意，提前召开教代会，对相应方案进行修订。如教代会认为原方案没有修改必要，则仍按原来的决策执行，校长不得再次干预。

第十二条　学校设立校务委员会，主要由校长、党委书记、副校长、党委副书记、主持年级教育教学工作的干部、工会主席、纪检书记等组成。校务委员会由校长主持，为“三重一大”决策机构，负责领导学校课程建设和教育教学工作，决定教职工的劳动合同聘任，确定各年级各部门岗位编制及职级总量，决定年度财务预算，按照相关规定决定对教职工及学生的奖惩。校务委员会采取审议制，当无法达成一致意见时，校长具有最终决定权，责任由校长承担。

第十三条　学校设立学术委员会，也同时作为教师职称初评委员会。负责教师职称初评，特级教师和市区学科带头人、骨干教师的推荐，学校学术工作室的设立、管理与评价，重大科研项目的招标。组成人员由校务委员会提名，提交教代会审定，达到 80% 以上赞成票方能通过。学术委员会由三位委员轮流担任主席，每位轮值主席主持一年工作。学术委员三年一个任期，每个任期需调整三分之一委员。为保证学校行政工作与学术工作的良好沟通，学术委员会轮值主席列席学校校务会议，学校分管人力资源工作的校务委员列席学术委员会议。特殊情况下，校长如果认为学术委员会决策存在明显问题，可通过校务委员会审议，对学术委员会的决定提出重新审定的提议，学术委员会可进行二次审议，如二次审议仍维持原决定，校长则不得干预。

第十四条 学生会系学生民主自治组织，是学校与学生联系的桥梁和纽带。对事关学生切身利益的事项，如有关学生的规章制度、奖惩办法、校服选用、食堂管理等，学校应通过学生会广泛征求学生意见。每年召开学生代表大会，对学校相关事项可以提出建议案，学校相关方面必须做出回应。

第十五条 家长教师委员会由相关方面推选的教师代表和家长代表组成，负责沟通学生教育、学校管理的相关事项。对一定时期学校教育教学工作提出建议，对学校相应管理制度提出修改意见，对与学生工作相关的诸如行为规范、食堂管理、住宿服务、校服选用等事项提出建议。学校相关部门必须及时听取，随时协商，并做出回应。

第三章 管理机制

第十六条 学校实行扁平化、分布式、分权制、制衡型的管理机制。

第十七条 扁平化组织结构。减少学校管理层级，副校级干部直接兼学部（年级）主任或中层部门负责人，学部（年级）作为学校的事业部门，集教育、教学、科研、人事、财务管理于一身。中层部门作为职能部门，按照学校工作的总体规划与学部（年级）协商、合作开展工作，不作为一级管理部门，对学部（年级）工作不享有指挥权。各学部（年级）、各部门设计各自的内部组织结构，也应当按照扁平化的要求安排，以避免过多的管理层次。

第十八条　分布式领导。学校通过明确管理主体的责权利，最大限度发挥每一个岗位的领导作用。学部（年级）和各部门要依据不同的任务特点和成员能力，确定不同岗位的领导职责，根据实际需求和实施效果各岗位可以动态更替。分布式领导的每一个岗位的负责人即是所负责领域的最高责任人，即使行政职务高于该岗位的领导者，在这一领域也应当接受其相应的领导。

第十九条　分权制。学校与各学部（年级）、各部门、各学科实行分权分责的管理机制，在教育教学、人事、财务诸方面明确不同层级的责任，同时赋予相应的权力。

第二十条　制衡型。学校所有的权力均应受到相应制约。不仅学校治理主体各方需要相互制约，管理机制内部各岗位，各领域，各环节，也要明确相应的制约机制。

第四章　课程与教育教学及科研管理

第二十一条　在课程与教育教学领域，校长通过课程研究院和各学科，负责课程规划，明确教育教学的价值追求和基本原则，确定相关教育教学评价方案；校长和学部（年级）不得以行政手段推行某一种教学模式或教学方法；各学科选用各自不同的教学方法或教学模式，提倡百花齐放，对不同风格、不同特点的教师，各学科应该允许他们以适合的教学方式进行相应探索，各学科也要避免一刀切的教学方式。

第二十二条 学校构建学部（年级）与学科共同对教育教学质量负责的机制。学部（年级）全面负责本学部（年级）的教育教学工作，学部（年级）设立学科教研组，接受学科和学部（年级）的双重领导；学校设立课程首席教师，具体负责课程的开发和实施，接受学科和课程研究院的领导，并定期与学部（年级）保持沟通。

第二十三条 教导处负责教育教学计划的编制、教育教学资源的调配、日常教育教学事务的管理工作，以协商、协调、合作的方式开展工作。

第二十四条 教育科研坚持立足教育教学实践的行动研究，从工作中的痛点和困惑寻找研究课题，由学校课程研究院和学术委员会两个学术部门组织评审，并提供项目研究的指导和帮助，通过成果分享机制和学术积分管理机制引领教师的学术发展。

第五章 教职员工

第二十五条 副校级和中层干部、学部（年级）主任、学科主任每学年由校长聘任。新任干部由校长提名，党委组织考察，民意测评满意度超过 80%，校务委员会审议通过，方可聘任。

第二十六条 学校实行教职工与学部（年级）、部门双向选择的聘任机制，以实现人力资源的优化组合，尽可能让教职工找到适合自己的岗位；校长通过校务会确定各学部（年级）、各部门的编制，确定各学部（年级）、各部门相应的薪酬总量，确定双向选择的相关规定；学部（年级）、部门与全体教职工实施双向选择，校长和其他没有相应聘任权的干部，不得干预聘任过程和聘任结果。招聘优秀教师，按上级有关规定办理。

第二十七条　新入职教职工的聘任必须通过简历筛选、试讲或职业能力测试、无领导小组面试以及校务委员会面试四个独立操作、互不干涉的环节方可入职。任何人无权超越任何环节录用新员工。

第二十八条　学校坚持按劳分配、按岗取酬、绩优酬高、薪随岗变的分配原则。

第六章　财务管理

第二十九条　财务工作实行全面预算管理制度。每年度提前由学校和各部门根据部门新年度计划编制年度财务预算，经校务委员会审议校长批准后实施。学部（年级）、部门负责人为预算执行的第一责任人，财务总监负责预算内支出的审核工作，对是否符合财经纪律、是否符合预算要求予以把关。

第三十条　财务工作必须相互制约。按照“不让有权的人理财，不让理财的人有权”的原则，校长只有批准年度预算和根据工作需要批准临时申请项目预算的权力，不能对任何具体财务支出签批。财务总监的签批权只能在预算内有效，不得签批预算外的任何支出。

第三十一条　实施财务审计制度。为确保财务工作安全、规范，学校从社会招标聘请资质高、信誉好的会计师事务所对学校的年度预决算编制、财务收支和内控制度的建立与执行情况进行专项审计，每年度进行两次。审计工作由校长或校长委托相关人员负责，财务人员回避。

第七章　学校标识与文化日

第三十二条　学校的校训为“志远意诚、思方行圆”，学校的标识为，，，。学校吉祥物为“龙娃”。

第三十三条　学校校庆日为每年10月1日。学校设立各种文化日。

第八章　附则

第三十四条　本章程经学校教职工代表大会审议，并经海淀区教育委员会核准备案后公布，公布之日起实施。

第三十五条　本章程在教职工代表大会闭会期间由校务委员会负责解释。

附录3

教师成长全景图[1]

职级	成长方向					
荣誉一级	以人品、学术、境界赢得师生的广泛尊敬，善于将个人经验转化为可迁移的知识并实现共享，始终引领学校的发展。					
荣誉二级	在多个个性化发展路径中取得优异成果并且均成为高地。					
	基础条件	自主发展方向				
十级	①始终在育人一线岗位，有意识阶段性地将自己的经验主动转化为知识分享给他人，受到同行的尊重和推崇。 ②不断诞生富有个人品牌特点的经典学习任务，创造出众多面向个体的工具资源脚手架，满足学生个性化学习需求。 ③善于在学习过程中发现孩子的天赋，并用高投入助力学生形成自己的优势。	有完整的12年一贯教学经历，有能力在某个领域让全校学生保持优势，成为具有学术影响力的K12教育专业咨询专家。	12年一贯的特长路径方案设计专家和指导专家，让更多的学生将兴趣转变为目标，让确定目标的学生将天赋充分转化为优势，帮助学生进入该领域的顶尖平台。	有完整的12年一贯教育管理经历，有能力让全体学生实现蓝图育人目标，成为具有广泛影响力的K12教育管理专家。	有全面的K12学习蓝图研发经验，能够为所有年级的学生进行行之有效的学习方案设计，成为具有广泛影响力的K12学习蓝图专家。	在12年的关键成长期均能与家庭、社区形成合力，在学生的成长中发挥关键作用，成为具有社区影响力的家校协同教育专家。

1　此为十一学校盟校北京第一实验学校的教师成长全景图。

续表

	基础条件	自主发展方向				
九级	①始终在育人一线岗位，有意识阶段性地将自己的经验主动转化为知识分享给他人，受到同行的尊重和推崇。 ② 不断诞生富有个人品牌特点的经典学习任务，创造出众多面向个体的工具资源脚手架，满足学生个性化学习需求。 ③ 善于在学习过程中发现孩子的天赋，并用高投入助力学生形成自己的优势。	有能力在某个学科或教学领域让本校学生保持优势，成为具有学术影响力的K12教育专业咨询专家。	①长期担任学校高端课程负责人，让学校所有高端课程均在全市保持高水准。 ②长期担任学校竞赛总教练，在原有基础上让更多项目保持全国高水准。 ③长期担任学校在线学习总教练，通过在线学习显著提升学生的学业水平。	①作为学科主任带领本学科走向学科高地，让学科的所有课程能够充分落实课程标准并承载育人目标。 ②作为年级主任，在本年级全面落实育人目标并且将学生的潜力充分转化为优势。 ③作为学校首席咨询师，能够为指导各个年龄的学生进行适切的人生规划，并且能够为各个年龄学生发生的问题提出解决方案。	①长期担任K12学习蓝图委员会委员，保证蓝图的所有成果对学生的学习有实质效果，并且在原有基础上不断进阶。 ②成为国内某一领域课程研发的制高点，将国内外相关领域的顶尖资源引入到研发中。 ③成为全球课程高地的深度研究者和顶尖转述师，为学习蓝图研发提供了大量顶尖资源。	①长期担任学校首席家庭导师，能为各类家庭做出诊断和改善，并在学生的成长中产生积极影响。 ②长期担任学生成长与咨询中心主任，有能力为各类学生规划适切的成长路径。
八级	① 在教育教学过程中能够营造健康、积极的师生关系，深受学生爱戴。 ② 能够以形成性评估为依据给出课内每一位学生的学习特点和天赋评价，形成成长档案。 ③ 能在一个循环中让有天赋的学生形成优势。 ④ 自前一职级评定至今，每学年都有设计并实践的学习单元或资源工具脚手架被收入学校资源库成为经典案例。 ⑤ 形成了自己的特色育人风格，在学生心目中拥有较高的占有率，在学校和社区中有了一定的影响力。	① 担任课程首席教师并从所有核心素养角度显著提升该课程的育人效果。 ② 使一个课程门类成为有竞争力的课程高地，培养的学生能够在全国范围内形成优势。 ③ 单独完成1~5年级的全科教学工作，学生在评估中持续表现优秀。	① 长期担任年级高端课程负责人，让年级内各个高端课程均在全市保持高水准。 ② 长期担任学校某一竞赛项目总教练，并让本校学生在该项目保持全国高水准。 ③ 长期担任年级在线学习总教练，团队能够提供充分、因需可及的在线学习资源。	① 担任年级主任不少于三年，在本年级全面落实育人目标。 ② 担任学科主任不少于三年，让学科的所有课程能够充分落实课程标准并承载育人目标。 ③ 成为能够解决各类学生心理和行为问题的教育专家 ④ 成为能够在所有学情下给出行之有效的指导的教学专家	① 成为K12学习蓝图某一学段的研究与实践专家，在教学中展开大量设计和探索，优化学生的学习路径或学习效果。 ② 成为K12学习蓝图某一领域的研究与实践专家，在教学中展开大量设计和探索，优化学生的学习路径或学习效果。 ③ 成为K12学习蓝图某一专项的研究与实践专家，成果被广泛运用并从学生的成果中得到积极反馈。	长期担任学校家庭导师，有能力解决各类学生遇到的家庭关系问题，并对学生的成长产生积极影响。

续表

	基础条件	自主发展方向				
七级	① 在教育教学过程中能够营造健康、积极的师生关系，深受学生爱戴。 ② 能够以形成性评估为依据给出课内每一位学生的学习特点和天赋评价，形成成长档案。 ③ 能在一个循环中让有天赋的学生形成优势。 ④ 自前一职级评定至今，每学年都有设计并实践的学习单元或资源工具脚手架被收入学校资源库成为经典案例。 ⑤ 形成了自己的特色育人风格，在学生心目中拥有较高的占有率，在学校和社区中有了一定的影响力。	① 担任课程首席教师并从不少于三个核心素养角度显著提升该课程的育人效果。 ② 使一个课程门类成为有竞争力的课程高地，培养的学生能够在全市范围内形成优势。 ③ 单独完成三年的全科教学工作，学生在评估中持续表现优秀。	① 长期指导学生开展高端课程，学生学业水平在全市保持高水准。 ② 长期指导学生参与某个全国范围的比赛或竞赛项目，学生在全国保持高水准。 ③ 创造了丰富在线学习资源，成为年级的学习教练。	① 担任年级的主任导师不少于三年，能够为本年级各类学生制定适切的成长方案，并且让本年级的所有学生均形成适切的人生规划。 ② 担任年级的教育顾问不少于三年，能够解决本年级学生的常见心理和行为问题，成为在学生心中有分量的教育专家。 ③ 担任学校综合课程负责人不少于三年，让所有综合课程均能有效落实育人目标，并且有大量学生通过综合课程确立人生目标。	① 成为K12学习蓝图某一学段的实践专家，学生的学习成果在本学段长期保持高水准。 ② 成为K12学习蓝图某一领域的实践专家，学生的学习成果在本领域长期保持高水准。 ③ 长期担任学校的K12学习蓝图某一专项组研发负责人，推动本项目实现进阶并在实践中产生显著效果。	① 长期担任某一家校课程负责人，让接受培训的家长不发生本课程所解决的问题，为学生成长打造积极的家庭环境。

续表

	基础条件	自主发展方向				
六级		① 担任课程首席教师并从某一个核心素养角度显著提升该课程的育人效果。 ② 与其他老师合作完成1~5年级的全科教学，学生在第三方评估中达标。 ③ 单独完成一年的全科教学工作，学生在评估中表现优秀。 ④ 在教育教学领域开拓了一个新课程门类，为学生提供了新的赛道。	① 长期指导学生开展高端课程，学生通过高端课程的学习在本学科或领域中形成显著优势。 ② 长期指导学生参与某个全国范围的比赛或竞赛项目并在全市保持高水准。	①担任年级的主任导师不少于三年，能够引领年级的导师团队开展工作，熟悉年级每一位学生的情况。 ②担任年级的教育顾问不少于三年，能够为本年级学生的常见问题给出解决方案，熟悉年级每一位学生的情况。 ②担任学校综合课程负责人不少于三年，让所有综合课程均能有效落实育人目标。 ③担任学院总院长不少于三年，在全校范围内策划并组织学生活动落实育人目标。 ④创建并引领学校的一门综合课程不少于三年，受到学生的广泛喜爱。	①作为年级的学习任务设计负责人不少于三年，保证任务质量，学生在评估中给出良好表现。 ②作为年级的评估负责人不少于三年，对全体学生实现充分可靠的形成性评估。 ③作为年级家庭任务项目负责人不少于三年，为学生提供适切的课余任务并落实育人目标。 ④成为学校K12学习蓝图某一专项组核心研发成员不少于三年，持续为蓝图实践提供优质成果。	①担任年级家校项目负责人不少于三年，在本年级打造出良好的家校关系和家庭亲子关系，形成良好的家校合力，为学生的成长实现助力。 ②作为家校课程导师不少于三年，打造精品课程成为家长课程必修课，为学生的成长实现助力。

续表

	基础条件	教学与学术高地	课程高地	教育与教学管理高地	学习蓝图研发高地	家校课程高地
五级	①在教育教学过程中能够营造健康、积极的师生关系，是学生普遍敬佩的老师。 ②能够以形成性评估为依据给出课内每一位学生的学习特点和天赋评价，形成成长档案。 ③能在一个循环中让有天赋的学生形成优势。 ④独立设计满足课程标准、学习目标、学习任务和评估一致性的学习单元，在学生的学习中得到实践证明，被纳入学习蓝图。 ⑤能够根据诊断数据来反思改进自己的教育教学工作。	①与其他老师合作完成三个不同年级的全科教学，学生在第三方评估中达标。 ②开设学生有需求、符合蓝图一致性的选修课序列，面向多个学段开课，学生能在选修后形成优势。 ③有不少于2次毕业年级任教经历。 ④累计培养不少于3位徒弟高质量完成教育教学工作，成为学生喜爱的教师。	①长期指导学生开展高端课程，学生在高端课程的成长能显著反馈到其他学习环节。 ②长期指导学生参与某个全国范围的比赛或竞赛项目不少于三年，学生在北京市范围内保持竞争力。	①担任年级的教研组长不少于三年，让本学科或领域能够充分落实课程标准并承载育人目标。 ②担任年级分布式项目负责人不少于三年，对本项目遇到的各类问题均能给出行之有效的解决方案。 ③担任学院导师不少于三年，能够组织适切的学生活动落实育人目标，学院内有良好的凝聚力和归属感。	①对学习空间的改进普及到全校范围，为学校的学习空间实现显著迭代效果。 ②创造性地给出新的学习方式，并将新的学习方式推广到全校范围，受到学生的好评。	①能够针对特殊学生，独立设计适切的学生成长方案并指导家庭教育的改进，跟进学生成长不少于三年，形成有价值的案例。 ②能够设计并开展家校课程，解决重要的“痛点”问题，让某个年龄段的学生普遍受益。

续表

	基础条件	教学与学术高地	课程高地	教育与教学管理高地	学习蓝图研发高地	家校课程高地
四级	① 在教育教学过程中能够营造健康、积极的师生关系，是学生敬佩的老师。 ② 独立使用K12学习蓝图完成跨学段循环教育教学。 ③ 能够根据相应年级学生的关键期特点与学生、家长进行有效的个别化沟通，解决学生成长过程中遇到的问题或困难。 ④ 能够以形成性评估为依据给出所带每一位学生的学习特点和天赋评价，形成成长档案。 ⑤ 能在一个循环中让有天赋的学生形成优势。	①获得全科教师技能认定，与其他老师合作完成一年的全科教学，学生在第三方评估中达标。 ②开设一门学生有需求、符合蓝图一致性的选修课不少于一年，学生能在选修后发现自己的天赋。 ③有毕业年级任教经历。 ④所带徒弟胜任教育教学工作，成为学生喜爱的教师。	① 指导学生开展高端课程不少于三年，让学生能够充分挖掘自己的潜力。 ② 指导学生参与某个全国范围的比赛或竞赛项目不少于三年，能够帮助学生将兴趣转化为目标。	① 担任年级分布式项目负责人不少于三年，有效支持年级的教学和育人工作开展。 ② 担任学院导师不少于三年，能够组织适切的学生活动落实育人目标。	① 对学习空间做出创造性的改进，受到学生的喜爱和同年级/同领域教师的广泛认可。 ② 创造性地给出新的学习方式，受到学生的喜爱和同年级/同领域教师的广泛认可。	① 能够独立设计适切的学生成长方案并指导家庭教育的改进，跟进学生成长不少于三年，形成有价值的案例。 ② 能够设计专业的家校产品，为孩子的成长疏通道路，受到广泛认可。
三级	① 在教育教学过程中能够主动营造健康、积极的师生关系，是学生喜爱的老师。 ② 能独立使用K12学习蓝图完成学段内循环教育教学。 ③ 能够根据相应年级学生的关键期特点与学生、家长进行有效的个别化沟通，解决学生遇到的问题或困难。 ④ 能够独立开发诊断工具作为教学反思和帮助学生的有效手段。 ⑤ 能够以形成性评估为依据科学发现所教学生的学习特点和天赋特征。					
二级	①在教育教学过程中能够主动营造健康、积极的师生关系，受到学生的喜爱。 ②使用K12学习蓝图完成某一年级的教育教学工作，能依据学生成长关键期的重要特征开展工作。 ③能够恰当运用诊断工具作为教学反思和帮助学生的有效手段。 ④能够根据本年级学生的关键期特点，与学生、家长进行有效的个别化沟通，解决学生遇到的问题或困难。					
一级	① 对学校的办学理念和价值观高度认同。 ② 具备在师傅的指导下使用K12学习蓝图开展某一年级的教育教学工作的能力。 ③ 有很强的学习意愿和合作意识。					

图书在版编目（CIP）数据

变革的方法 / 沈祖芸著 . -- 北京：新星出版社，2023.1

ISBN 978-7-5133-5032-7

Ⅰ . ①变…　Ⅱ . ①沈…　Ⅲ . ①管理学　Ⅳ . ① C93

中国版本图书馆 CIP 数据核字（2022）第 167965 号

变革的方法

沈祖芸　著

责任编辑：白华召
策划编辑：白丽丽　王青青
　　　　　吴　婕　田　迅
营销编辑：陈宵晗 chenxiaohan@luojilab.com
装帧设计：别境 Lab
责任印制：李珊珊

出版发行：新星出版社
出 版 人：马汝军
社　　址：北京市西城区车公庄大街丙 3 号楼　100044
网　　址：www.newstarpress.com
电　　话：010-88310888
传　　真：010-65270449
法律顾问：北京市岳成律师事务所

读者服务：400-0526000 service@luojilab.com
邮购地址：北京市朝阳区温特莱中心 A 座 5 层　100025

印　　刷：北京盛通印刷股份有限公司
开　　本：635mm × 965mm　1/16
印　　张：20.5
字　　数：250 千字
版　　次：2023 年 1 月第一版　2023 年 1 月第一次印刷
书　　号：ISBN 978-7-5133-5032-7
定　　价：69.00 元
